ENSEÑANZA DEL DERECHO Y DEMOCRACIA CONSTITUCIONAL EN ARGENTINA

Una idea lanzada desde la Casa del Derecho en el Litoral

ENSEÑANZA DEL DERECHO Y DEMOCRACIA CONSTITUCIONAL EN ARGENTINA

Una idea lanzada desde la Casa del Derecho en el Litoral

EDICIÓN 2024

Javier Francisco Aga

COLEX 2024

ediciones UNL

UNL UNIVERSIDAD NACIONAL DEL LITORAL

© Editorial Colex, S. L.
Calle Costa Rica, número 5, 3.º B (local comercial)
A Coruña, C. P. 15004
info@colex.es
www.colex.es

I. S. B. N.: 978-84-1194-511-0
Depósito legal: C 875-2024

SUMARIO

TÍTULO TERCERO. POLÍTICA, LITERATURA Y ENSEÑANZA DEL DERECHO EN EL SIGLO XIX

TÍTULO CUARTO. LOS DESAFÍOS DE LA ENSEÑANZA DEL DERECHO EN EL SIGLO XX

TÍTULO QUINTO. LA RECONFIGURACIÓN DE LA ENSEÑANZA DEL DERECHO PARA EL SIGLO XXI

BIBLIOGRAFÍA

PRÓLOGO

El tema de la enseñanza del derecho estuvo durante demasiado tiempo confinado a problemas pedagógicos. La clase magistral que se repetía todos los años, esa que no hacía más que contar lo que decía el texto de un manual que sintetizaba un tratado, era blanco fácil de todas las burlas. Sin embargo, a pesar de que ese mecanismo no cesaba de producir críticas, no se encontró, sigue sin encontrarse, el camino para superarlo.

Todo método pedagógico, la forma particular de desarrollar una clase, el cómo de la enseñanza del derecho, es la respuesta necesaria a un para qué enseñar de la manera en que se lo hace. La pedagogía está al servicio del objetivo de enseñanza, en este caso el de la formación de profesionales del derecho. El título que brindan las facultades de derecho en Argentina permite el ingreso inmediato a esas profesiones sin otro trámite que la presentación del certificado de aprobación de los cursos que conforman el plan de estudios. Alrededor de apenas cinco años de estudio, después de terminar con la educación secundaria, es todo el proceso de formación que la República exige a los futuros miembros de la abogacía.

Si lo que se enseña son textos de memoria es razonable suponer que lo que se quiere formar son repetidores (en el mejor de los casos aplicadores, aunque esta destreza brilla por su ausencia en las aulas) de los textos del derecho. Así, el cómo enseñar está alineado al para qué enseñar y al qué enseñar. En efecto, la cuestión del qué, la cuestión de la concepción del derecho cierra este círculo: el derecho que se enseña es un conjunto de normas escritas (y doctrina de autores que las explican) que brindan soluciones a los casos sin necesidad de interpretación, contextualización, historia, tradiciones o prácticas colectivas que les brinden carnadura y norte.

Por muy criticada que esté esta concepción general de la enseñanza del derecho, sigue en general incólume y es la que dicta la política de contrataciones, la distribución de los presupuestos, la política bibliotecaria, las decisiones arquitectónicas y la adquisición de mobiliario en las facultades de derecho. Quienes están al frente de las aulas en general no cobran, o cobran poco, trabajan de otra cosa (en el Poder Judicial o en la abogacía), no investigan, no publican en revistas indexadas y no se dedican a pensar la relevancia de sus programas para la formación de los futuros profesionales. Los estudiantes en general toman el mismo camino: trabajan de otras cosas, no aceptan desafíos costosos en tiempo o esfuerzo y estudian para repetir razonablemente textos que apenas comprenden en exámenes a libro cerrado.

Esta concepción general del derecho que podríamos llamar tradicional hunde sus raíces en el siglo XIX y cuando respondió a la necesidad de impulsar la cultura jurídica de la codificación que a su vez era necesaria para dotar a la República de un derecho homogéneo en todo el país. Los códigos nacionales voltearon las fronteras provinciales y los miembros de las profesiones del derecho, abogados y jueces formados en la concepción tradicional proveyeron a la Nación la seguridad jurídica necesaria para cimentar un crecimiento económico sorprendente en el cambio de siglo.

La crítica a esta concepción general se dirige al cómo, dice algo del qué, pero es ciega respecto del para qué. En efecto, se detiene en la burla fácil a la (mala) clase magistral, se ríe de (cierto ingenuo) formalismo y no repara en la función que esta concepción cumplió no solo en nuestro país sino en muchos países (sobre todo de nuestra región) como parte del mecanismo general de funcionamiento de los incipientes estados nacionales.

Al no tener en cuenta el objetivo de la formación de los futuros profesionales del derecho, la crítica a la concepción tradicional pierde envergadura y se transforma en un mero pedido por actividades participativas y deliberativas dentro del aula que, sin embargo y paradójicamente, pueden utilizarse para meramente entender mejor, o recordar mejor textos, o a cualquier objetivo que se le ocurre a quien esté al frente de la clase.

Sin embargo, la crítica es síntoma de algo más profundo. El sistema político institucional que la concepción general tradicional de la enseñanza del derecho había sostenido no existe más. Cierta forma del presidencialismo argentino, esa monarquía unitaria disfrazada de república federal fue perdiendo consistencia y fuerza. Las crisis económicas de principios del siglo XX, los sucesivos golpes militares, la crítica a los contenidos del Código Civil, las sucesivas reformas, la pérdida de legitimidad del Poder Judicial y su rol en las dictaduras fueron minando los cimientos de ese sistema político para ser reemplazado por otro, la democracia constitucional.

En efecto, entre 1983, el año de la asunción de un gobierno democrático y 1994, el año de la reforma constitucional, la Argentina dio muestras de una firme voluntad de asumir las responsabilidades que una democracia constitucional particularmente exigente impone a sus ciudadanos. Se multiplicaron las instituciones que motorizan un complejo sistema de frenos y contrapesos, así como la cantidad de derecho consagrados en la Constitución a través del reconocimiento de más de una decena de tratados internacionales de derechos humanos, y aun los actores sociales capaces de poner en marcha o de sostener la deliberación respecto de políticas públicas o del alcance de los derechos, entre otras modificaciones sustanciales.

Interesantemente, el impacto de este cambio golpeó a las profesiones del derecho en el centro de sus identidades y prácticas. Quienes asumen cargos en el Poder Judicial o desarrollan su actividad en las diversas formas de la abogacía ahora deben entender su rol en un mundo nuevo. Las reglas de la Constitución son normas operativas que se aplican sin necesidad de regulación legislativa previa, la legitimidad colectiva para iniciar procesos judiciales en cabeza de organizaciones de la sociedad civil o del defensor público obliga a los jueces y juezas a organizar procesos colectivos en los que se discuten políticas públicas decididas por las autoridades democráticamente electas, el Poder Judicial se asume como un poder político que tiene un rol en el sistema democrático (aun cuando ese rol está aún por definirse) y las fuentes de autoridad normativa (las leyes, la Constitución, la jurisprudencia, la doctrina) compiten en sus reclamos de autoridad lo que obliga a generar concepciones adecuadas de interpretación y legitimidad judiciales.

Si se agrega a este panorama la transición de procesos escritos e inquisitivos a procesos orales y adversariales se entenderá lo radical del cambio en el mundo del derecho y lo apremiante de generar nuevas rutinas de formación y entrenamiento de quienes viven y trabajan en ese mundo.

En definitiva, si el qué enseñar, la concepción del derecho ha cambiado tan radicalmente es evidente que el para qué debe modificarse si la concepción general pretende mantener alguna consistencia. Ahora deberían formarse profesionales para asumir las responsabilidades que les cabe en la configuración del derecho de la democracia constitucional y finalmente el cómo, la pedagogía, deberá brindar las herramientas como para cumplir con esta tarea eficazmente. Empezar por la pedagogía es poner el carro delante de los caballos, proponer sistemas de enseñanza sin comprender las complejas demandas de conocimientos, aptitudes y actitudes que realiza la democracia constitucional al mundo del derecho es, por lo menos, una irresponsabilidad institucional.

El libro de Javier Aga viene en nuestra ayuda para volver a subrayar estos temas. El contexto histórico, las particularidades arquitectónicas, los símbolos de la estética monumental de los espacios y de las aulas, los diferentes momentos del estado nacional y los desafíos del momento son los temas que se recorren a lo largo de sus páginas. La atención entrañable que Aga brinda a la ciudad de Santa Fé y su rol en la constitución de la Nación Argentina y a su Facultad de Derecho es un homenaje merecido y demorado a un espacio de nuestro país denso de significados, advertencias y propuestas.

Soy parcial en la recomendación de este libro. Soy amigo y colega de Javier, fui testigo de su esfuerzo como autoridad universitaria, de su dedicación como profesor y de su empuje como miembro de un grupo de decanos y decanas que en épocas difíciles buscaron las grietas que hicieran posible modificar el edificio de la enseñanza del derecho sin destruirlo, conmoverlo y mejorarlo cuidando lo mejor de su pasado. Este libro es testigo inmejorable de ese esfuerzo y propuesta para lo mucho que todavía falta hacer.

Martín Federico Böhmer

PREFACIO

Admitiendo la entonación un tanto rimbombante del presente título, debemos decir que, a lo largo de nuestra historia, la enseñanza del derecho siempre tuvo un objetivo institucional. Dicho propósito de naturaleza política algunas veces estuvo más visible que otras, pero siempre ha estado presente. Durante el tiempo de la colonia, período comprendido entre finales del siglo XVIII y últimas décadas del siglo XIX, se esperaba que, de las pocas Facultades de Derecho existentes por entonces, se graduaran profesionales capaces de diseñar los trazos institucionales para una nueva Nación empeñada en nacer. Los desafíos de ese momento histórico tuvieron que ver con imaginar y crear *«una nación para el desierto argentino»* tal como se titula uno de los mejores libros de historia política en Argentina escrito por Tulio Halperin Donghi. Para ello había que poner fin, tanto a la guerra de la independencia contra el poder político de la Europa en este continente como a las posteriores luchas internas que dividieron a las provincias del río de la plata. Anarquía y desierto fueron los dos grandes dramas a enfrentar por los hombres del derecho. Si este trabajo se hubiera o hubiese publicado durante ese período, es probable que mencionara en el título algunas de las respuestas a esos problemas como fueron la Constitución Nacional y la consecuente formación del Estado Argentino. Iniciado el siglo XX con la Revolución Mejicana de 1910; con la Primera Guerra Mundial de 1914; y con la Revolución Rusa de 1917, las reflexiones jurídicas tuvieron que ver con enfrentar a la llamada *crisis de los derechos*. Para la época de la Segunda Guerra Mundial, Europa estaba asediada por los totalitarismos que se presentaron con rostros de nazismo, fascismo y franquismo provocando enfrentamientos armados entre países, genocidios, guerras civiles y, como saldo negativo, la muerte de millones de personas inocentes. ¿Cómo salir de estas tragedias? El «grito» de la humanidad se manifestó a través de la Declaración Universal de los Derechos Humanos en 1948, que sirvió de escenario para la llegada del Estado Constitucional de Derecho al occidente. Por entonces América Latina fue pródiga en golpes de Estados durante gran parte del siglo XX. Los años sesenta fueron testigo de violentas dictaduras, torturas, desapariciones, violaciones sistemáticas de los derechos humanos. Fue así como nuestro continente afrontó este problema también con importantes declaraciones como fueron la Declaración Americana sobre los Derechos y Deberes del Hombre aprobada en Bogotá (Colombia) en el año 1948; como también la Convención Americana sobre Derechos Humanos, también conocida como Pacto de San José de Costa Rica, aprobada en noviembre del año 1969. En Argentina entre los años 1930 y 1983 nuestra enseñanza del derecho estuvo aferrada a un exagerado dogmatismo en un contexto de inestabilidad institucional marcado por esporádicas democracias y reiteradas dictaduras militares. Podríamos decir que la preocupación del operador jurídico argentino giró en torno a cómo hacer para salir de este oscuro laberinto que erosionaba un proyecto republicano y de libertades propias del sistema democrático. Enhorabuena, el panorama político cambió en el recambio de los dos siglos. Con la recuperación de la democracia en Argentina en 1983, se inició una nueva etapa señalada por el Estado Constitucional de Derecho poniendo fin a las fatídicas dictaduras y colocando al derecho por encima de la política. A partir de entonces fue el derecho que, a través de sus principios fundamentales plasmados en la Constitución y en los Tratados Internacionales de Derecho Humanos, puso límites infranqueables que la política (Estado Legislativo del Derecho) no pudo soslayar más. En nuestro país la joven Democracia Constitucional ubicó al derecho en el centro de la vida de los argentinos. El propósito de este libro es lanzar esta idea desde el interior del país, como una especie de catapulta, para pensar una mejor vinculación de la enseñanza del derecho con la democracia constitucional en el siglo XXI, de forma tal que la primera pueda contribuir a mejorar nuestra cultura de credibilidad del sistema en este particular momento de disconformidad, de cansancio, de hastío ciudadano para con las instituciones y sus representantes. Creemos firmemente que este constituye el drama de nuestro tiempo a resolver, que se traduce en aquella frase que comenzó a resonar en Argentina con la crisis del 2001 ¡Que se vayan todos! Este clamor popular tuvo y tiene que ver con años de promesas incumplidas, empobrecimiento social, inseguridad, estancamiento económico, dirigentes políticos en los que no creemos, corrupción sistemática, organismos públicos incapaces de brindar soluciones a los problemas cotidianos, excesiva presión tributaria, gasto público innecesario, representantes sindicales tan enriquecidos como enquistados en el poder, poder económico concentrado en las grandes empresas. Son algunas de las causas que fueron vaciando poco a poco nuestra democracia, transformándola en su contrario. Este debe ser el objetivo político institucional de la enseñanza del derecho en la Argentina del siglo XXI: mejorar y fortalecer nuestra democracia constitucional. Ahora bien ¿El déficit democrático debe interesar a la enseñanza del derecho? ¿Los problemas de la enseñanza del derecho pueden contribuir a mejorar nuestra cultura democrática? ¿En sus diversas variantes, nuestra profesión incide en la toma de decisiones de las políticas públicas? En los últimos años quedó demostrado que las amenazas a las democracias ya no vienen de intempestivos golpe de Estado de parte de militares, sino de un progresivo desgaste por obra de quienes llegan al poder (políticos tradicionales u *outsider* coyunturales) que, con ropajes de demócratas, se presentan como grandes defensores de las causas populares al amparo de la Constitución. Eso sí, para ellos ni las reglas, ni los controles, ni los valores de honestidad y austeridad existen. La democracia representativa que surgió con la primera revolución industrial viene perdiendo vigencia en la sociedad virtual por lo que estamos obligados no solo a repensar sus teorías sino el nuevo paradigma que nos presenta la realidad. Es necesario comprender el actual contexto de nuestras sociedades. No se trata de revivir lo que resulta irremediablemente viejo, sino de vincular en términos de diálogo democrático sincero y crítico a la vez entre democracia y enseñanza del derecho, poniendo especial énfasis en las nociones de igualdad, derechos fundamentales, inclusión, respeto por los derechos de las minorías, ejercicio ético de la profesión, representación plena, debate respetuoso, información certera, transparencia, toma de decisión y control ciudadano. De esta manera, desde la Casa del Derecho en el litoral argentino proponemos esta idea para debatir.

INTRODUCCIÓN

Desde la recuperación de la democracia el 10 de diciembre del año 1983, la República Argentina vive un momento histórico y crucial de su propio destino. Inició una difícil tarea en el campo de la política nacional e internacional, la manera en cómo relacionarse con el mundo, la economía, las relaciones laborales, la educación, la cultura, la salud pública, la justicia, los servicios públicos, los recursos naturales y demás cuestiones que reclamaban por entonces la atención de la ciudadanía. Hoy en día, y habiendo transcurrido varias décadas, nuestro país se encuentra transitando el período más extenso de democracia constitucional de derecho que se recuerde en toda su historia institucional. Pero al mismo tiempo, vive una declinación económico-social sin precedentes. Desde hace varios años, nuestro país viene perdiendo vigencia en el mundo, agudizando las brechas internas y reproduciendo procesos cíclicos que atentan contra el proyecto de ascenso del siglo XIX y primeras décadas del siglo XX. El problema histórico de la Argentina cíclica, como un perro que gira y gira tratando de morderse la cola. Esta situación nos obliga, primero como ciudadanos y luego como universitarios, a revisar los errores del pasado para imaginar el futuro con aciertos. ¿Qué rol político les cabe a los abogados y a las Escuelas de Derecho en nuestra democracia constitucional? Para desandar este interrogante, necesitamos una mirada retrospectiva acerca de cuál ha sido el rol de los abogados en los últimos años, con especial detenimiento en aquellos sucesos emancipadores de nuestra historia, y cuál debería ser en nuestros días. Recordamos que fueron abogados, entre otros, los que participaron activa e incisivamente en la idea de libertad en estas tierras. Varios hombres de derecho tuvieron activa participación en la semana de mayo de 1810, para romper las últimas cadenas monárquicas que ataban nuestra autonomía política. A su vez, en 1816 de los veintinueve congresales reunidos en San Miguel de Tucumán, catorce fueron abogados los que suscribieron el Acta de la Declaración de Independencia el 9 de Julio de ese año; también estuvieron presentes en la Convención Constituyente de Santa Fe en 1853 y 1860 respectivamente para darnos, luego de varios intentos fallidos, el gran acuerdo republicano, representativo y federal necesario para terminar con los enfrentamientos políticos, guerras, anarquía, divisiones y muertes en estas tierras; fueron abogados, entre otros, quienes visualizaron los beneficios de una enseñanza primaria común, laica, gratuita y obligatoria propuesta por la ley 1.420 consolidando la vieja idea de unir al hijo del criollo con el hijo del inmigrante, al hijo del rico y al hijo del pobre bajo el guardapolvo blanco, sentados codo a codo en el mismo pupitre; fueron abogados, entre otros, quienes proyectaron y llevaron a cabo la reforma universitaria de 1918 y con ella, el inicio de un modelo universitario exportado al resto de Latinoamérica por su impronta científica, autónomo y cogobernada; fueron los abogados los que en el exilio no deseado, se animaron a denunciar ante los organismos internacionales la violación de los derechos humanos en Argentina durante la última dictadura militar; fueron los abogados, arriesgando sus vidas, los se animaron a presentar recursos de *hábeas corpus* por los desaparecidos entre los años 1976 y 1983; y por fin, fueron abogados de distintos partidos políticos, entre otros, quienes decidieron recuperar en 1983 sin violencia alguna, la democracia concebida como el gobierno de las leyes, necesario para vivir en paz, en libertad y tan sólo bajo la sublime autoridad de nuestra Constitución Nacional. No obstante, estas trascendentales proezas históricas llevadas a cabo, los abogados y su preparación universitaria, se encuentran atravesando un momento de crisis formativa que conlleva una falta de objetivos políticos institucionales a seguir en un contexto de permanentes cambios e incertidumbres. Debemos evitar caer en el olvido de que fue el propio derecho, como construcción social, quien apuntaló los momentos de inflexión en la historia de la humanidad. No obstante, no prevalecen los profesores que investigan y propician los debates que refieran al problema de la enseñanza del derecho, lo que revela una marcada debilidad en la consideración que se merece, habida cuenta de la directa incidencia que tiene el derecho como práctica social en la vida de cada ciudadano. Si tuviéramos que enumerar algunos de los temas que en los últimos años han ocupado la agenda del debate en las Facultades de Derecho, diríamos que fueron cuestiones vinculados a problema salariales tanto de docentes como del personal no docentes; la falta de presupuesto e infraestructura para la investigación en el campo jurídico; los controles formales, trámites burocráticos y cumplimiento de plazos para la acreditación de carreras de grado y postgrado; el aumento descontrolado de las llamadas sedes «garaje» de Facultades diseminadas en todo el territorio de país, entre otros. No pretendemos restar importancia a dichos temas, pero nos preocupa que hayan estado ausentes otros de suma importancia y que tengan que ver con el futuro de nuestra democracia constitucional y su precisa relación con la profesión jurídica, en un contexto globalizado. Debemos profundizar el análisis de temas que tienen que ver con la necesidad de fortalecer a las instituciones republicanas; los problemas que generan las grandes desigualdades sociales; la falta de distribución equitativa de los recursos; la incidencia de los abogados en las tomas de decisiones de las políticas públicas; la ética profesional; los inconvenientes que genera nuestra cultura de incumplimiento de las normas; los nuevos escenarios determinado por la biotecnología, la inteligencia artificial y las pandemias globales que tratan de cambiar el significado mismo de la humanidad; las amenazas totalitarias de los populismos nacionalistas para con las democracias constitucionales; el acelerado deterioro del ambiente; el cambio climático; la escases de recursos naturales; la pérdida de miles de puestos de trabajo en el mundo a causa de la robótica; el problema de las sociedades híper-conectadas; el desarrollo de los ordenadores; la superpoblación de los grandes centros urbanos sin una debida planificación urbanística; el anticuado y desarticulado sistema educativo argentino en sus tres niveles, y especialmente, con la problemática del estudiante que llega a la universidad con notorias falencias en habilidades como leer, escribir y comprender; con el rol del docente de derecho tantas veces olvidado y otras tantas anclado en formas decimonónicas de enseñar; y por fin, con el futuro profesional en un mundo signado por la incertidumbre de la globalización.

Ante este panorama, surgen los interrogantes: ¿En Argentina, hasta qué punto las Facultades de Derecho están más o menos prestigiadas/desprestigiadas? ¿En lo que ha transcurrido el siglo XXI, la formación jurídica sigue teniendo a las Facultades de Derecho como centro? Consideramos que la actual enseñanza del derecho sigue anclada en el pasado siglo XX. Es demasiado tiempo de ventaja que le damos al conocimiento científico que, según datos estadísticos, se duplica aproximadamente cada doscientos veinte (220) días, acelerando el curso de la historia. Por esa razón, resulta oportuno preguntarse acerca de cuál debería ser el papel a cumplir por parte de las Facultades de Derecho como institución formadora de profesionales del derecho en nuestra democracia constitucional. No exageramos si decimos que, en estas latitudes, son los abogados los que constituyen tradicionalmente la clase de los que toman decisiones en el ámbito público. Por ende, la enseñanza del derecho se convierte, entonces, en una forma inmediata de incidir en los diseños institucionales del país y por lo tanto debería formar parte de cualquier agenda política de los gobiernos de turno. En tal sentido, consideramos que toda decisión sobre cómo debería ser la enseñanza de derecho un estudiante recibe durante los cinco, seis y a veces siete años en la Facultad, tiene un alto contenido político y valorativo respecto de tres cuestiones fundamentales: en qué tipo sociedad estamos viviendo; en qué arquetipo de sociedad nos gustaría vivir y qué prototipo de profesionales del derecho necesitaríamos en consecuencia. El problema reside en la concepción del derecho, que incide directamente en la enseñanza impartida y, por ende, en cómo se diagraman los planes de estudios. Enfocaremos nuestro análisis en la Facultad de Ciencias Jurídicas y Sociales de la Universidad Nacional del Litoral. Variadas razones justifican su especial tratamiento: porque no escapa de esta confusión generalizada de las Facultades de Derecho del país; porque los abogados del estado y los abogados de los ciudadanos que cada año se gradúan de esta Casa de Estudios, a nuestro entender, en su formación debieran desplegar una impronta reformista y constitucional con la que se identifica la ciudad de Santa Fe y su región del litoral argentino. No obstante, existen otros motivos que justifican el estudio de esta especial institución de más de cien años de vida. Porque la Universidad Nacional del Litoral fue la primera en el país que nació reformista en 1919, es decir, con una impronta ideológica desde el primer minuto de su existencia como consecuencia de la renovación social, cultural y política de comienzos del siglo XX. Fue la primera Universidad Nacional levantada literalmente por muchachos que se atrevieron a enfrentar al poder conservador que ostentaba la educación universitaria por entonces, y ese hecho constituyó una prenda gloriosa que le es propia, al decir del Ing. Gabriel Del Mazo. Porque además tiene su principal sede en la capital de la provincia de Santa Fe, la tierra de la primera Constitución Provincial de Sudamérica como fue el Estatuto de 1819 y del gran acuerdo de los argentinos plasmado en la Constitución Nacional de 1853. Fue la primera en ser diseñada desde el punto de vista edilicio con una exquisita arquitectura que refleja su impronta ideológica y aire de nueva universidad pública, inclusiva, democrática, autónoma y cogobernada. Porque históricamente han pasado por sus aulas destacados dirigentes estudiantiles, políticos, juristas, jueces de cortes, investigadores, convencionales constituyentes, gobernadores, legisladores, embajadores, arqueólogos, poetas, empresarios, periodistas que, entre otros, amerita analizar la posible existencia de un «perfil común» que identifica a sus graduados. Porque luego de cien años de existencia resulta necesario releer una y otra vez sus principios fundacionales que siguen resonando aún en épocas de desconcierto global. Porque una educación jurídica de calidad contribuye a hacer mejores ciudadanos, solidarios, respetuosos y comprometidos con causas nobles que hacen al desarrollo sustentable. Porque fue la Casa de Estudios que en la primavera democrática de los años ochenta del siglo XX, abrió sus puertas a cientos y cientos de jóvenes de la región y el país que, irreverentemente, pretendíamos descifrar el sentido del derecho como instrumento de humanización y su incidencia en la cultura jurídica de los argentinos. Y, por fin, porque nos animamos a confesar nuestra deuda para con la enseñanza del derecho, de la que fuimos víctimas de sus debilidades como estudiantes y de la que tratamos diariamente de no convertirnos en victimarios, como docentes. No obstante, nuestro eterno agradecimiento por el progreso social que posibilitó esta Casa de Estudios a muchas generaciones de profesionales. Creemos profundamente en el rol institucional de una Facultad de Derecho en la difícil tarea de consolidar nuestra democracia constitucional de derecho. Y en tal sentido, estamos convencidos que, en su seno, anidan las respuestas que necesitan nuestras preguntas.

EL CONTEXTO

«Era el mejor de los tiempos, era el peor de los tiempos». Con esta contradicción comienza una de las novelas de mayor éxito escrita en inglés por Charles Dickens en *Historia de dos Ciudades* publicada en 1859. Parafraseando dicho inicio y después de haber transcurrido más de un siglo y medio de esa extraordinaria obra literaria, bien podríamos decir que estamos viviendo la misma ambivalencia determinada por un tiempo que se presenta tan raro como novedoso, tan incierto como expectante, tan inocente como destructivo. Todavía no logramos vislumbrar las ventajas para la humanidad, si es que las tiene. Al contrario, según las encuestas una ola de descontento atraviesa el mundo, y cada vez menos, las personas se sienten felices. La depresión, el estrés y la insatisfacción a nivel global, van en aumento. En especial, Latinoamérica se presenta como el continente que muestra mayor pesimismo en términos de imaginarse un futuro mejor. Esa desesperanza está presente en los dichos populares. En Argentina una de las frases más escuchadas es la que reza «La única salida que tiene este país es Ezeiza»; en Brasil se dice habitualmente «Brasil es el país de futuro, y siempre lo será»; hace mucho tiempo atrás el presidente mexicano Porfirio Días (1876-1911) dijo alguna vez «Pobre México, tan cerca de Dios, y tan cerca de Estados Unidos»; recientemente el presidente del BID (2022) Luis Alberto Moreno dijo «los latinoamericanos somos los campeones mundiales de las oportunidades perdidas». Hoy en día, vivimos en una sociedad interconectada catalogada como sociedad de las pantallas, donde a través de las redes sociales, la gente descubre formas más eficientes de comunicación, obtiene información, la confunde con formación, celebra contratos, paga los impuestos, se enamora de otras personas y trata de consumir todo lo que está al alcance en el espacio virtual. En los últimos sesenta años, el mundo ha cambiado vertiginosamente. Y es esta, una de las principales características de nuestra era global, a diferencia de otros períodos históricos, la velocidad de los cambios culturales, científicos y tecnológicos imparables que nos a traer a la memoria aquella recordada fórmula matemática: $V = d/t$. Innovación dinámica y veloz que se traduce en celulares en el bolsillo que diluyen nuestras costumbres y creencias, vehículos no tripulados, robóticas, inteligencia artificial, tecnología blockchain, computación cuántica, drones, clonación, criptomonedas, biología sintética,

análisis predictivo, algoritmos utilizados para las políticas públicas y máquinas que toman decisiones con menos errores que los humanos. A su vez, nuestra realidad líquida se encuentra amenazada por varios frentes: armas nucleares, terrorismo, cambio climático, hambrunas, guerras entre países, escasez de alimentos, agotamiento de los recursos naturales, avance tecnológico, crecimiento demográfico y epidemia global. En otras palabras, nos precipitamos en un caos que necesitamos entender para reformular nuestra respuesta racional que nos permita replantear el rol del derecho en sus diversas manifestaciones. Entonces surge el interrogante ¿Qué papel juega el derecho en este escenario? Si estamos de acuerdo en considerar al derecho como instrumento de cambio social, entonces las universidades, como casas formadoras de futuros profesionales, están constreñidas a cumplir un rol importante a la hora de incorporar este cuadro de situación en sus programas de estudios, en sus enseñanzas teóricas y habilidades prácticas. Un profesional universitario no puede no saber con cierta solvencia este contexto local y global anteriormente descrito. De lo contrario, ejercerá su profesión con aguda miopía y serán escasas las razones para seguir defendiendo el rol social de las universidades. La Argentina se encuentra ante una de las mayores urgencias que no puede desatender a corto plazo: las profundas desigualdades sociales. Al terminar la segunda década del siglo XXI, nuestro país exhibe la triste estadística de contar con la mitad de la población en situación de pobreza. En 1983 el nivel de pobreza estaba en un 16 % y cuarenta años después está llegando al 50 %. *«En Argentina hay hambre, no por falta de alimentos, sino porque sobre inmoralidad»* decía el presidente Raúl Alfonsín en sus primeros días de gobierno. Con gran acierto se dijo que el hambre no puede esperar. Nosotros agregamos que la educación tampoco. Exhibimos un postulado inconcluso del preámbulo constitucional que interpela a garantizar el bienestar general *«para todos los hombres del mundo que quieran habitar en el suelo argentino»*. Entonces ¿Dónde fue que nos perdimos? Después de transcurrir varias décadas de democracia, han quedado evidenciados los reiterados fracasos en materia de políticas públicas que han pretendido una equitativa distribución de riquezas; o que han imaginado estrategias educativas inclusivas, de calidad, y que han perseguido jerarquizar la salud pública o garantizar seguridad ciudadana. Fracaso tras fracaso, una y otra vez por parte de gobiernos autoproclamados «progresistas» unos, conservadores otros, populistas en su mayoría, con escasas excepciones. Por lo tanto, ningún debate, reflexión y proposición que pase por los carriles del puro tecnicismo tiene sentido si no se piensa en la manera en cómo la enseñanza del derecho puede contribuir a resolver los problemas de la *mala educación jurídica* y su directa consecuencia en la cultura republicana y constitucional del país. La enseñanza del derecho debe tener como objetivo político la democracia constitucional, y con ella, los propósitos de libertad, justicia y dignidad humana. De nuevo, creemos que, de todas las deudas pendientes, la más urgente es la de recuperar en forma inmediata a los miles de expulsados del sistema institucional. La pobreza sistemática de tres generaciones que afecta principalmente a niños, niñas, hombres, mujeres, abuelos y abuelas genera tanta vergüenza como la que generó la violación a los derechos humanos en nuestras fatales dictaduras del pasado. Para cumplir dicho objetivo, necesitamos partir de una concepción del derecho como práctica social. Debemos entender que el derecho se reconfiguró a partir de la recuperación de la democracia constitucional. Las Facultades de Derecho, en tanto verdaderas usinas generadoras de profesionales, pueden colaborar en la consolidación de una cultura jurídica democrática y constitucional que apremia. El debate está planteado.

LA MISIÓN DE LA UNIVERSIDAD

Promediando la década del treinta del siglo XX, el filósofo español José Ortega y Gasset en su breve ensayo *Misión de la Universidad* (cuyo origen está dado por una conferencia en el Paraninfo de la Universidad Complutense de Madrid), defendió la idea que la universidad debía cumplir con tres funciones primordiales: transmisión de la cultura; enseñanza de las profesiones; investigación científica y educación de nuevos hombres de ciencia. De las tres, la misión principal para Ortega y Gasset era la primera. Para el filósofo la cultura no es un elemento ornamental por lo que hace a la formación de los científicos o de los profesionales, sino parte constitutiva de esa formación, un ingrediente necesario para poder ser un buen científico o un buen profesional. En la enseñanza superior (en la Facultad de Cultura que él proponía) un hombre medio para hacer de él un hombre culto tendría que incluir la imagen física del mundo (Física); los temas fundamentales de la vida orgánica (Biología); el proceso histórico de la especie humana (Historia); la estructura y funcionamiento de la vida social (Sociología); y el plano del universo (Filosofía). Ortega consideró la necesidad de poseer una idea completa del mundo y esa era una tarea que debía cumplir la Universidad en su misión formativa: *«la tarea central de la Universidad es la ilustración del hombre, de enseñarle la plena cultura del tiempo, de descubrirle con claridad y precisión el gigantesco mundo del presente, donde tiene que encajarse su vida para ser auténtica»*. Propuso un hombre ilustrado, en términos actuales hombre/mujer o como quiera sentirse, culto que debe poseer una idea completa del mundo pasado y presente donde tiene que ensamblar su vida para ser auténtica.

A pesar de los años transcurridos, estamos convencidos que esa sigue siendo la principal misión de la Universidad: la formación cultural de profesionales competentes, capaces de promover o producir un determinado bien o una prestación que la sociedad necesita y por la que está dispuesta a pagar un precio. Pero, sobre todo, la Universidad debe garantizar la formación cultural de amplios sectores de ciudadanos, que no tiene precio sino dignidad. Para ello, la Universidad debe proponerse hacer a la palabra más sabia y para lograrlo necesita del estudio, de la soberanía del pensamiento, del rigor científico, de la firmeza ética de la conducta, del juicio crítico del que se predispone a una constante ambición de búsqueda de la verdad y tiene la convicción de que esa verdad será siempre un porvenir. Eso creían los estudiantes de derecho del litoral argentino hace 100 años atrás cuando soñaban con una Universidad. El Estatuto de la Universidad Nacional del Litoral, reformado por última vez en el año 2012, prescribe en su artículo 2.° su misión: *«Corresponde a la Universidad en el marco del principio constitucional del desarrollo humano, promover los valores democráticos y la igualdad de oportunidades y posibilidades, con inclusión y sin discriminación alguna; proveer al avance del conocimiento en todas las disciplinas, cultivándolo en la enseñanza, la investigación y desarrollo y la extensión; y asumir el compromiso con el desarrollo de la Nación, en conexión con el mundo y mediante la cooperación con el estado y el tejido social, cultural y productivo de su área de influencia, con epicentro en la ciudad de Santa Fe, ...»* Luego de haber transcurridos más de tres décadas de democracia constitucional, observamos la insoslayable influencia de la terminología democrática a la hora de definir su misión institucional. Términos como «valores democráticos», «igualdad», «inclusión», «no discriminación», «compromiso», «cooperación», «tejido social», «cultural y producción», no hacen más que corroborar el mencionado influjo político a la hora de plasmar la carta magna universitaria. Ahora bien ¿La educación pública de calidad en sus tres niveles, es un tema que interesa a la clase política del país? ¿Faltan o sobran universidades nacionales en Argentina? ¿Nuestra sociedad se preocupa por la calidad de los profesionales universitarios? ¿Qué porcentaje de jóvenes del país llegan a la universidad? ¿Con qué nivel de preparación llegan los estudiantes a la universidad? ¿Cuánto le cuesta al Estado argentino formar un profesional universitario? ¿Cómo devuelve el profesional universitario al Estado el dinero que invirtió en él? ¿Es solidario el profesional universitario en Argentina? ¿En Argentina faltan abogados y sobran ingenieros? ¿En Argentina faltan ingenieros y sobran abogados? Al menos en mi país, estos interrogantes que incomodan siguen estando ahí a la espera de un debate sincero y respetuoso. En definitiva, el derecho es una de las tantas disciplinas que debería tenerse presente para satisfacer esa misión cultural de la Universidad. Las grandes ideas jurídicas (Norma, Estado de Derecho, Derechos Humanos, Constitución, Ciudadanía, Igualdad, Justicia y Libertad) bien podrían formar parte del acervo de una persona culta para comprender y manejarse mejor en el mundo que lo rodea.

LOS INTERROGANTES

Un problema comienza a abordarse correctamente cuando aparecen las preguntas adecuadas que intentan aportar soluciones. Para nuestra temática sobre la enseñanza del derecho, proponemos las siguientes: ¿Cómo se enseña? ¿Qué se enseña? ¿Quién lo enseña y a quién? ¿Cuál es el objetivo que se pretende alcanzar a través de la enseñanza del derecho?

Todas ellas se podrían responder en un sentido descriptivo, es decir, analizando el estado actual de las cosas. No es nuestra intención detenernos sólo en ese aspecto. Por el contrario, proponemos dar respuestas a dichos interrogantes con un sentido prescriptivo, es decir, partir de la actual situación para expresar un cambio sustancial que debe darse en la enseñanza, conforme la idea que sostenemos para la formación de juristas en nuestro país. No obstante, creemos que, de todas esas preguntas, la más decisiva es la que se refiere al objetivo de la enseñanza del derecho, es decir, su sentido institucional en una democracia constitucional. ¿Por qué razón? porque de su contestación dependerán las respuestas de las demás: ¿Cómo? ¿Qué? ¿Quién y a quién?

Para desandar dichas incógnitas, necesariamente debemos partir de un análisis retrospectivo para vislumbrar los problemas actuales, que, a nuestro entender, acarrea la enseñanza del derecho. Para ello, proponemos reflexionar sobre temas vinculados al origen del sistema jurídico argentino y su impacto en la profesión; repasar acerca de la concepción del derecho con la que se han formado históricamente los abogados; revisar en base a qué idea del derecho fueron diseñados los planes de estudios de las carreras de abogacía; y examinar la manera en que los profesores de derecho, en su mayoría, han entendido cómo debe enseñarse derecho dentro de un aula.

Precisamos repensar la enseñanza que ofrecen las Facultades de Derecho en Argentina. ¿Qué deberían saber y saber hacer los abogados del estado y los abogados de los ciudadanos para contribuir actualmente a una cultura jurídica democrática y republicana? Por último, sabemos que es imposible predecir lo que sucederá en el futuro. No obstante, no es difícil imaginar que el escenario para el ejercicio profesional cambiará, que las pocas habilidades que aprende un estudiante hoy se amortizan al otro día. Entonces urge hacerse las siguientes preguntas ¿seguirán existiendo sistemas jurídicos y prácticas jurídicas tal como la conocemos? ¿En el siglo XXI los abogados serán reemplazados por robots? ¿Desaparecerá la enseñanza presencial del derecho? ¿La inteligencia artificial reemplazará a los profesores de derecho?

EL PUNTO DE PARTIDA

Lo primero que debemos decir es que la enseñanza del derecho en Argentina no es de las peores, especialmente si uno tiene en cuenta algunos aspectos que tienen que ver con los bajos salarios docentes, la insuficiente preparación de los estudiantes que ingresan a los estudios universitarios, el escaso presupuesto destinado a infraestructura, la falta de financiamiento para la investigación en el campo jurídico, la inexistencia de revistas jurídicas de calidad, el problema de las bibliotecas desactualizadas, la burocratización administrativa, entre otros. No obstante, está lejos de una buena consideración en términos de calidad de profesionales que prepara. Para ello, y como primera medida a tomar, la enseñanza del derecho en nuestro país debe mudar del siglo XX. Debemos dejar de discutir con fantasmas (problemas) del pasado. Cuando decimos «debemos» me refiero a todos los actores involucrados (autoridades, profesores, estudiantes, graduados, no docentes) que tienen grado de responsabilidad institucional por formar parte del gobierno universitario. Particularmente, los profesores de derecho deben dejar de creer que saben enseñar derecho. Lo cierto es que, justo decirlo, que a ellos nadie les enseñó a enseñar de una manera distinta a la tradicional manera. Al contrario, sigue imperando el sistema autodidacta de aprender a enseñar como lo hicieron los anteriores profesores. En otras palabras, la mayoría de los profesores de derecho aprende y enseña por imitación de los antecesores. Dejó de lado a los buenos profesores, escasos, por cierto. Nos referimos a esos profesores que nos hicieron pensar, razonar, interpretar, argumentar sobre el sentido del derecho, como es, para qué sirve y cómo funciona. Verdaderos maestros de las ciencias jurídicas. Fueron esa clase de profesores que, como estudiante, uno quería seguir escuchando en el aula perdiendo la noción del tiempo. Pero aquí, nos referimos a los otros profesores, que, en su mayoría, se desempeñan en el aula como «expertos» de la memorización y repetición de artículos del código y frases escritas en manuales, sin ningún tipo de valoración axiológica, interpretación, reflexión, ni mucho menos habilidad práctica. Aunque pasen los años, el mecanismo siempre se repite: transmisión de información de contenidos normativos apoyados en un manual de dogmática jurídica, por un lado; y estudiantes de derecho escuchando sin intervención alguna, por el otro. Y la clase magistral se transforma es el escenario áulico por excelencia.

Es decir, como mencionamos al inicio de este punto, sin una sincera disponibilidad para que a los profesores de derecho les enseñen a enseñar, será muy difícil cambiar las cosas. En anteriores pasajes dijimos que en nuestro país no se sabe a ciencia cierta hasta qué punto las Facultades de Derecho de las Universidades Nacionales están más o menos prestigiadas/desprestigiadas ante la sociedad. Tampoco queda claro cuál es el verdadero objetivo político institucional de la actual enseñanza del derecho que imparten. Ante este panorama, nuestra responsabilidad universitaria e inconformismo reformista nos lleva a enfrentar los interrogantes formulados evitando la autocomplacencia. En ese sentido, consideramos que el actual modelo de enseñanza basada en una determinada concepción del derecho no condice con una formación profesional acorde con la democracia constitucional de derecho del país. Favorecer el desarrollo de una cultura ciudadana de cumplimiento de las normas, resulta imprescindible para hacer posible una convivencia social pacífica y previsible. Recordemos que fue el filósofo francés Emile Durkheim quién instaló la categoría de anomia, escribiendo que «Un Estado sin normas hace inestables las relaciones del grupo, impidiendo así su cordial integración». La reforma en la enseñanza del derecho debe tornarse inaplazable, en un mundo sujeto a un proceso revolucionario de crisis acumuladas e incertidumbres crecientes. En este libro proponemos visibilizar la disonancia existente entre el entrenamiento que reciben los abogados actualmente y la necesidad de generar profesionales con sólida formación teórica y habilidades prácticas, conforme una concepción del derecho como práctica social racional e instrumental que contribuya a una cultura jurídica entendida como un acervo de principios, valores y razones que hacen mejores a nuestras sociedades. No es posible comprender nada de manera aislada sino desde la complejidad. Sería una simplificación atribuir a una sola causa las dificultades por las que atraviesa la actual enseñanza del derecho, sin reflexionar que los problemas deben ser abordados en forma sistémica, es decir, teniendo en cuenta todas sus dimensiones, analizando cada uno de los factores históricos y actuales, internos y externos, merecedores de una mirada crítica. Por tal motivo, iremos analizando los distintos aspectos que confluyen a la temática central. En especial, detendremos nuestro análisis en tres aspectos que creemos decisivos: la concepción del derecho; quien lo enseña y a quién; y el diseño curricular. El orden planteado no es mera casualidad, sino que tiene una significativa importancia. Es imprescindible partir de la concepción del derecho que necesariamente determinará la metodología de la enseñanza y el esquema curricular a seguir. Estamos convencidos que la democracia universitaria es la que mejor sabe de sus imperfecciones. Como ciudadanos de esta república de estudiantes, queremos ejercer legítimamente el derecho de señalar sus falencias y proponer un cambio al respecto. Sostenemos que la memoria lo es todo y la enseñanza del derecho no escapa de esa sentencia. Sin memoria, no hay identidad ni funcionalidad jurídica. Al contrario, sin memoria, resultaría peligroso pretender enseñar derecho. Bajo esta premisa, sustentamos que la historia no solo estudia lo que cambia sino también lo que permanece intacto. Analizar lo mucho que permaneció y lo poco que cambió la enseñanza del derecho en el país, será también el objetivo del presente trabajo. Dicho esto, resultaría un error pretender que las cosas cambien en la enseñanza del derecho, si seguimos haciendo lo mismo desde que tenemos memoria. Los hombres y mujeres del derecho pasamos mucho tiempo haciendo lo mismo, pensando y creyéndonos imprescindibles profesionales universitarios, como una especie de narcisismo jurídico. Enseñamos derecho y ejercemos la profesión como si nada tuviéramos que ver con lo que pasa a nuestro alrededor. Nos regocijamos al mirar nuestro propio espejo para aplaudir lo que vemos. Padecemos de «autismo jurídico» como lo definió el profesor Manuel Atienza con motivo de su intervención en el Congreso Internacional sobre Enseñanza e Investigación en el campo jurídico que la Facultad de Ciencias Jurídicas y Sociales de la Universidad Nacional del Litoral organizó en noviembre del año 2021. Pero siempre hay un precio que pagar ante tanta «admiración intelectual». Tampoco es nuestra intención caer en excesos de autoflagelación. Pero algo tiene que pasar. Algo tenemos que decir y algo tenemos que proponer para el debate.

La historia institucional de nuestro país se ha encargado de demostrarnos que de las crisis también pueden salir las mejores situaciones. Como la que vivió Argentina en el terreno de la política de los años ´70 y comienzo de los ´80 del siglo XX, que por obra de la racionalidad y del pensamiento crítico trajo aparejado el convencimiento de dejar las armas y la violencia para reconciliarnos con la paz, la vida y la libertad. Pero lo más importante, es que la democracia recuperada colocó al derecho en el centro de la escena en nuestras vidas. A pesar de ello, y transcurridas cuatro décadas de democracia constitucional, la enseñanza del derecho sigue siendo interpelada a la luz de los debates que se suscitan y se promueven, acerca de cómo, qué, quién, a quiénes y cuáles son sus objetivos políticos institucionales. Por estas consideraciones en juego, entendemos que la enseñanza debe acompañar a la reconfiguración del derecho que, como dijimos, trajo aparejada la democracia constitucional.

EL PUNTO DE LLEGADA

La democracia constitucional necesita de un derecho donde las reglas que se dicten deben ser escritas por todos, en nombre de todos y para mejorar la suerte de todos. Para ello requerimos de operadores jurídicos (profesores, profesionales en el ejercicio liberal, jueces, fiscales, defensores, asesores) con un mayor protagonismo cívico en la tarea de decir —*iurisdictio*— el derecho como práctica social racional de cuatro maneras posibles: enseñando, asesorando, abogando y resolviendo. En primer lugar, debemos advertir que el derecho se reconfiguró con la recuperación de la democracia constitucional en nuestro país; en segundo término, urge re-significar la enseñanza en el aula partiendo de la concepción que se tiene del derecho; y, en tercer lugar, contextualizar el escenario para que el jurista de hoy pueda imaginar y prepararse para el mundo que viene o, mejor dicho, que ya llegó.

Las tres consideraciones deberán constituirse en el horizonte a seguir por parte de la enseñanza del derecho impartida en la Universidad Pública Argentina. Para dichos cometidos, debemos ejercitar la memoria extraviada. Corresponde acudir a referencias históricas para rescatar los buenos aportes de nuestra profesión en el pasado que sin lugar a dudas incidió en el presente. Requerimos que los abogados y abogadas en su accionar diario hagan de la Constitución una práctica social; y que, además, representen el espíritu de las contribuciones que nuestra disciplina hizo en nuestro pasado político institucional. Repasemos algunos aportes históricos: el diseño institucional en los orígenes del Estado Argentino en el siglo XIX a través de un sistema de gobierno representativo, republicano y federal; la inclusión de la ciudadanía a la vida política del país a través de la ley del voto universal, secreto y obligatorio; la democracia como categoría política para resolver nuestros conflictos en forma pacífica; el reclamo, la consagración y efectiva concreción de los derechos humanos; la interposición de los *habeas corpus* para que aparezcan los desaparecidos durante la última dictadura militar; la necesidad de reformar a la Constitución Nacional; el trabajo ético y responsable; la incesante búsqueda de una mejor calidad de vida; la mirada sensible para con los necesitados; el compromiso para con una justicia independiente, eficaz e idónea; la real igualdad de oportunidades y trato entre mujeres y hombres;

el apego al cumplimiento de los mandatos de leyes democráticas; la perenne búsqueda de la verdad; la solución de los conflictos individuales y colectivos por los mecanismos legales; y por fin, la humildad de espíritu de los universitarios que abrazamos al derecho desde temprana edad como instrumento de transformación social. Debemos proponer un cambio significativo en la actual enseñanza del derecho, más acorde con una cultura republicana y democrática que apunte al progreso social de todos sin exclusión alguna, y sobre todo que sea previsible y respetuosa de las leyes.

EL PROBLEMA

Consideramos que la actual enseñanza que se imparte en las Facultades de Derecho del país, con especial consideración de la Facultad de Ciencias Jurídicas y Sociales de la Universidad Nacional del Litoral, se basa en la concepción del derecho como un conjunto de normas dadas, cuyo su estudio se encuentra limitado a memorizar y aplicar sólo su tecnicismo legal. Es decir, una enseñanza exageradamente formal que ofrece una imagen determinada y cerrada del derecho, desintegrada con las demás ciencias sociales e incomprensiva de la reconfiguración dada por la democracia, carente de objetivos políticos en contexto social. Es frecuente escuchar de los profesores de derecho, algunos *«latiguillos»* que dan cuenta de esta concepción del derecho que señalamos y la manera de enseñarlo: *«El derecho es el conjunto de normas que regulan la conducta humana». «Esta asignatura que estudiarán en esta cátedra es la más importante de toda la carrera». «Los profesores de la cátedra recomiendan una única bibliografía para el estudio de la materia». «Traten de memorizar y repetir en el examen lo que dimos en clase y no tendrán inconveniente alguno».* Sin dudas que estas locuciones expresan una concepción del derecho formal, lineal, simplista, reduccionista y, hasta cierto punto, autoritaria que no reproduce las complejidades, dimensiones, tensiones y zonas grises del saber jurídico y su función política-social. Las apreciaciones jurídicas del docente son importantes en tanto y en cuanto no se conviertan en las únicas que se enseñan. Está claro que las mismas no pueden quedar en la puerta del aula, deben entrar, pero también deben compartir todas las visiones jurídicas, valoraciones políticas y resultados de sus pesquisas. En tal sentido, propiciamos una enseñanza basada en valoraciones del derecho y su fin social, evitando caer en el profesor didáctico que expone a la ciencia jurídica por el plano más bajo. Esta situación señala el principal problema del perfil profesional de los graduados en Argentina. Ante este escenario, proponemos comunicar la enseñanza del derecho con la democracia constitucional del país. Para ello, debemos irrumpir el *statu quo* en las aulas de derecho a través de la generación de una especie de «contra cultura educativa jurídica», abierta a consideraciones políticas, sociológicas, filosóficas, creando, imaginando y proponiendo una manera distinta de entrenar profesionales del derecho, capaces de construir activismo cívico para nuestra democracia desde una sólida formación teórica, habilidades prácticas y ejercicio ético de la profesión. Decimos formación teórica, es decir, conocimiento de la normativa mediante el estudio de una buena dogmática; además del dominio de las técnicas de la argumentación jurídica y con ellas, el manejo del Derecho de un modo instrumentalista y no formalista. Decimos formación práctica, es decir, conocimiento de sus herramientas para la resolución de problemas y entrenamiento en destrezas para un buen manejo en los diversos campos de actuación profesional. Decimos civismo, es decir, celos e intereses. Ambos conceptos amalgamados como ejes centrales para los futuros operadores jurídicos: celos para defender la democracia constitucional e interés en la búsqueda de la verdad a través de un ejercicio ético de la profesión.

LA ESTRUCTURA

Fue nuestra vivencia empírica de muchos años como gestores universitarios y como profesores, la que aquí adquirirá una forma más teórica. En el presente libro, encontrarán un permanente ejercicio teórico-reflexivo, tratando de poner al descubierto los diferentes factores históricos, políticos y sociales que influyen directa e indirectamente en la enseñanza y en los diseños curriculares. Especialmente, detenemos nuestra mirada, en tres tópicos específicos: a. La concepción del derecho. b. La metodología utilizada de quien lo enseña. c. El diseño curricular. En tal sentido, el lector se encontrará con una estructura que plantea el problema en cinco títulos. Cada título comprende tres capítulos que son presentados en su mayoría con una lógica confrontativa, es decir, tensiones a dirimir entre modelos contrapuestos. Todos los temas abordados en los cinco títulos guardan directa relación con la enseñanza del derecho, a saber: perspectiva histórica, génesis del sistema jurídico argentino, rasgos más característicos del pensamiento jurídico en distintos períodos históricos, Estado de Derecho Legal, Estado de Derecho Constitucional, Democracias, Globalización y Virtualización, entre otros. Cada capítulo se inicia con un epígrafe y concluye con una breve reflexión.

Los títulos I y II, refieren al aporte de la enseñanza del derecho en el litoral argentino, y el análisis cronológico en la época de la colonia, su breve período provincial hasta llegar a la etapa de la nacionalización; el contexto político-social, sus debates y discusiones. Específicamente, en el título primero, analizamos el origen de la Universidad Nacional del Litoral con una especial mirada puesta en la más antigua de sus Unidades Académicas: la Facultad de Ciencias Jurídicas y Sociales, donde los tres capítulos abordan su historia, su arquitectura y simbología mitológica tratando de dilucidar vínculos influyentes entre misión universitaria, cultura y enseñanza del derecho. En el título segundo, sus capítulos refieren al estudio cronológico de la enseñanza del derecho en tiempos de la colonia, en tiempos de la provincia y en tiempos de la nación, donde la concepción del derecho, su enseñanza y planes de estudios fueron coherentes en sus tiempos. Los títulos III, IV y V, en orden cronológico reseñan los siglos XIX, XX, XXI y sus desafíos respecto de nuestra temática de investigación. En el título tercero y destacando una estrecha vinculación entre política, literatura y enseñanza del derecho, examinamos el contexto político y social donde surgieron tanto el sistema político como jurídico de la Argentina de mitad del siglo XIX. El estudio de sus dos tradiciones jurídicas que más influencia han ejercido hasta el presente, incorporando el análisis de las principales obras literarias que, con sus ficciones y deseos de una república verdadera, describieron un contexto e imaginaron un futuro. Se concluye con un análisis de las características más sobresalientes del pensamiento jurídico en distintos períodos históricos.

En el título cuarto, reflexionamos acerca de los desafíos que el pasado siglo XX tuvo para con la enseñanza del derecho. Un siglo que trajo nuevas soluciones no solo en el constitucionalismo sino también en la forma de Estado. La transición no pacífica del Estado Legal al Estado Constitucional de Derecho producida como consecuencia de las tragedias humanas durante la primera mitad el siglo XX; la acelerada globalización de los últimos tiempos poniendo en jaque las nociones de Estado-Nación; y las democracias liberales como categorías políticas asediadas por los populismos personalistas.

Y el título quinto asume un sentido propositivo. Antes los desafíos que propone el actual siglo XXI, planteamos la necesidad de la re-significación del aula como espacio constitucional para la enseñanza, partiendo de la concepción del derecho que indefectiblemente tendrá su correlato en el método de enseñanza, diseño curricular, finalidad crítica y el rol docente que pone al descubierto su tradicional concepción formal.

En definitiva, y en base a las ideas de re-configuración, re-significación y contextualización, encontrarán el tema central sobre la enseñanza del derecho asediado por acciones gramaticales determinadas por narrativas del pasado, interpelaciones del presente y propuestas para el futuro de la enseñanza del derecho en Argentina. El trabajo concluye con metáforas, es decir, alegorías como formas simbólicas para una mejor comprensión de la enseñanza del derecho, la constitución y la construcción de la democracia.

EL LENGUAJE

Este libro fue escrito con un lenguaje inclusivo, entendiendo como tal el que no excluye, ni cancela, ni invisibiliza a nadie. Sabemos que, en nuestro país, el lenguaje y su uso han dado lugar a intensos debates y divisiones. Amordazar a toda opinión divergente termina favoreciendo el desarrollo de una cultura patriarcal que imperiosamente debemos erradicar. Compartimos la idea de que cuando no hay más todas ni todos, sino «todes», no hay más mujer, es decir, no hay más ella, madre, abuela, nieta e hija, no hay cuerpo de mujer y todo queda suprimido por una «x» produciéndose las peores formas de discriminación: el silencio y la indiferencia. La propia Real Academia Española ha dicho que no es admisible la letra «x» ni la «e» como marca de género. Es, además, innecesario, pues el masculino gramatical funciona en nuestra lengua, como en otras, como término inclusivo para aludir a colectivos mixtos, o en contextos genéricos o inespecíficos. El empleo de signos como la arroba (@) que no es una letra, o como la «x» (ej. l@s argentin@ o lxs argentinxs) da como resultado algo impronunciable, presentándose como problemático a la hora de leer, pronunciar y comunicar. Resulta difícil comprender algo si no podemos expresarlo claramente. Al decir de la doctora en filosofía Diana Cohen Agrest *«Antes de exigir semejante esfuerzo cognitivo tanto del emisor como del receptor, sería prudente no confundir el lenguaje del activismo feminista con el lenguaje inclusivo genuino, que trasciende el discurso».* No deberíamos desviar nuestras energías, aún en el lenguaje áulico universitario donde los conceptos de libertad e igualdad deben estar presentes en la concepción del derecho y su enseñanza. Proponemos el siguiente ejemplo para reflexionar acerca de la utilidad del llamado lenguaje inclusivo. Imaginemos la situación que plantea el siguiente ejemplo: supongamos que el decano o la decana de una Facultad de Derecho exclama: *¡La facultad se está incendiando! ¡Todos afuera!* Nunca ocurrió que las mujeres se quedaran encerradas en sus oficinas de trabajo o en las aulas o en sus espacios de investigación por sentirse excluidas. Se entiende que el mensaje de alarma de la autoridad incluye a la comunidad universitaria en su totalidad para que corran a las salidas de emergencias y salvar sus vidas. Si el decano o la decana perdieran el tiempo en convocar a salir urgente del edificio a «todos y todas», «hombres y mujeres», «profesoras y profesores», «adjuntos y adjuntas», «jefes y jefas de trabajos prácticos», «graduadas y graduados», «trabajadores y trabajadoras de la administración», «alumnas y alumnos», «secretarios y secretarias de la gestión», «consejeros y consejeras del directivo», «investigadores e investigadoras», «bibliotecarios y bibliotecarias», a la totalidad de la comunidad universitaria especificando el género cuando llegara a finalizar su interminable discurso, la Facultad ya estaría en llamas y nadie se salvaría del incendio. Por ello, debemos centrarnos en otras urgencias como la problemática y necesidades de mujeres invisibilizadas, en una sociedad que no las considera iguales. En el imaginario dominante no solo ha posicionado a la mujer como diferente sino también como inferior. Y esto es un grave problema que la enseñanza del derecho también debe abordar. Necesitamos una enseñanza del derecho con perspectiva de género para reflexionar seriamente acerca de las realidades en que viven miles de mujeres que aumentan su vulnerabilidad como los casos de «mujeres pobres», «mujeres en situación de calle», «mujeres migrantes», «mujeres indígenas», «mujeres divorciadas», «mujeres novias», «mujeres embarazadas», «mujeres adultas mayores». Son mujeres excluidas, violentadas y primeras víctimas que el pseudoprogresismo con su impostura ideológica no quiere mirar o distrae la atención. Creemos que el término «todes» además de cancelar a las mujeres, excluye también a los hombres y, por ende, desestima las miradas sobre las nuevas masculinidades y masculinidades positivas que hoy resultan de suma importancia para el abordaje y erradicación de la violencia. Callar a los hombres es también borrar interacciones honestas y sinceras entre hombres y mujeres en favor de una real igualdad, inclusión y equidad. Estamos convencidos que el mundo actual debe imperiosamente avanzar sobre reformas estructurales en relación a la mujer y la violencia de la que es víctima. La enseñanza del derecho también debe hacer su contribución ante este flagelo de violencia y maltrato que suelen presentar distintos rostros. Según datos estadísticos en nuestro país, la mujer es víctima preferida de la violencia intrafamiliar y de pareja. En Argentina se producen más de 250 femicidios, trasvesticidios y transfemicidios por año. A menudo se utiliza la letra «e» como una especie de eslogan de inclusión por parte de los defensores del llamado «idioma inclusivo». Se parece más a una jerga como léxicos de grupos cerrados que, lejos de incluir, excluye a quienes ni la usan ni la entienden. Somos respetuosos de esas propuestas, pero queremos ejercer el derecho de disentir con la misma, ya que consideramos que el costo es muy alto a pagar como estrategia que no aporta demasiado a la compleja tarea de defender la pérdida de ciudadanía de la mujer en los diseños institucionales, en el lenguaje y en las políticas públicas. En una democracia constitucional de derecho, la libertad y la igualdad también quedan afectadas por una ideología «progre» que cree que hay dictaduras buenas y dictaduras malas; y que los derechos humanos son de propiedad de un determinado partido político. El respeto de los derechos humanos resulta indispensable para la existencia de una forma democrática de convivencia. Por esa razón, creemos que también el fanatismo irracional es funcional al modelo patriarcal que atenta contra la democracia paritaria.

TÍTULO PRIMERO.

LA ARQUITECTURA DE LA CASA DEL DERECHO EN SANTA FE

CAPÍTULO 1.

LA MANZANA, LOS NARANJOS Y LAS LUCES

«¿En dónde estaba situado el jardín de las Hespérides? Hesíodo lo coloca en el límite occidental de la tierra, allí donde el día y la noche se encuentran, en una isla del Océano»

(El viaje de Hércules en busca de las manzanas de oro)

La Universidad Nacional del Litoral es una de las más antiguas de la República Argentina. Tuvo su punto de partida[1]. Fue el mitin del 8 de septiembre de 1912[2] organizado por los estudiantes de derecho de la Universidad de Santa Fe en favor de la nacionalización. Sus objetivos políticos tuvieron que ver con la creación de una Casa de Estudios distinta a la Universidad Provincial que,

1 Una especie de «no marcha atrás» de un proceso político, social y cultural que se inició en los últimos años del siglo XIX y primeras décadas del siglo XX. En 1887 la ciudad contaba con 15.099 habitantes y para el año 1914 había alcanzado los 59.574, según los datos del censo general de la provincia de Santa Fe realizado en los respectivos años mencionados.

2 «El 8 de septiembre de 1912 fue el día en que hombres nuevos, pobres y ricos, intelectuales y obreros, masones y librepensadores, convocados por la Federación de Estudiantes marcharon unidos para luchar por una nueva universidad, cohesionados por la idea de un proyecto social amplio vinculado a la democracia, la justicia y la educación para todos. Relatan las crónicas de la época que en la plaza España (ciudad de Santa Fe) se congregó, a las dos de la tarde, un numeroso grupo de personas, acompañadas por el estampido de las bombas. Partieron por calle San Martín hasta la Plaza de Mayo en manifestación cada vez más compacta, el cuerpo de catedráticos y delegaciones de estudiantes de Santa Fe, Corrientes, Entre Ríos, Esperanza y demás localidades encabezaban la columna. Durante su trayecto por calle San Martín, desde los balcones, los vecinos les arrojaron flores». (Recuperando Memoria, *Punto de Partida – Mitin 1912*. Publicación del Museo Histórico de la UNL, Secretaría de Cultura, pág. 6, año 2014, Santa Fe, Argentina).

por entonces, navegaba por la quietud de la mezquindad de una minoría, la apatía del conocimiento y parsimonia cultural. En la disputa entre los actores universitarios por la nacionalización, se expresaron dos proyectos alternativos: uno que exigía solo la nacionalización de los títulos y otro que planteaba la creación de una nueva universidad. En dicha disputa se enfrentaron los actores tradicionales de la Universidad de Santa Fe y quienes adscribían al ideario reformista[3]. En el amanecer del siglo XX, el contexto político y social ayudó para que la ciudad de Santa Fe se preparara para los nuevos cambios.

Fue una época de inmigración y con ella, aparecieron nuevas ideologías, el avance de las ciencias, la proliferación de las bibliotecas populares, la expansión del asociacionismo, la participación ciudadana en la esfera pública, el afán de progresar y la creación de institutos de enseñanza secundaria, normal y especial basados en nuevos conceptos pedagógicos. Poco a poco la ciudad aldeana se vio alterada por el crecimiento urbano, el silbido de los vapores y locomotoras, abandonando progresivamente su impronta colonial, al decir del recordado profesor de historia de la Universidad Nacional del Litoral, Darío Macor.

Todos tenemos esos puntos de partida, que suelen quedarse a vivir en los cuartos de nuestros corazones durante toda la vida y que asoman cuando quieren, vuelven a la hora de la propia muerte y se transmiten por la sangre[4]. Nos referimos a esos momentos significativos que por la alegría o por la tristeza que provocan, marcan una bisagra en la vida de cada uno de nosotros, de modo que nadie sigue siendo el mismo luego de conocer a tu compañera de vida o el día del nacimiento de un hijo, o la llegada de esa pequeña nieta en tus brazos, o la muerte de un ser querido, es decir, sucesos que generan sentimientos especiales, es decir, sensaciones imborrables en determinados momentos, que por las razones que fueran, jamás se olvidan.

Para muchos que ingresamos a la Facultad de Ciencias Jurídicas y Sociales de la Universidad Nacional del Litoral promediando la década de los años ´80, constituyó un punto de partida en nuestra temprana juventud. Por primera vez pudimos pisar el verosímil mosaico de esta historia; escuchar y oler; leer y sonreír ante el mágico laberinto de incertidumbres, bullicio y risas en los pasillos de una Universidad Pública que despertaba con el alba de la democracia, después de una larga y oscura noche de llantos que solían calar hasta los huesos, en aquellas frías madrugadas verde oliva. Desde aquellos días y hasta este trabajo, todo fue un proceso y un suceso. Una historia, entre tantas, que deseamos convertirla en reflexión y proposición a la vez.

---

3 Alonso, Fabiana y Bertero, Eliana, *La Biblioteca Pablo Vrillaud – un acervo bibliográfico para la investigación* pág. 19, Colección Centenario, ediciones UNL, Santa Fe, Argentina 2019.

4 Serrano, J.L. *La Alhambra de Salomón*, Roca editorial, página 1, primera edición de 2013, Barcelona, España.

Hoy, a la distancia de más de cuatro décadas, confirmamos aquellas rarezas juveniles que pretendía descifrar este gigantesco edificio pensado para resolver las permanentes tensiones entre lo real y lo mitológico; entre el arraigo y el exilio; entre la arquitectura y la belleza; entre las confusiones y las esperanzas; entre el libro y el lector; entre el derecho y la política; entre liberales y católicos; entre la cesantía y el regreso; entre la ilusión y el desencanto; entre la dictadura y la democracia; entre la Constitución Nacional y el Código Civil; entre los dolores y las libertades; entre la autoridad y el poder; y por fin, entre las hipótesis y la tesis. Aunque los años pasan, aquél viejo ritual de ingresar todos los días a la Facultad por las escalinatas de calle Cándido Pujato, nos hace sentir jóvenes sin tiempo que piensan, razonan, aprenden y olvidan fácilmente, para volver al día siguiente y cumplir nuevamente con el ritual de ingresar, caminar y pararse en el borde de lo legible y lo indescifrable.

Podríamos decir que la Universidad Nacional del Litoral se encuentra coronada por el torrente de dos leyes nacionales: una que la creó y la otra que la enalteció.

La Ley n.° 10.861 del 17 de octubre de 1919 creó la Universidad Nacional del Litoral. La Ley n.° 27.416 del 29 de noviembre de 2017 la enalteció al declarar a su edificio como Monumento Histórico Nacional. Entre ambas leyes nacionales, múltiples historias han sucedido debajo del puente imaginario que las une, como si fueran dos torres del *Puente Colgante* que identifica a esta ciudad, tratando de reconstruir el anquilosado paisaje anterior a su nacimiento y las bondades que trajo aparejado la defensa de la libertad, la democracia, el laicismo, la inclusión, la extensión y la igualdad de oportunidades. En los primeros años de su andar, más precisamente en agosto de 1926, se concretó la compra de la manzana de tierra que por entonces se la consideraba un borde del área urbana en crecimiento, determinado por el Boulevard Pellegrini de la ciudad. De esta manera la Universidad Nacional del Litoral, no solo se mudaba de barrio y la Facultad de Derecho y Ciencias Sociales de su vieja casona[5] sino que, fundamentalmente, creaba su propio proyecto ideológico-institucional diametralmente distinto de aquel que desde el siglo XIX le proponía el histórico, tradicional y devoto barrio sur de la ciudad de Santa Fe. La nueva ubicación geográfica coincidía con su ideario democrático, igualitario, laico, moderno, progresista, inclusivo y reformista. A nuestro entender, hubo una marcada ruptura ideológica del modelo universitario. La crónica periodística recuerda esa tarde del sábado 23 de octubre de 1926[6], la lluvia que caía mojaba, festejaba y aplaudía simultáneamente a

5 La Facultad de Derecho y Ciencias Sociales de la Universidad Provincial de Santa Fe, funcionó primero en el edificio de calle San Martín 840, y luego en la casona que había sido la residencia de José Gálvez ubicada en calle San Martín 1627 de la ciudad de Santa Fe.

6 En el despacho del secretario general de la Universidad se encuentra el Acta suscripta por los presentes de aquel día memorable de esta historia.

las autoridades que colocaban la piedra fundamental del nuevo edificio destinado a la Universidad Nacional del Litoral, que se construiría en la manzana comprendida entre el Boulevard Pellegrini y las calles San Jerónimo al este; 9 de Julio al oeste; y Cándido Pujato a norte[7].

> «La materialidad de esta piedra que va a descender, no como la loza que clausura lo que ha muerto, sino cual símbolo plinto que sustente lo que seguirá viviendo, se magnifica porque ella anuncia que aquí ha de alzarse en severa construcción arquitectónica nuestro hogar universitario. Fraterno hogar cuyo ambiente —que hará cálido el sentimiento, luminoso el pensamiento— reunirá de su lumbre generaciones y generaciones en la más estrecha de las solidaridades; noble hogar en el que todos han de sentirse confundidos en una misma, sincera y honda convivencia espiritual. (...) Y en un día no distante, cuando la solidez del cimiento arraigue en el seno oscuro de la tierra y su cópula resplandezca bajo la gloria del sol —tal una afirmación de fortaleza y de elevación— la colmena estudiantil rumoreando afanes y esperanzas tendrá aquí el grande y generoso hogar espiritual que por ella anhelamos levantar, que para ella destinamos, sin condiciones ni reservas, ya que cada generación, albacea de la que la precedió, ha de mantener y dignificar el acervo moral e intelectual de la Universidad»[8].

El edificio fue diseñado por el arquitecto catalán Manuel Torres Armengol, iniciando los trabajos en el mes de junio de 1930. En una primera etapa, se construyó la mitad sur de la manzana sobre el Boulevard Pellegrini, constituida por la fachada principal del Rectorado, el hall de ingreso, el Paraninfo, el Consejo Superior y los dos patios con sus jardines conocidos como *de Las Palmeras*. En una segunda etapa, se construyó la mitad norte de la manzana, es decir donde se erige actualmente la Facultad de Ciencias Jurídicas y Sociales. Las obras se iniciaron en 1932 a paso lento y por el período de una década, como consecuencia de la crisis global de 1930 y el inicio de la Segunda Guerra Mundial, que por aquel entonces golpearon las arcas públicas y limitaron la importación de insumos en Argentina. No obstante, todas las obras proyectadas en la manzana concluyeron en el año 1942, lo que la prensa de aquél entonces denominó como «El Palacio Universitario». El estilo arquitectónico de la Facultad se enmarca en la vertiente ecléctica del neocolonial, con sus tejas y rejas españolas con motivos zoomórficos y guardas geométricas, arcos lobulados típicamente moriscos,

7 El primer predio que se había pensado para la nueva Universidad fue en el que actualmente se encuentra la Escuela Normal Superior n.° 32 «Gral. José de San Martín» ubicada en calle Saavedra 1751 de la ciudad de Santa Fe.

8 Extracto del discurso del primer Rector de la Universidad Nacional del Litoral electo por Asamblea en 1923 Dr. Pedro E. Martínez en oportunidad de colocar la piedra fundamental del actual edificio de la Universidad Nacional del Litoral y de la Facultad de Ciencias Jurídicas y Sociales, publicado en la Cátedra de Historia del Derecho a cargo del Profesor Ricardo Miguel Fessia de la FCJS-UNL.

medallones, pináculos y balaustradas platerescas. La fachada principal de la Facultad, que refiere a aquella España del siglo XVI en la que se conjugan el rigor geométrico de la composición con la experimentación y el eclecticismo decorativo[9], se compone de un volumen simétrico, con sus treinta y tres ventanas verdes esmeralda, con austeros detalles decorativos, destacándose en la esquina oeste su torre miradora estelar que contiene el depósito de agua diseñada con un motivo típico de la arquitectura española de inspiración mudéjar. El cuerpo central de ingreso a la Facultad es el elemento que mejor recuerda a El Escorial[10] al que se accede por la explanada, compuesta de tres grandes puertas de madera roble de ingreso y en cuyos laterales anida una balaustrada que encierra el patio inglés del nivel bajo, únicos en toda la ciudad. En el frontispicio renacentista albertiano, aparece una imagen alegórica de la mitología griega, firmada por el escultor Antonio Peretti.

Sentada reposa Palas Atenea, la diosa de la inteligencia y de la razón que nunca pueden faltar en una Casa de Estudios. Los espacios públicos por excelencia lo constituyen sus tres patios. El central, que en el diseño original tenía sólo dos niveles en lo alto, se encuentra en línea recta con el Consejo Directivo hacia el norte y con la Biblioteca hacia el sur, concentrando a su alrededor las aulas de mayores dimensiones —J. B. Alberdi, D. Vélez Sarsfield y J. de San Martín—. Actualmente el patio central lleva el nombre de «Reforma Universitaria de 1918». De los tres, es el de mayores dimensiones y presenta influencias mudéjares. Fue y seguirá siendo el gran escenario de muchos acontecimientos académicos, políticos y culturales. Solo para mencionar uno de los tantos que reunió a cientos de estudiantes aquella tarde noche de septiembre de 1994, cuando el maestro Ernesto Sábato recibió el título de Doctor Honoris Causa y fue declarado por todo el movimiento estudiantil como presidente Honorario de la Federación Universitaria del Litoral. Recuerdo su quebrantada voz que arengaba a los estudiantes y autoridades presentes a seguir batallando por la defensa de la Universidad Pública y por el humanismo jaqueado por la poderosa oleada conservadora de los años noventa que anteponía lo «privado» y el poder del dinero por sobre los valores que hacen a la dignidad de la persona. Por su parte y más recoletos, se encuentran los patios laterales denominados *«Patios de los naranjos»* que poseen también claras referencias a los jardines del Generalife y el Patio de Comares de la Alhambra de Granada, con la pre-

9 *La Manzana Histórica de la Universidad Nacional del Litoral* – Colección Centenario. Arquitectura, ciudad y patrimonio. Directora Adriana Collado. Ediciones UNL, pág. 173, año 2019, Santa Fe, Argentina.

10 Obra anteriormente citada.

sencia del agua que circula por una acequia longitudinal que en sus extremos une a dos fuentes[11] circulares de mármol de Carrara.

> «Por fortuna, en mi vieja manta traía guardada una de las naranjas, fruto del árbol que aquí plantamos Guerrero y yo. La mostré como si por un minuto yo fuese el rey de oros: tenía el sol en mis manos. ¿Hay imagen que mejor refrende nuestra identidad que un español comiendo una naranja? Mordí con alborozo la cáscara amarga, hasta que mis dientes desnudos encontraron la carne oculta de la naranja, ella, la mujer-fruta, la fruta-fémina. El jugo me escurrió por la barbilla. Reí, como diciéndole a Cortés: ¿Quieres mejor prueba de que soy español?»[12].

En jerarquía y línea recta se encuentran los tres espacios colectivos por excelencia de la Facultad: el Consejo Directivo que constituye el órgano de gobierno, el Patio Central y la Biblioteca. Nuevamente el número tres en escena: tres son las puertas de ingreso; tres son los patios y tres son las aulas principales que lo rodean. Gobierno, diálogo y búsqueda de la verdad jerarquizada en línea recta como los tres poderes republicanos: Ejecutivo, Legislativo y Judicial.

La Biblioteca es el alma de la Facultad. No caben dudas. Fue pensada como «un universo infinito que otros llaman biblioteca» decía Jorge Luis Borges y para «perderse igual que en un viaje» como deseaba Ricardo Piglia. La Biblioteca lleva el nombre de «Pablo Vrillaud»[13]. Con sabiduría se ha dicho que toda biblioteca es un viaje; todo libro es un pasaporte sin caducidad. Sus antecedentes se remontan a 1896 cuando las autoridades de la Universidad de Santa Fe decidieron crear un centro de información bibliográfica para es-

11 En el proyecto original, estas fuentes estaban revestidas con azulejos policromados típicos granadinos.

12 Del escritor mexicano Carlos FUENTES en «Las dos orillas» (fragmento de *El naranjo o Los círculos del tiempo*) reproducido en el libro *Las ideas en la piedra* bajo la coordinación de María MARTINA ACOSTA, publicado en ediciones UNL, página 54, año 2004, Santa Fe, Argentina.

13 Pablo Vrillaud, nació en Las Toscas —provincia de Santa Fe— el 16 de enero de 1897. Realizó los últimos años de sus estudios secundarios en el Colegio Nacional de Santa Fe. Murió en un accidente automovilístico el 13 de septiembre de 1925 en la localidad de Margarita cuando estaba cursando el último año de la carrera de Abogacía. Fue uno de los estudiantes de derecho que más trabajó por la creación de la Universidad Nacional del Litoral. En el año 1916 ingresó a la Facultad de Derecho y Ciencias Sociales de la Universidad Provincial del Santa Fe. En 1918 fue nombrado presidente de la Federación Universitaria de Santa Fe y como tal, formó parte de la delegación de estudiantes santafesinos en el I Congreso Nacional de Estudiantes Universitarios realizado en Córdoba, oportunidad en que se logró el apoyo unánime para la creación de la Universidad Nacional del Litoral. En 1922 fue elegido presidente de la Federación Universitaria Argentina. Por su convicción reformista, capacidad intelectual, condiciones poéticas, hábito de lectura, el 4 de octubre de 1924 el Consejo Directivo de la Facultad de Ciencias Jurídicas y Sociales, bajo el decanato de Gregorio Parera, lo designó director de la Biblioteca, siendo aún estudiante. Actualmente, y por iniciativa de los consejeros directivos estudiantiles de la agrupación Franja Morada del año 1995, la Biblioteca lleva su nombre.

tudiantes y profesores. Los primeros libros de derecho fueron adquiridos en librerías de las ciudades de Córdoba y Rosario[14]. Cuando el 7 de abril de 1920 se produjo el traspaso formal de los bienes de la Universidad de Santa Fe a la Universidad Nacional del Litoral, la biblioteca pasó a la nueva Facultad de Ciencias Jurídicas y Sociales designada en el año 1929 como Biblioteca Central de la UNL. «Una biblioteca es un ser vivo que encierra, en la universalidad de sus libros, un extraordinario poder de sugestión y enseñanza»[15]. Su imponente sala de lectura ubicada en el primer nivel lleva el nombre de «Domingo Buonocore»[16], su mobiliario y luminarias diseñadas ad hoc y el depósito de libros realizado con estructura de hierro y entrepisos de malla, en alusión a las más bellas e importantes bibliotecas de las villas italianas del siglo XVI. Quien entra por primera vez a la Biblioteca de la Facultad de Ciencias Jurídicas y Sociales de la UNL, no sabe instintivamente cómo comportarse, ni qué decir, ni qué preguntar, ni qué libro pedir. Lo más probable es que se vea dominado por el ensordecedor silencio, o por la celosa mirada de sus custodios o por el profundo abismo que separa lo poco que sabemos con lo mucho que ignoramos. Pero con el correr del tiempo y una vez aprendidos los rituales y las convenciones, una vez oído el crujido del papel, el temible chasquido del lomo, el olor a madera de los estantes, el perfume aromatizado de las encuadernaciones de cuero que invade la sala de lecturas, uno va tomando conciencia que el amor a la Biblioteca de esta Casa de Estudios también se enseña y se aprende porque sencillamente hace a la cultura jurídica.

«Imagino la experiencia de entrar en la Biblioteca de Alejandría en términos parecidos a lo que yo sentí cuando navegué por primera vez en internet: la sorpresa, el vértigo de los espacios inmensos»[17]. Esta Biblioteca se diseñó con lógica laberíntica donde la razón y el arte cogobiernen una acumulación discordante de libros; donde los estudiantes puedan perderse y encontrarse

14 Alonso, Fabiana y Bertero, Eliana, *La Biblioteca Pablo Vrillaud – un acervo bibliográfico para la investigación* pág. 15, Colección Centenario, ediciones UNL, Santa Fe, Argentina 2019.

15 Esta caracterización corresponde a Domingo Buonocore, director de la biblioteca desde 1935.

16 Domingo Buonocore egresó de la Escuela «Mariano Acosta» de Buenos Aires como profesor normal en letras, y en 1927 obtuvo el título de abogado en la Facultad de Ciencias Jurídicas y Sociales de la UNL. En 1930 inició su carrera como Profesor Adjunto de Derecho Administrativo y Derecho Agrario, Rural y Minas en la mencionada Facultad hasta que en el año 1946 fue cesanteado por razones políticas por el gobierno de J. D. Perón. En el año 1955 fue designado decano interventor designando al frente de la biblioteca a Marta Samatán. Durante la presidencia de Arturo Frondizi se le ofreció la dirección de la Biblioteca Nacional, que por entonces la presidía Jorge Luis Borges, pero rechazó el ofrecimiento para no crearle problema al autor de *Aleph* con quien tenía una respetuosa amistad, en cambio aceptó el nombramiento de director de la Biblioteca del Congreso de la Nación. (libro *Al margen de los hechos y seis semblanzas de santafesinos ilustres* de Francisco M. Ferrer).

17 Vallejo, Irene *El infinito en un junco*, Ediciones Siruela, 1ra. edición, septiembre de 2019, Madrid, España

entre escalinatas y estantes atestados de volúmenes cuya jerarquía de letras, algún día nos conducirá al destino deseado. Estamos convencidos que la Biblioteca «Pablo Vrillaud» es el símbolo de la Universidad que la alberga y su energía que se consume en la búsqueda y el desciframiento del derecho. Su histórica misión ha sido la de conservar la memoria de la experiencia pasada y prever las exigencias del futuro. Ella, no solo se pensó para contener sus miles de volúmenes sino también para dar libertad a la imaginación de cientos y cientos de lectores curiosos en busca de revelaciones en este exquisito lugar de los hallazgos que da cuenta de la inmortalidad que caracterizó la presencia reformista en el litoral empeñada en derrotar a la muerte que, como dicen los poetas, pone fin a la memoria.

«Una biblioteca será siempre un nuevo surco que se abra; al fundar la nuestra pensamos en que la patria las necesita hoy más que nunca, laboratorios silenciosos que servirán para orientar las energías de la juventud; las bibliotecas son los complementos de las escuelas y universidades, queremos que la nuestra sea también una proyección de la fábrica y del taller prestigiando así la concurrencia del obrero, para que se viva en la serenidad del estudio, esa anhelada confraternización de los espíritus que engrandecerá las patrias del mañana»[18]. La mención sobre la Biblioteca nos hace confirmar lo que suponemos. Ella hizo realidad la mejor parte de los sueños de los jóvenes estudiantes de derecho que lucharon por la creación de esta Universidad: universalidad, conocimiento y el inusual deseo de fusión entre derecho y democracia constitucional.

La Sala de Consejo Directivo ubicado en el primer piso y como espacio colectivo también, ocupa un lugar central y jerárquico en el edificio, en correspondencia a un ideario reformista donde el co-gobierno democrático y autónomo se ubica en el centro geográfico para decidir el rumbo académico institucional a seguir. Es el lugar que mejor expresa el ideal Reformista y Constitucional[19], bajo la atenta mirada del maestro Sarmiento y la luz inextinguible del efebo que corre a su lado.

Mención especial merecen sus aulas, en especial, aquellas que hermanadas en sus nombres que conmemoran a extraordinarias personalidades de nuestra historia y delineadas con una arquitectura cosmopolita como todo el edificio, atestiguan todo lo ocurrido entre sus paredes: la elegida por los estudiantes para sus asambleas es la legendaria «Alberdi» que constituye para la Facultad lo que el Paraninfo es a la Universidad. Ella atestigua los sonados discursos de personalidades nacionales y del mundo como Arturo Jauretche, Jorge Abelardo Ramos, Silvio Frondizi, Agustín Tosco, Juan José Saer, Raúl

18 En *Sonetos de ratos perdidos* de Pablo Vrillaud, pág. 45, editado por el Museo Histórico - Secretaría de Cultura de la UNL. Marzo 2017, Santa Fe, Argentina.

19 En los extremos este y oeste de la Sala del Consejo Directivo se exhiben dos acuarelas realizadas por el Arq. Mariano Arteaga: la fachada de la Facultad y Reinterpretando la noche del 20 de abril de 1853.

Ricardo Alfonsín, Luigi Ferrajoli, Ernesto Garzón Valdés, Natalio Botana, Carlos Santiago Nino, Manuel Atienza, Robet Alexy, Duncan Kennedy, Carmen Argibay, entre otros.

Las aulas «Vélez Sarsfield», «San Martín», «Mariano Moreno», «Sarmiento» y «Belgrano», todas ellas están impregnadas de debates, discusiones y sueños de los estudiantes de derecho que lucharon por la creación de la UNL como Humberto Gambino, Alejandro Grüning Rosas, Mariano Tissembaum, Horacio Varela, Pablo Vrillaud, entre otros. Así mismo, esas aulas y otras como la «Joaquín V. González», «Manuel Estrada», «Rudecindo Martínez», «Alfredo Colmo», «Raymundo Salvat» pueden dar fe de la valentía de Marta Samatán quien fuera una de las primeras mujeres graduadas en el año 1926 además de haber sido una distinguida escritora y con fuerte vocación gremial; del modelo de profesional culto de José Lo Valvo;; de la inquietud por descubrir los orígenes de la ciudad de Santa Fe de Agustín Zapata Gollán; de la mirada extensionista de la primera mujer embajadora del país como Ángela Romera Vera; del amor al libro de Domingo Buonocore; de la envidiada inteligencia de Eduardo Pérez Llana; de la virtud poética de Gastón Gori y de Leoncio Gianello; de la virtud literaria de Juan José Saer; del exilio español de Francisco Ayala y Luis Jiménez de Asúa; de la militancia estudiantil de Luis Cáceres; del desafío para ser presidente de los argentinos de Ítalo Luder; de la envidiable oratoria de Jorge Mosset Iturraspe; del rigor académico de María Josefa Méndez Costa; de la inteligencia para cambiar el sistema penal inquisitivo al acusatorio de la provincia de Santa Fe de Jorge Vázquez Rossi, entre otros graduados y graduadas que se destacaron en el país y el mundo.

Por último, un protagonista que no puede faltar en nuestro recorrido histórico del edificio: el viejo bar de la Facultad que fuera instalado con motivo de llevarse a cabo la Convención Constituyente del año 1957 y que estaba, por entonces, ubicado en el pasillo sur del patio central. De forma rectangular, sin estilo arquitectónico y diseño mobiliario, pero con fervorosa vida política estudiantil en su interior. Fue el espacio colectivo por excelencia de los mismos. El lugar ideal para tomar un café con amigos; para fumar un cigarrillo antes de la clase; para que las agrupaciones estudiantiles diseñen sus estrategias electorales, para leer el diario del día anterior, o para llorar en soledad una «bola» bien puesta.

El viejo y recordado bar que conocí promediando los años ochenta, supo inspirar al profesor Rogelio Alaníz a la hora de escribir y dedicar su novela *Derecho Viejo*[20]: *«Al viejo bar de la Facultad de Derecho, a ese testigo exquisito y discreto que nos acompañó con su hospitalidad durante tantos años. Y que se esfumó de repente víctima de la indiferencia del tiempo y de esa implacable ley que nos impone el principio de que lo bueno suele ser inevitablemente breve».*

20 Derecho Viejo es el nombre del tango de Eduardo Arolas alias «El tigre del bandoneón», que se lo dedicó a la muchachada de la Facultad de Derecho de Santa Fe en el año 1914. *Derecho Viejo* es la primera novela del país dedicada a una facultad de derecho, publicada por ediciones UNL, Santa Fe, Argentina.

Breve reflexión:

En el presente capítulo, propusimos un repaso institucional. Una especie de *puesta en valor patrimonial* del escenario donde reflexionaremos acerca de la enseñanza del derecho en el litoral argentino. También como un punto de partida acerca del rol profesional en una democracia constitucional luego de transcurrir cuatro décadas. La casa del derecho en el litoral fue pensada como institución de cambio social y centro de formación de jurista de la región y del país. Su edificio, sus estatutos, su historia, sus graduados y graduadas que se destacaron a lo largo de los años, interpelan a los actuales actores para ese cometido. Recordábamos al inicio del libro a Ortega y Gasset que propuso las tres funciones que una universidad debe cumplir: transmisión de cultura; enseñanza profesional; investigación científica y educación de nuevos hombres de ciencia. ¿La formación de un jurista debiera prestar atención a esas tres dimensiones? Finalizando la segunda década del siglo XXI: ¿qué tan lejos o qué tan cerca estamos de la misión universitaria? En algunos pasajes pusimos en evidencia los problemas del desajustado sistema educativo argentino que le imprime, en la mayoría de los casos, a un joven de diecisiete años desconcierto e incertidumbre y no convicción a la hora elegir el estudio de una determinada carrera universitaria. En mayor o menor medida, todos hemos pasado por esos momentos de bifurcaciones ineludibles al finalizar los estudios del nivel secundario. ¿Qué puedo estudiar? ¿Ciencias duras o ciencias sociales? ¿Y si me arrepiento? Son temores propios de todo cambio. Pero ¿cuál es el porcentaje que le atribuimos a la «normalidad» y cuanto le atribuimos a las propias falencias de un sistema educativo desintegrado? La desarticulación del sistema educativo del país es un problema estructural por la falta de objetivos claros como política educativa del Estado. Si a ello le sumamos que, en la Universidad Nacional del Litoral, el desarraigo constituye también uno de los problemas de deserción en el primer año universitario. Nos referimos tanto a la separación del secundario excesivamente escolarizado como al que tiene que emigrar de su lugar de origen a una ciudad de dimensiones importantes. Carecemos de datos estadísticos que lo demuestren, pero intuimos que constituye una causa a tener en cuenta para evitar los abandonos. No obstante, no es el único motivo, pero si le sumamos los inconvenientes económicos como consecuencia de los elevados costos para un estudiante universitario, el bombardeo de textos inentendibles, más los teóricos monólogos del docente en las primeras clases, terminan por configurar un «combo» ideal para la deserción temprana. Los datos estadísticos oficiales en la Facultad de Ciencias Jurídicas y Sociales de la UNL señalan que el mayor porcentaje (40 %) de deserción estudiantil se produce durante los dos primeros años de la carrera de abogacía. Dicho esto, creemos conveniente poner especial atención a los primeros años de la carrera, donde la concepción del derecho y su enseñanza teórica y práctica adquieren vital importancia. ¿Están los mejores profesores de la Facultad en los dos primeros años de la carrera? ¿Se pueden conjugar teoría y práctica desde el primer día? ¿Cuáles son las principales falencias de los docentes de derecho? ¿Cuáles son las principales debilidades formativas de los estudiantes que inician los estudios en derecho? De las acertadas respuestas dependerán las soluciones a los problemas de la formación profesional.

Como expresamos al principio del capítulo al referirnos a los puntos de partida, el nuestro fue con muchas incertidumbres, como un Hércules de la modernidad latina, expectante y tensa a la vez, hacia la histórica ciudad Santa Fe de la Vera Cruz, en busca del jardín de las manzanas de oro. Con la tristeza que provocó soltar amarras con un pasado tan sencillo como feliz, y con los temores propios de lo desconocido que siempre suele habitar detrás de la línea del horizonte; con la angustia de dejar atrás los afectos que marcaron nuestra mejor infancia y juventud; con las debilidades formativas de pueblos sin tiempos, pero generosos con todo lo enseñado; con la mochila cargada de falencias de un secundario divorciado del nivel primario y alejado del universitario, acrecentaba aún más el desconcierto de nuestras vidas en manos de la profesión elegida. El camino no fue sencillo, ni fácil, sino más bien nostálgico, imperiosamente costoso, por momento confuso, azaroso e influido por mitos supletorios a la leyenda principal que a veces suele pasar a segundo plano. Como reza en el epígrafe, después de navegar durante algunos años por mares de dudas, pudimos encontrar nuestra Hespérides: He aquí en la tierra de los grandes acuerdos constituyentes y de los ideales reformistas consagrados: *¡el jardín de la manzana, los naranjos y las luces!*

CAPÍTULO 2.

LOS PRECEPTOS DE LOS DIOSES

> «Zeus tomó por esposa a Metis, la más sabia de todas las hijas de los dioses y de los hombres. Mas cuando Metis estaba próxima a parir a Atenea, la ojizarca diosa, Zeus, engañándola con seductoras palabras, la encerró en sus propias entrañas, atento a los consejos de Gea y de Urano, que querían impedir que, en lugar de Zeus, otro de los dioses inmortales se apoderase de la autoridad soberana».
>
> (Hesíodo en su Teogonía)

Nadie sube erguido por las siete escalinatas de la Facultad de Ciencias Jurídicas y Sociales de la Universidad Nacional del Litoral. Por el contrario, ingresamos a ella por calle Cándido Pujato con una pequeña inclinación del cuerpo hacia adelante, la cabeza levemente inclinada mirando al piso en inconsciente reverencia hacia a la autoridad que yace en lo alto de la puerta de ingreso. ¿Hacia qué autoridad? A la que representa la diosa griega, sabia y guerrera, que yace sentada en el frontispicio. Una hermosa mujer, como la *Señora Justicia,* pero sin vendas en los ojos ni balanza ni espada, tan solo inspirando soberana obediencia a quien tiene la osadía de ingresar a su templo en búsqueda de la justicia, la verdad y el sentido del derecho[21]. ¿Quién es? Pregunta obligada que todo estudiante de derecho se hace alguna vez. Es Palas Atenea, también conocida como «la de ojos de lechuza», una de las más curiosa, atrayente y compleja de todas las personalidades de la mitología griega. Tanto es así que, hasta la etimología de su nombre y el hecho mismo de su nacimiento, han sido y siguen siendo objeto de desavenencia entre los estudiosos.

> «A Palas Atenea, ilustre diosa, comienzo a cantar,
> la de ojos de lechuza, rica en industrias, que un indómito corazón posee,
> doncella venerable, que la ciudad protege, valerosa,

21 El ex decano de la Faculta de Humanidades y Ciencias y ex vicerrector de la Universidad Nacional del Litoral, profesor Claudio Lizárraga sostiene que el friso que se exhibe en la fachada de la FCJS es muy particular, al punto tal que podría tratarse de una representación única en el mundo, ya que no parece haber otra en la que la diosa aparezca sentada como fue diseñada en este edificio.

> Tritogenia, a la que solo engendró el industrioso Zeus
> en su santa cabeza, de belicosas armas dotada,
> doradas, resplandecientes». ***(Himno Homérico 28.°)***

La diosa Palas Atenea que reposa en nuestra piedra, presenta los atributos clásicos de su deidad. El yelmo de guerrera que corona su cabeza y su pechera exhibiendo a la Gorgona Medusa[22], monstruo femenino y a la vez diosa protectora que la propia Atenea subordinó a su poder. Debajo de la silla aparece la serpiente como antiguo símbolo de la omnipotencia femenina y de las mujeres en general, significando movimiento, renovación, energía telúrica y vital, pero fundamentalmente conocimiento y sabiduría. Su mano izquierda aparece empuñando el cetro como símbolo de mando que inviste, cuyo extremo da lugar a una doble interpretación: como una rama de olivo, símbolo de la vida civilizada; o como una flama, símbolo de la luz que ilumina y permite ver en la oscuridad como toda lechuza[23]. Todos coinciden que Palas Atenea era la diosa griega de la razón y la sabiduría, pero también era la diosa de la guerra. Si bien Ares es el dios de la valentía y los soldados, la inteligente Atenea era tenida por los griegos como la diosa de los generales y la estrategia militar. En tal sentido Atenea era fría, argumentativa, previsora, calculadora y bélica a la vez. No por nada había nacido de un hachazo de Hefestos en la frente de Zeus su padre, de quien heredó su poder y su inteligencia. Estas dos virtudes —razón y fuerza— de Palas Atenea definen a su vez en ella una tercera virtud: la justicia. Por supuesto, los griegos adoraron tradicionalmente a Diké como diosa de la justicia, pero fue Atenea quien estableció la justicia entre los hombres. En efecto, en los albores del sistema de gobierno democrático, el trágico Esquilo sustrajo la justicia del poder de Diké y se lo entregó a Atenea, la patrona de la ciudad que realizó este singular experimento político. Acaso debemos leer en ello un acto de propaganda. Como fuere, lo cierto es que Esquilo llevó a cabo una profunda reflexión acerca del rol que le cabe a la justicia en las sociedades democráticas. La Orestíada es una trilogía de tragedias compuestas por Esquilo, cuyo hilo central es una cadena de asesinatos que llega a su fin gracias al restablecimiento de la justicia en el Areópago de Atenas. Cuando el rey Agamenón marcha a la guerra de Troya, se ve obligado a detenerse por falta de viento, necesario para hacer avanzar las naves. Entonces, ruega el favor de los dioses sacrificando a Ifigenia, su propia hija. Años después, vuelve victorioso de la guerra, pero su mujer Clitemnestra le espera en casa y, junto a su amante Egisto, matan a Agamenón.

22 Una versión plantea que Medusa era una hermosa joven de preciosos cabellos que se atrevió a afirmar que su belleza era mayor que la de la diosa Atenea, la que en castigo la transformó en Gorgona (un tipo de monstruo) junto a sus hermanas.

23 Resulta oportuno señalar, nos dirá el profesor Claudio Lizárraga, que quien era alcanzado por la luz del conocimiento abandonaba su status de alumno para transformarse en un ser iluminado por la sabiduría.

Cuando Agamenón se hubo lavado y hubo sacado un pie de la bañera, Clitemnestra dio un paso hacia adelante, como si fuera a arroparlo con la toalla, pero en lugar de eso echó una red sobre la cabeza. Y así, enredado como un pez, Agamenón pereció a manos de Egisto, quien le hirió dos veces con una espada de doble filo. Cayó hacia atrás en la bañera de bordes de plata, y allí Clitemnestra se vengó de sus agravios decapitándolo con un hacha[24]. La noche del asesinato, su hijo Orestes de tan solo diez años de edad, fue rescatado por su hermana Electra la cual con la ayuda del anciano tutor de su padre, lo envolvió en una túnica bordada con dibujos de animales que ella misma había tejido, y lo sacó a escondidas de la ciudad[25]. Al alcanzar la edad viril, Orestes acude al Oráculo de Delfos para preguntar si debía o no dar muerte a los asesinos de su padre. Allí, el dios Apolo le ordena vengar el asesinato de su padre. De este modo, Orestes da muerte a su madre Clitemnestra decapitándola con la misma espada que mató también a Egisto, con lo cual honra la tradición en cuya virtud la venganza debía provenir desde la misma familia agraviada. El problema es que Orestes ha cometido un crimen contra su propia sangre. Las negras Erinias —diosas de la venganza— están rabiosas y quieren castigar al matricida de Oreste. Es decir, muerta Ifigenia, muerto Agamenón, muertos Egisto y Clitemnestra, ¿quién podrá otorgar el necesario perdón? Ante tal situación y luego de un año de exilio y persecución de las Erinias, Orestes decide ir hacia Atenas gobernada por Pandión, dirigiéndose de inmediato al templo de Atenea situado en la Acrópolis, se sentó, abrazó su imagen y suplicó ayuda. En respuesta, Atenea, protectora de la ciudad, establece un tribunal en el Areópago, la colina de Ares en donde previamente se reunía la aristocracia. De este modo, la diosa respeta la tradición: no se desentiende de la sabiduría histórica del pueblo de Atenas, sino que preserva el antiguo lugar del poder aristocrático, otorgándole un nuevo rol bajo el régimen de la democracia. Pero, al mismo, este gesto es un símbolo del triunfo de la democracia por sobre la oligarquía, a la cual reemplaza en el *locus* mismo donde ésta ejercía el poder. A su debido tiempo se celebró el juicio en el que Apolo ofició de abogado defensor, y la mayor de las Erinias de fiscal. Así Palas Atenea planteó el problema:

> «El asunto es bastante serio para que un mortal piense juzgarlo. Tampoco a mí la ley divina me permite hacer justicia en el caso de un asesinato, que acarrea la rápida ira de las Erinias. Sin embargo, tú has llegado a mi morada como puro e inocente suplicante tras haber realizado los ritos adecuados y te respeto de este modo porque mi ciudad nada puede reprocharte. Pero tienen aquéllas —las Erinias— una misión que no permite obviarlas fácilmente. Y si no tienen éxito en su afán, descargarán inmediatamente sobre este país la ponzoña de su resentimiento: una horrenda y definitiva plaga que caerá sobre la tierra. Así están las cosas. Am-

24 Robert GRAVES, *Los mitos griegos*, pág. 153, Ariel, 1ra. edición, Ciudad Autónoma de Buenos Aires, 2018.

25 Robert GRAVES, ob. citada.

> bas actitudes, admitirlas o rechazarlas, son inevitablemente desastrosas para mí. Pero dado que este problema se ha presentado aquí, yo elegiré y tomaré juramento ante unos jueces para los homicidios, y estableceré una institución que durará eternamente. En cuanto a vosotros, convocad los testigos y las pruebas que bajo juramento sustentarán el juicio. Regresaré cuando haya seleccionado a lo mejor de mis ciudadanos para que diriman con veracidad esta querella gracias al juramento que prestan de no fallar nada contrario a la justicia». ***(Traducción de Emilio Díaz Rolando)***.

Con un discurso muy detallado, Apolo negó la importancia de la maternidad, afirmando que una mujer no era más que el surco inerte en el que el esposo echaba su simiente, y que la acción de Orestes quedaba sobradamente justificada, ya que el padre era el único progenitor merecedor de este nombre. Al salir empatados los votos, Atenea confesó estar totalmente de parte del padre, y dio su voto decisivo a favor de Orestes quien quedó absuelto honorablemente[26].

«Yo amo a los hombres como el hortelano a las plantas, y quiero que la semilla de los buenos no se dañe con la mala hierba de los malos» hace Esquilo decir a la diosa.

Entonces, los jueces que honran sus deberes fallan con ecuanimidad y sin ánimo vengativo, sienten la protección que la diosa les provee cada vez que una lechuza se les cruza en medio de la noche. Los demás deben moverse con cautela, porque la belicosa Atenea es benefactora de los hombres y, para protegerlos, cuenta con el poder de las armas y el ingenio. En la imagen detrás de Atenea y cubriendo su espalda, puede observarse parada a Niké, la diosa de la victoria, compañera de juegos, que contiene, venera y protege a Atenea. En el trasfondo del friso pueden observarse los Propileos y el Partenón, símbolos distintivos de la Acrópolis, la gran ciudad griega cuna de la democracia, de las leyes escritas y de las reformas políticas. Por último, aparecen en la escena dos hombres que se acercan con mucho respeto, guardando temeraria distancia para con la diosa. En primer lugar, Dracón el gran legislador ateniense y padre de la ley escrita y primer codificador de leyes. Y, en segundo lugar, Solón el gran reformador y legislador que sentó las bases para la democracia en Atenas. Volvamos a Atenea. Mujer hermosa, luchadora, protectora, atractiva y virginal en extremo, celosa de su sexualidad con otros dioses. ¿No fue Atenea la diosa predilecta de Atenas, de esa ciudad griega que pretendía hacer remontar su fundación hasta la misma hija de Zeus? Atenea inventó la flauta, la trompeta, la olla de barro, el arado, el rastrillo, la yunta para bueyes, la brida de los caballos, el carro y la nave. Fue la primera en enseñar la ciencia, los números y todas las artes de las mujeres. Aunque es la diosa de la guerra, no obtiene ningún placer en la

26 Robert GRAVES, ob. citada.

batalla; prefiere solucionar las disputas por medios pacíficos[27]. La tesis más aceptada por parte de la mayoría de los autores sostiene que ella fue puesta en el mundo, no por una diosa sino por un dios, en este caso Zeus: *«porque, según había decretado el destino, Metis había de darle hijos famosos por su sabiduría: primero, la ojizarca virgen, Atenea Tritogenia, igual a su padre en fuerza y en prudencia; y después, un hijo que, lleno de soberbio valor, llegaría a ser el rey de los dioses y de los mortales. Zeus conjuró tamaña desgracia introduciendo en sus entrañas a Metis con el fin de que esta diosa le procurase el conocimiento del bien y del mal. A su debido tiempo Zeus se sintió preso de un horrible dolor de cabeza mientras paseaba por la orilla del lago Tritón; parecía que el cráneo le iba a estallar y se puso a chillar furiosamente hasta que todo el firmamento resonaba con su eco. Hermes se le acercó corriendo, pues enseguida adivinó la causa de la aflicción de Zeus. Persuadió a Hefesto a traer su cuña y su mazo para abrir una brecha en el cráneo de Zeus, y de él saltó Atenea, completamente armada, dando un tremendo grito»*[28].

Demás leyendas que refieren a su nacimiento sostienen que Palas Atenea nació en Creta de una nube que Zeus había golpeado con un trueno. Otro mito le da por padre al gigante alado Palas, al que Atenea mató porque quería violarla. Hay quienes alimentan la teoría que Atenea era hija de Poseidón y de Tritón y que, a consecuencia de una disputa con el dios del mar, Atenea se refugió junto a Zeus quien la adoptó y la consideró hija suya. Tanto el poeta y filósofo de la antigua Grecia Hesíodo como en el himno homérico, Atenea es llamada Tritogenia porque había nacido cerca de una fuente llamada Tritón. Según los autores antiguos esta fuente se ha hallado en distintos lugares como Beocia, en Grecia y aún en Libia, África. Otros la ubican en los confines de la tierra donde el cielo se toca con el horizonte. A nosotros nos complace imaginar que Atenea nació aquí mismo, entre estas columnas, pasillos y fuentes que albergan los *Patios de los Naranjos*, donde todos los días emerge el dios marino Tritón para escuchar el calmante sonido del agua que escurre tratando de sosegar la sabiduría, la razón y la justicia. Uno de los sobrenombres dados por Homero a Atenea es el de *prudente y juiciosa* de tal manera que, en caso de igualdad de votos, la balanza de la justicia debe inclinarse en favor del acusado. En la fiesta de la labranza el sacerdote de Atenea encargado de abrir al pie de la Acrópolis el surco sagrado pronunciaba estas palabras impregnadas ya de tan alto humanitarismo: *«No rehusarás a nadie el agua ni el fuego; no indicarás a nadie un camino malo; no dejarás sin sepultura ningún cuerpo: ni matarás al toro que sirve para tirar del arado»*[29].

---

27 Robert Graves *Los mitos griegos* Ariel, 2018, página 40, C.A.B.A. Argentina.

28 *Nueva Mitología Ilustrada*, Tomo Primero, pág. 80, Publicada bajo la dirección de M. Juan Richepin, Montaner y Simón Editores, Año 1927, Barcelona, España. (Ubicación Biblioteca FCJS-UNL*). Los mitos griegos* de Robert Graves, Ariel ediciones, 2018, página 14.

29 *Nueva Mitología Ilustrada*, ob. citada, ... página 93.

También en esta Casa de Estudios, existe otro dios mitológico que todos los días corre imaginariamente por los pasillos, exhibiendo orgullosamente su cuerpo vigoroso y con el brazo derecho en alto empuñando una antorcha encendida. También infundiendo, como la hija de Zeus, soberano respecto. ¿Quién es? Es el efebo que inspirado en el clásico Mercurio de Juan de Bolonia[30], hace alusión al dios romano mensajero y del comercio, que, en su versión helénica, Hermes, oficiaba de protector de los jóvenes. Dicho efebo constituye el emblema adoptado por la Universidad Nacional del Litoral y representa una personificación alegórica, que, como tal, señala el firme imperativo institucional de marchar con firmeza y decisión juvenil libre de ataduras dogmáticas, indicando el camino con el lumen del conocimiento que representa la antorcha encendida que no puede faltar: *lux indeficiens*.

Breve reflexión:

La construcción del edificio de la Facultad de Ciencias Jurídicas y Sociales de la Universidad Nacional del Litoral representa su sentido último: el conocimiento, su condición pública y los valores que importan. Sus imágenes no son casuales. Son tan importantes como los libros que cobija, pretendiendo descifrar el pasado para incidir en el futuro. Por esa razón, aquí los dioses representan significados inextinguibles, es decir, vigentes aún con el transcurrir de los años. Sus interpelaciones diarias son ineludibles para quien pretende estudiar y para quien pretende enseñar en las aulas de esta República de estudiantes. Palas Atenea y Mercurio, como en otras partes del mundo, están en esta piedra para identificar, exhibir y admirar, pero también para poner de manifiesto antiguas tensiones tratando de resolverlas[31]. Ambos dioses proclaman a las generaciones venideras dejar atrás viejas ataduras dogmáticas, liturgias cívicas y religiosas que atrasan el porvenir de las ciencias, para alentarnos en la noble empresa de marchar siempre firmes hacia una cultura jurídica republicana, democrática y constitucional con claro basamento en la idea de ciudadanía, derechos fundamentales y libertad. La ley ante todo para resolver los conflictos sociales de manera pacífica, previsible y ordenada; y la luz para iluminar nuestros principios rectores —libertad, igualdad y justicia— a quienes tienen la difícil tarea de abogar y resolver conflictos sociales. Palas

30 Jean Boulogne (Florencia 1608) conocido en Italia como Giovanni da Bologna o más abreviadamente Giambologna y en España como Juan de Bolonia, fue un escultor flamenco que trabajó en la Italia de finales del Renacimiento. Autor de varias esculturas famosas en mármol y bronce sobre la temática mitológica. Entre ellas, el dios Mercurio que en bronce representa uno de los doce dioses del Olimpo y mensajero de ellos.

31 La imagen de Palas Atenea identifica también a la Universidad Nacional de la Plata, al Instituto Max Planck de Alemania; a la Universidad Federal de Río de Janeiro en Brasil; a la Universidad Técnica de Darmstadt en Alemania; a la Academia Militar de los Estados Unidos de América; a la Universidad de Lincoln en Inglaterra; el Arco de Medicina de la Universidad de Concepción en Chile; la escultura del Parlamento de Austria; la escultura y edificio «Atheneum» en Londres, entre otros.

Atenea y el Mercurio, como en ninguna parte del mundo, se preguntan todos los días si somos dignos merecedores del sacrificio de los demás.

Consideramos que sus alegorías constituyen verdaderas guías para quienes tenemos la responsabilidad institucional en la enseñanza del derecho en esta Facultad, plasmado en el edificio que el arquitecto catalán trazó, por un lado; y el sello emblemático que el orfebre Benjamín Bigatti diseñó, por el otro: bajo el amparo de la luz que nunca puede faltar, debemos siempre educar jurídicamente al estudiante que, en posición de marcha, correrá como ciudadano del mundo iluminado por la sabiduría, concibiendo al derecho como práctica social racional, respetando a la autoridad de la justicia, proponiendo leyes justas, igualando a mujeres y hombres, defendiendo los derechos humanos, protegiendo los valores democráticos y republicanos, abrazando al inocente, castigando al injusto y diseñando estructuras institucionales que apuntalen los cimientos de nuestra democracia constitucional de derecho. Así como el Museo del Louvre tiene su famosa pintura titulada «La libertad guiando al pueblo»[32] de Eugéne Delacroix personificada en una mujer con el torso descubierto y empuñando la bandera de Francia hacia al frente; así como la Legislatura de la Provincia de Santa Fe tiene su mural titulado «La Constitución guía al pueblo» de Guillermo Roux con la imagen de mujeres y hombres caminando juntos, codo a codo, en la misma línea y bajo el amparo de la bandera argentina; la Facultad de Ciencias Jurídicas y Sociales de la Universidad Nacional del Litoral tiene sus encumbradas imágenes: el efebo que, con la antorcha encendida a lo alto, protege, ilumina y abre camino a Palas Atenea quien imparte justicia en democracia, impidiendo venganza entre los ciudadanos y evitando resentimiento entre los pueblos despóticos y anárquicos. La idea también anida en la piedra.

32 Eugéne Delacroix es el autor del cuadro pintado en 1830 titulado *La Libertad guiando al pueblo*, que representa una escena del día 28 de julio de 1830 en la que el pueblo de París levantó barricadas.

CAPÍTULO 3.

LAS GÁRGOLAS: GUARDIANES DE UN IDEARIO REFORMISTA

No son estatuas —explicó el mago,
que se acercaba secándose la frente con un pañuelo y bufando—.
Bueno, sí lo son, aunque de una clase especial: son gárgolas.
¿Qué es eso? Preguntó Tura.
Son como estatuas grotescas —se animó Guifré—,
se caracterizan por las muecas y las alas,
pueden basarse levemente en animales.

(De la novela de Lorena A. Falcón: ***El Despertar de las Gárgolas***)

En el año 2019 la Universidad Nacional del Litoral festejó los primeros cien años de vida institucional. Fue una fecha propicia para repensar algunos de los símbolos que, como los dioses mitológicos, también habitan en su piedra. Nos referimos a las gárgolas. Por ese motivo, en este capítulo reflexionaremos acerca del significado político que, a nuestro entender, le atribuimos a las gárgolas. Un micro ensayo interpretativo referido a dos históricas tensiones en la enseñanza del derecho en el litoral: religión y laicidad.

¿Qué son las gárgolas? ¿Por qué en este edificio anidan las gárgolas? ¿De qué encargo son depositarias? ¿Qué relación encontramos entre ellas y la enseñanza del derecho? Se dice que desde antaño las gárgolas siempre han intrigado. Convengamos que en nuestro tiempo también. Hoy en día, el misterio sigue latente a punto tal que no ha sido sencilla la tarea de encontrar documentos donde acudir para tratar de dilucidar algunos de los interrogantes planteados. Aun habiendo acudido al auxilio de los profesores de la Facultad de Arquitectura, Diseño y Urbanismo de la UNL, nos vimos sorprendidos acerca de la escasez de trabajos, al menos por estas latitudes, que refieran al estudio y significados de las gárgolas, más allá de su utilidad edilicia. No obstante ello, y considerando que toda propuesta de investigación tiene motores impulsores que son las hipótesis, en este capítulo en particular, la misma se referirá a la presencia de gárgolas y sus significados políticos-ideológicos que a nuestro entender poseen y que impactan en la educación jurídica. El origen de la palabra gárgola deviene de la imagen de escupir agua con facilidad desde lo alto de una cornisa de un edificio. Recordemos que esta idea de expulsar decorativamente el agua desde una edificación ya era conocida desde la antigüedad por los egipcios, los griegos y los romanos. Durante la Edad Media, las gárgolas se utilizaron como desagües y sumideros a través de los cuales se expulsaba el agua de lluvia para evitar la erosión de la piedra y la humedad en los techos y paredes. Las primeras gárgolas aparecen a comienzo del siglo XII, pero su desarrollo como sistema de drenaje se da en la época del esplendor gótico en el siglo XIII. Las catedrales góticas francesas por excelencia como las de Lyon y Notre-Dame atestiguan lo dicho. Para destacar algunos rasgos distintivos comunes de las gárgolas, diremos que nunca están solas sino agrupadas en hileras sobre lo alto de un edificio; siempre se ubican fuera del recinto sagrado; sus rostros son intencionadamente horribles, grotescos e irónicos; son extraordinarias en su individualidad, en el sentido que es difícil encontrar dos gárgolas iguales en su diseño; y son extremadamente ambiguas en sus significados, enigma que aún hoy en día persiste. Respecto de esta última característica, son muchas las explicaciones que a lo largo de los siglos han intentado explicar el significado oculto de las gárgolas. Algunos sostienen que representan lo impredecible de la vida, pues nunca representan especies de animales conocidos. Otros interpretan que son almas condenadas por sus pecados, a las que se les impide entrar a la casa de Dios, en el caso de los edificios religiosos. Están las opiniones que las asimilan a representaciones de demonios tan presentes en el imaginario colectivo medieval, para persuadir a los creyentes las consecuencias que trae aparejado no cumplir con los preceptos cristianos y, en consecuencia, caer en el infierno. Pero de todas las explicaciones posibles, la más aceptada es aquella que nos habla de ellas como guardianes de la Iglesia, como signos mágicos que mantienen alejado al diablo, es decir, al mal de la casa de Dios. Lo cierto es que, por la gran variedad de formas como sus significados posibles, permite inferir que también ellas persiguieron un fin aleccionador, ya que resulta evidente que, a través de las gárgolas, subyace un mensaje que sus diseñadores pretendieron transmitir. Siguiendo la misma línea de razonamiento, sostenemos la hipótesis que las gárgolas de este edificio intentan transmitir un mensaje vinculado a los espacios públicos. En nuestro caso, la naturaleza laica de la Universidad Nacional del Litoral. No obstante, si hacemos un recorrido superficial por oficinas públicas, hospitales, tribunales, colegios, comisarías, plazas y rutas podemos comprobar que en nuestro país la religión está presente con su simbología. Y con ella, la tensión a dilucidar: Estado vs Religión. No caben dudas que libertad religiosa y laicidad constituyen temas de gran importancia para las investigaciones en el campo ius-filosófico. No es nuestra intención profundizar dicho debate, pero sí consideramos que su análisis debe formar parte en toda aula que se piense como espacio constitucional *(pluralidad, igualdad y libertad)* para la enseñanza del derecho. Racionalidad sustentada en valores, más que pasiones sustentadas en dogmas. De estos temas se habla poco, y diríamos casi nada durante los seis años que un estudiante permanece en la Facultad de Derecho. No obstante, la literatura filosófica-jurídica que se ha abocado a este interesante debate ha tratado de dar respuestas a la disyuntiva de visibilizar e invisibilizar la religión por parte de los Estados. Sabemos que, a lo largo de la historia de la humanidad, los practicantes de todas las religiones han tenido sus luces y sombras. Bibliotecas, obras de artes, universidades, conocimientos en matemáticas, entre otros avances científicos, se lo debemos a las religiones. Pero convengamos también, que los religiosos han sido responsables de los abusos, persecuciones, muertes y torturas. Negarlo sería asumir una actitud negacionista e irracional emparentada más con una actitud propia de las intolerancias religiosas. Las religiones tienen directa incidencia en la vida de cientos de miles de ciudadanos con quienes convivimos a diario. Las estadistas señalan que actualmente existen unas 4.200 religiones vivas en el mundo. Se calcula que aproximadamente, son 15 millones de personas las que practican el judaísmo; 1.300 millones de personas las que practican el islamismo y 2.100 millones de personas las que practican el catolicismo. En tanto 1.200 millones de personas se consideran ateas. Las religiones incidieron e inciden en la vida política, económica, cultural y social de cualquier país. Y el nuestro no está exento. Dicho esto, aceptar el debate de las religiones no nos transforma en creyentes, defensores de sus dogmas y practicantes del islamismo, catolicismo o judaísmo, por mencionar a las tres religiones teístas más importantes del mundo.

Párrafo especial merecen nuestros vecinos de la República Oriental del Uruguay por ser el país de mayor número de ateos en todo el occidente[33] luego le sigue Suecia. Incorporar la discusión a las aulas universitarias, más bien obedece a un imperativo categórico de toda democracia constitucional basada en la libertad y respeto de la pluralidad de opiniones y creencias. Y es esta, la gran diferencia que existe entre una universidad laica y una confesional, con todo el respeto que esta última merece. La Universidad Pública es el ámbito por excelencia para reflexionar sobre las religiones y no sobre una en particular. La censura, la prohibición, y la frase que reza «de esto no se habla», no deben tener cabida en las aulas de derecho. El debate de ideas hace a la esencia de una universidad que se pretende científica, plural, democrática e inclusiva. Reiteramos, propiciar el debate de las religiones no implica que debamos tomar partido a favor de una u otra religión, sino ejercitar la libertad de pensamiento crítico en un aula concebida como espacio para el desarrollo de una cultura de saberes. La convivencia pacífica del factor religioso es fundamental para cualquier sociedad democrática. De la misma manera que la defensa de todas las religiones fortalece la paz mundial. Recordemos que el movimiento reformista del litoral de las primeras décadas del siglo XX logró, entre otros objetivos, desplazar al factor religioso de las aulas universitarias

33 Según informe del periódico estadounidense The Huffington Post

por considerarlo como un privilegio eclesiástico que atrasaba el conocimiento científico y la vocación de universalidad. En este edificio, las gárgolas no atacan ni se defienden un castillo medieval o un templo sagrado de ningún dios, sino que delimitan jurisdicción y se constituyen depositarias y defensoras de un ideario reformista: la laicidad. Una especie de muro ideológico, un límite para respetar todo espacio público del Estado basado en la neutralidad y respeto a la vez de los principios de libertad religiosa, igualdad y laicidad. La palabra *Laikos* en griego o *Laicus* en latín significa lo que está fuera de la jurisdicción eclesiástica. La frase bíblica «al César lo que es del César y a Dios lo que es de Dios» sintetizó desde la antigüedad la idea de un Estado secular[34]. La laicidad está intrínsecamente relacionada con los grandes temas que en una Facultad de Derecho no se puede dejar de debatir, enseñar, investigar y trabajar para asegurar sus beneficios, entre ellos: la búsqueda de la verdad. Consideramos que el compromiso del ideal laico es con la verdad, ya que se basa en la observación y la evidencia y no en la creencia o fe. Fue este compromiso con la verdad el que nos permitió seguir la huella de la evolución de la vida en miles de años, comprender la historia de la humanidad, las luchas por la libertad del hombre y la mujer, por los derechos humanos, descifrar el genoma humano, conquistar el espacio, proteger al planeta, entre muchas cosas. En la misma línea, pensamos que el compromiso del ideal laico es con la igualdad, ya que sospecha o más bien, no acepta todo aquello que huela a privilegios y jerarquías sociales. Carlos S. Nino decía que «el sostenimiento de un culto en particular implica violar el principio igualitario que está implícito en la idea de libertad de culto...». También el compromiso del ideal laico es con la libertad, para poder pensar e investigar sin censura, evitando conceder autoridad suprema a todo texto antiguo, ni a ningún jefe espiritual como intérprete último de la verdad. El compromiso del ideal laico es con la responsabilidad. Nosotros los mortales somos responsables por lo que hacemos o dejamos de hacer; responsables de nuestros aciertos y de nuestros errores; responsable de nuestros más y de nuestros menos. Convencidos que la naturaleza laica hace a la esencia de una república universitaria reformista, nuestro estatuto universitario la prevé expresamente en su preámbulo[35]. El pensamiento laico es esencialmente plural y actúa como antítesis de dogmas que representan todo aquello indiscutible e irrefutable. El pensamiento laico es lucha contra el fanatismo y el manejo de verdades monopolizadas, eternas y únicas. El laico no reclama ningún monopolio, ni cree que la moral y la sabiduría bajen del cielo en un lugar y momento determinado. Al decir de Miche-

34 GALEANA, Patricia en su artículo «El pensamiento Laico de Benito Juárez» página 69 del libro *Para entender y pensar la Laicidad* – Colección Jorge Carpizo, Serie El Derecho, agosto año 2013, U.N.A.M., México.

35 *Estatuto de la UNL* aprobado por Asamblea Universitaria del 4 de octubre de 2012, Res. 04/12. «Nacida de la renovación social, cultural y política de comienzo de siglo XX, al amparo de la Reforma Universitaria de 1918; forjada en la confianza del conocimiento por la razón, el pluralismo de ciencias e ideas, la laicidad y el universalismo, ...»

langelo Bovero[36] *«Laico es aquél que promueve un espíritu crítico frente a otro dogmático»*. Pero fundamentalmente, el pensamiento laico es democrático, porque para la democracia no caben exclusiones como tampoco dogmas de fe. La democracia es igualdad de derechos para todos, sin condiciones y sin importar diferencias. Un pensamiento laico, plural y democrático supone una sociedad abierta a la diversidad, a la inclusión y, sobre todo, al respeto entre personas que creen, se sienten y piensan distinto.

Si estamos convencidos de esto, entonces la laicidad se convierte en un basamento para toda democracia constitucional que pretenda el desarrollo de una vida libre y autónoma en igualdad de condiciones de todos sus ciudadanos. Decíamos al principio que la lectura de los símbolos en la piedra, sirven de guía ante la decisión de atarnos al mástil de nuestra historia y sus principios, como Ulises al de su propia barca, y evitar caer en la tragedia de la tentación, el olvido y la muerte. El espíritu laico quizás haya sido una de las conquistas universitarias más importantes del movimiento reformista en sus cien años de vigencia. Sin esta, la democracia universitaria y sus principios de libertad, igualdad y pluralidad hubieran fracasado. A pesar de ello, consideramos que el reformismo universitario siempre profundizó sus estudios y reivindicaciones en los principios y postulados que más identificaron a la Reforma Universitaria de 1918 como la autonomía, el cogobierno y libertad de cátedra. Y está bien que así haya sido. La autonomía es sinónimo de libertad, y esta es un valor fundante sin el cual todo lo demás sería inverosímil. Con ella vendrá el cogobierno de sus actores y su inserción social como fin último. Sin embargo, el principio de laicidad fue fundamental e importante como los otros. Constituyó una difícil conquista alcanzada al finalizar un siglo e iniciar otro. El siglo XIX transitó con un marcado predominio de una cultura católica, apostólica y romana —intervención en la política y control en la educación—; y el inicio del siglo XX con un manifiesto oleaje de renovación de valores que propiciaban una cultura política-laica-progresista. Esta última afirmó la necesidad de deslindar claramente la esfera privada de la pública, alegando el carácter intrínsecamente laico de la segunda. La historia de este país nos enseña que entre los años 1810 y 1829 conocido como el periodo donde se originó el *proceso constitucional* del país, tuvieron lugar los primeros contactos entre las autoridades argentinas y la Santa Sede. Durante esos años, se produjo el primer nombramiento de un obispo *in partibus infidelium* destinado a servir a la Iglesia argentina[37]. Al decir verdad, la Revolución de Mayo de 1810 no marcó un cambio del anterior régimen respecto de la concepción que consideraba que la política como el derecho eran derivaciones

36 Catedrático de Filosofía Política de la Universidad de Turín – Italia. En el libro *Para entender y pensar la Laicidad* – Colección Jorge Carpizo, Serie El Derecho, agosto año 2013, U.N.A.M., México.

37 Duve, Thomas, «La cuestión religiosa en los proyectos constitucionales argentinos (1810-1829)», *Anuario de Historia de la Iglesia*, vol. 17, 2008, pp. 219-231, Universidad de Navarra, Pamplona, España.

religiosas. La propia Junta Provisional del gobierno del 26 de mayo proclamó, entre otras cosas, en *«proveer, por todos los medios posibles, la conservación de nuestra Religión Santa».* Fue recién a partir de la Asamblea Constituyente del año 1813, donde se generaron proyectos constitucionales con matices en lo que atañe a la tolerancia religiosa. Por un lado, se reafirmaba que la religión católica es la religión del Estado; y por el otro, se consagraba la tolerancia de la práctica privada de otros cultos[38]. En 1815 se creó la Junta de Observación[39], quien elaboró el Estatuto Provisional para la dirección y administración de Estado en el que se declara que «la religión Católica Apostólica Romana es la Religión del Estado».

Al año siguiente, fueron los mismos congresistas de Tucumán de 1816, quienes juraron *«a Dios Nuestro Señor»* y prometieron *«a la patria»* en su triple juramento *«conservar y defender la Religión Católica, Apostólica, Romana».* Por su parte, la Constitución de las Provincias Unidas en Sud América de 1819 recogió las disposiciones sobre la Religión del Estado, la Religión Católica en el juramento y la libertad de las acciones privadas *«sólo reservadas a Dios, y exentas de la autoridad de los Magistrados».* Pero nuevos vientos comenzaron a correr durante el transcurso de los primeros años de la década del ´20. En efecto, el *proceso constitucional* pasó a desarrollarse a nivel provincial como consecuencia de los reiterados fracasos de constitución nacional, la disolución de las autoridades y el inicio de duros enfrentamientos entre unitarios y federales. Fue así como varias provincias siguieron aisladamente esta pretensión de dictar sus propias constituciones, aunque la naturaleza provisional y religiosa estuvo siempre en sus textos: Santa Fe en 1819 y 1841, Córdoba en 1821 y 1847, Corrientes en 1821, 1824 y 1847, Entre Ríos 1822, la República del Tucumán en 1820, Catamarca en 1823, Salta en 1824, Jujuy en 1835 y 1839, y Santiago del Estero en 1830. Además de Tucumán, adoptaron transitoriamente la denominación de Repúblicas, Entre Ríos y Córdoba, ambas en 1821[40]. Tuvieron que pasar treinta años para que se volviera nuevamente con la idea de una constitución nacional. Así lo hizo la Convención Constituyente reunida en la ciudad de Santa Fe de la Vera Cruz en el año 1853. Allí nacerá la República Argentina cuando el Congreso que representó a todas las provincias, con excepción de Buenos Aires, sancionó la Constitución Nacional de 1853. Y con su texto, reaparecerá una vieja ambigüedad entre lo religioso y lo laico.

38 Proyecto de Comisión especial designada por el segundo Triunvirato (art. 1); Proyecto de Constitución de la Sociedad Patriótica (artículos 12, 13 y 14); las Instrucciones Orientales de Artigas para la Banda Oriental que consagraban la libertad de conciencia y culto.

39 Será esta Junta de Observación la que convocará al Congreso en San Miguel de Tucumán en 1816.

40 Damianovich, Alejandro en «Formar una República y Fijar Sistema. La Provincia antes de la Nación» en el libro *El Orden Constitucional de Santa Fe. En el Bicentenario de la Sanción de su Primer Estatuto (1819-2019)* editado por la Cámara de Diputados de la Provincia de Santa Fe y la Junta Provincial de Estudios Históricos, octubre de 2019, Santa Fe, Argentina.

Analicemos algunos de sus pasajes. La concepción teísta y no neutra ya se encuentra presente en el preámbulo constitucional al invocar la protección de Dios como fuente de toda razón y justicia. Es decir, un solo Dios, personal, racional e imparcial que no pertenece a ninguna iglesia en particular. No obstante, esa supuesta «imparcialidad teísta» ya no lo será tanto si consideramos que el propio artículo 2 prescribía en forma categórica que el gobierno federal sostiene el culto apostólico romano. Por su parte, los artículos 14 y 20 permiten la libertad para profesar otros cultos o a no profesar ninguno tanto a todos los habitantes de la Nación como para los extranjeros. El artículo 19 pone límites a la intervención del Estado en asuntos de índole rigurosamente privada entre los que se encuentran los de naturaleza religiosa. Y el artículo 16 que proclama el principio de igualdad como uno de los valores esenciales del Estado que no admite prerrogativas de sangre ni de nacimiento ni fueros y ni títulos de nobleza. Como podemos observar, la Constitución se manifiesta en forma ambigua entre lo secular y lo confesional, ya que en ocasiones se inclina por la laicidad, la protección de la intimidad, la libertad de culto; y en otros pasajes nos recuerda que el Estado Argentino es teísta y que se inclina a favor de un credo como el católico apostólico romano como lo exigía el viejo artículo 76 para ser Presidente y Vicepresidente de la Nación. ¿Entre los constituyentes del ´53 hubo ateos, evangélicos, protestantes o agnósticos? La convivencia entre un Estado confesional y un Estado Laico nunca fue pacífica. Durante el mandato presidencial de Julio A. Roca (1880-1886) se rompió relaciones con la Santa Sede en el año 1885 a causa de las reiteradas intromisiones del Vaticano en asuntos del país. El punto de inflexión lo determinó la sanción de la Ley 1.420 o de educación común (1883-1884) resultante del ideario laico del Congreso Pedagógico reunido en Buenos Aires en 1882 y que le atribuía al Estado la obligación de educar a la población de manera obligatoria, laica y totalmente gratuita entre la edad de 6 a 14 años, excluyendo la enseñanza del catolicismo de las aulas. Estas ideas laicas en la educación se sumaron a las plasmadas en las leyes de Registro Civil y de Matrimonio Civil que le otorgaron al Estado la potestad de asentar nacimientos, matrimonios y defunciones de los habitantes, que hasta entonces estaban a cargo de la Iglesia. En nuestra provincia de Santa Fe, se recuerda también la maravillosa historia de amor que dio origen a la primera ley de matrimonio civil del país, adelantándose dos décadas a la legislación nacional.

Corría el año 1862 y en la ciudad de Esperanza ubicada a unos 40 kilómetros al noroeste de la ciudad capital, vivían por entonces don Alois Tabernig de origen austríaco, católico, viudo y con tres hijas; y doña Magdalena Moritz, de origen suiza y protestante, quienes deseaban casarse. Pero por entonces solo existía el matrimonio religioso y no se permitían los casamientos entre personas de distinta fe, a no ser que doña Magdalena renunciara a su religión y se transformara al catolicismo, conforme se lo había pedido el cura jesuita de dicha ciudad. Los enamorados se negaron ante tal petición y el cura se negó a celebrar la boda. Ante esta situación don Luis y doña Magdalena invitaron a todos los familiares y amigos a la plaza del pueblo, plantaron un árbol en medio de la plaza, al que llamaron «El árbol de la libertad» y se casaron sin jura ante todos los presentes, asumiendo el compromiso de que sus hijos también iban a pertenecer a ese matrimonio legítimo. Este hecho tuvo tanta repercusión, que el gobernador de Santa Fe Nicasio Oroño pudo enterarse de esta historia de amor en la ciudad de Esperanza e instrumentó en el año 1867 la Ley de Matrimonio Civil y la de Cementerios, ambas inspiradas con un claro sentido laico. Parafraseando la cita bíblica «Dad al César lo que es del César», es decir «al Estado lo que es del Estado» (su organización política y su educación pública) y «a Dios lo que es de Dios», es decir, a las religiones sus verdades eternas, sus dogmas, sus ritos y su fe inmutable.

Breve reflexión:

El mundo de las pasiones es propio de las religiones. El mundo de la razón es propio de la Universidad. Partiendo de este axioma, estamos convencidos que una educación jurídica universitaria laica debe poner siempre el acento en la enseñanza que pretenda aproximarse a la verdad más que aceptar creencias dadas; que incentive la creatividad más que a confesar lo prohibido; que propicie un pensamiento libre sin temores a las penitencias y; sobre todo, que respalde una educación sabia e inteligente más que de sumisión reverencial. No tenemos dudas de que, a lo largo de nuestra historia institucional, las gárgolas siempre han estado presentes cada vez que se libró el debate reflejado en aquella consigna universitaria de mediados del siglo XX: «Iglesia y Estado, asuntos separados». Así ocurrió para defender el principio de la laicidad en el Congreso Pedagógico de 1882; en la sanción de la Ley 1420 de 1884; en la Reforma Universitaria de 1918 para romper con el pensamiento clerical; en la creación de la Universidad Nacional del Litoral entre liberales y católicos en 1919; en la Plaza de Mayo de los «laicos» contra los «libres» de 1958; en la recuperación de la Democracia Constitucional de 1983 como sistema político de igualdad, pluralidad y libertad; en el Congreso Pedagógico de 1986; en la sanción de la Ley de Divorcio Vincular de 1987; en la Reforma Constitucional de 1994 y la incorporación de los tratados internacionales como la Declaración Universal de los Derechos Humanos (art. 18) y la Convención Interamericana sobre Derechos Humanos (art. 12); en la sanción de la Ley 26150 de Educación Sexual Integral de 2006; en la sanción de la Ley de Matrimonio Igualitario de 2010; en las audiencias públicas de la Corte Suprema de Justicia para debatir la educación religiosa en la provincia de Salta en el año 2012; la Convención Interamericana contra toda forma de Discriminación e Intolerancia del año 2013 (art. 1 - capítulo I); en el nuevo Código Civil y Comercial de la Nación de 2015 con las uniones convivenciales y el matrimonio igualitario; y en el tratamiento legislativo de la Ley de Interrupción Voluntaria del Embarazo n.° 27.610 del año 2020. ¿Quedan temas pendientes al respecto? ¿Será la «muerte digna» el próximo debate de laicidad y religión en Argentina? ¿Podríamos inferir algunas actitudes que se condicen con ceremonias religiosas en las aulas de derecho? Proponemos el ejercicio de repensar algunas: a) Los estudiantes asisten a las clases presenciales como una especie de *compromiso dominical* ineludible bajo la amenaza *(penitencia)* de no alcanzar la regularidad, más que la necesidad de aprovechar el momento áulico para las preguntas, el debate, las reflexiones, el entrenamiento jurídico y las estrategias para resolver los problemas que se presentarán en el ejercicio de la profesión. b) La exagerada oralidad y la postura del docente en una clase magistral tradicional, tiene que ver más con un sermón religioso *(postura inmóvil)* para un estudiante en *silencio de misa* y no para escuchar, que son dos cosas distintas. El «escuchar» es propio de una enseñanza basada en un ejercicio crítico de preguntas y respuestas acerca de qué se trata, cómo funciona, cuáles son sus objetivos y para qué sirve el derecho. c) Durante muchos años, a los códigos decimonónicos se los enseñó como si fueran *sagradas escrituras jurídicas* y no como textos perfectibles que ayudan a la hora de enseñar habilidades interpretativas y desentrañar valores filosóficos, políticos, morales y sociales en su articulado. d) El momento de espera de un examen oral final se la llama «capilla». Se dice «estar en capilla», previo a ser llamado al examen oral final. Dicho instante se realiza luego de haberse sorteado los temas a evaluar por parte del bolillero, con el objetivo de repasar conceptos y diseñar estrategias discursivas. Y, suponemos que también, para invocar «ayuda» divina. e) En esta instancia evaluativa, el docente tradicional espera que el estudiante repita de memoria el artículo de una ley como si fuera una *oración religiosa* y no como los argumentos jurídicos que avalen una determinada estrategia a seguir para resolver un problema. f) La relación entre un docente auxiliar con su titular de cátedra transita por los canales de la exagerada imitación *—misma retórica a la hora de enseñar, gesticular, preguntar, asistir, vestirse—* como una especie de monaguillo en misa que con desmesurada reverencia asiste al sacerdote.

Y así podríamos seguir enumerando conductas y actitudes impregnadas de religiosidad espontánea que no se condicen con una enseñanza que apele a las nociones de Norma, Estado de Derecho, Ciudadanía, Derechos Fundamentales, Igualdad, Libertad y Respeto en la Disidencia. En última instancia, sepamos que en lo alto del edificio de la Facultad de Ciencias Jurídicas y Sociales de la Universidad Nacional del Litoral, yacen guardianes que con sus aterradores rostros observan el fiel cumplimiento de un ideario reformista que no debemos olvidar.

TÍTULO SEGUNDO.

LA ENSEÑANZA DEL DERECHO EN EL LITORAL

CAPÍTULO 4.

LA ENSEÑANZA EN TIEMPOS DE LA COLONIA

«Todos eran militares, abogados, curas. Todos los militantes de la revolución de mayo, todos los gobernantes de la pequeña patria que surgió, todos los que escribían y peroraban en ese foro eran lo que debían: militares, abogados, curas».

(De la novela *Echeverría* de Martín Caparrós)

Bien podríamos narrar la historia de los países de América Latina desde una mirada puesta en el surgimiento de sus Universidades y con ellas, el rol político institucional que tuvieron los graduados de las Facultades de Derecho. Cuenta la historia que el maestro Sarmiento, acomplejado por no ostentar el título de abogado como Alberdi, solicitó un par de veces en estas tierras el mismo y que le fuera denegado. La misma suerte corrió cuando solicitó también el Título Doctor en Leyes Honoris Causa de la Universidad de Harvard en los Estados Unidos de América. No obstante, por su destacable perseverancia y por la influencia de sus amigos Horace Mann y su señora esposa Mary Peabody Mann[41], le fue otorgado el Título de Doctor en Leyes Honoris Causa de la Universidad de Michigan en el año 1868.

A partir del siglo XVIII, la presencia de los abogados en la colonia se hizo tan necesaria que se llegó a decir que se «causaba perjuicios al público si los

41 Mary Peabody Mann fue quién ayudó a Sarmiento en la contratación de las maestras de ese país que vinieron a enseñar a la Argentina.

escritos no los firmaban los abogados, porque siendo libres de hacerlos cualquiera solía presentar libelos difamatorios que daban lugar a muchos otros pleitos»[42]. La carrera de abogacía era considerada una de las más codiciadas por la jerarquía social que otorgaba el título. De hecho, los abogados estaban eximidos de prestar servicios en las armas, llegándose hasta excluir a sus empleados y pasantes de tal obligación[43].

¿Dónde se formaron los hombres de derecho en el período colonial? ¿Qué propósitos políticos les asignaban a las Facultades de Derecho? ¿Cómo era la enseñanza del derecho de entonces? El desarrollo de las universidades en Hispanoamérica debe ser entendido a partir de las universidades españolas y el rol que desempeñó la Iglesia como agente «natural» en la educación superior. Luego de la caída del Imperio Romano en occidente, las escuelas municipales romanas se incorporaron a la Iglesia, dando origen a las llamadas «escuelas catedralicias» por su estrecho vínculo con una iglesia catedral. Estas presidieron a la fundación de las universidades europeas del siglo XII[44]. Entre ellas, la Universidad de Salamanca, que fue la primera institución educativa en obtener el título de universidad por real cédula de Alfonso X de Castilla llamado «el Sabio» en el año 1252[45]. Estuvo centrada en estudios jurídicos al igual que la Universidad de Bolonia (año 1088), en contraste con las universidades de Oxford (año 1096) y París (año 1150), más orientadas en teología y las artes.

En América, la primera presencia universitaria fue la Universidad Santo Tomás de Aquino en la ciudad de Santo Domingo, hoy República Dominicana, en la isla que por entonces Cristóbal Colón había bautizado con el nombre de *Juana y Española* en el año 1538[46]. Luego le siguieron, la Universidad Nacional Mayor de San Marcos de Perú (año 1551) que tomó el modelo de la Universidad de Alcalá de Henares (España); la Universidad Real y Pontificia de México (año 1551); y la Universidad Mayor de San Carlos de Córdoba[47]de

42 Levene, Ricardo, *Historia del Derecho Argentino*, Tomo II, editorial Kraft, año 1946, Buenos Aires, Argentina.

43 Perez Guilhou; Dardo «Los Abogados y la Revolución. Chiclana y la Burocracia Gremial» pág. 18 en el artículo publicado en el libro *Los Abogados y la Revolución de Mayo* 1ra. edición, ediciones de Ex Libris, año 2009, Buenos Aires, Argentina.

44 Del Bello, Juan Carlos y Barsky, Osvaldo *Historia del sistema universitario argentino*, editorial de la Universidad Nacional del Río Negro, 1ra. edición, pág. 21, noviembre 2021, Río Negro, Argentina.

45 Aunque los estudios históricos sostienen que la Universidad más antigua de España es la de Valladolid creada en el año 1241. También está entre las más antiguas de ese país la Universidad de Alcalá de Henares fundada en el año 1499.

46 Alonso Marañón, Pedro Manuel. «Los estudios superiores en Santo Domingo durante el período colonial. Bibliografía crítica, metodología y estado de la cuestión», en *Estudios de historia social y económica de América*. ISSN 0214-2236 n.º 16-17, pág. 58, editado por la Universidad de Alcalá de Henares, 1998, España.

47 Es la Universidad más antigua y con más tradición de Argentina. Fue el Obispo franciscano Fernando Trejo quien promovió por esos años la educación a través del Colegio Santa Ca-

Argentina (año 1613), estas dos últimas tomaron el modelo de la Universidad de Salamanca (España). Existieron dos tipos de universidades coloniales en América Latina: las mayores o generales y las menores o convencionales. Las primeras replicaron el modelo de Salamanca con cuatro Facultades (derecho, arte, medicina y teología). Así lo hizo la de Lima, Méjico y Chuquisaca. Las menores debían estar a una distancia no menor a 322 kilómetros de una universidad mayor; esto fue una norma pedida por la Compañía de Jesús, quienes controlaban directamente a las universidades menores como la Universidad de Córdoba con sus Facultades de Artes y Teología. Los estudios históricos señalan que las universidades indianas de los siglos XVI, XVII, XVIII y XIX organizaban sus carreras de leyes en base a cursos de jurisprudencia, derecho romano, derecho eclesiástico y derecho canónico, que constituían el bagaje académico-científico por entonces.

También es muy antigua la Universidad de Charcas en el Alto Perú, hoy Universidad de San Francisco Xavier de Chuquisaca (Sucre- Bolivia) fundada en el año 1624. Pero dicha Casa de Estudios no formó abogados hasta mediados del siglo XVIII. A partir del año 1753 algunos de sus distinguidos graduados serán conocidos en nuestra historia como los «Doctores de Charcas» y fueron quienes llevaron adelante el movimiento libertario en las ciudades de La Paz, Quito, Tucumán y Buenos Aires. Entre sus graduados los más conocidos en estas tierras fueron Mariano Moreno, Juan José Paso, Juan José Antonio Castelli, Pedro Medrano, Vicente Anastasio Echeverría, Antonio Sáenz (fundador de la Universidad de Buenos Aires), Manuel Antonio de Castro (fundador de la Academia Teórico Práctica de Jurisprudencia), Pedro Sánchez de Loria y Teodoro Sánchez de Bustamante.

Recordemos que, en aquella agitada semana de mayo de 1810, fueron dieciocho abogados[48] los que estuvieron presentes en el cabildo de Buenos Aires de los cuales, cuatro tuvieron un rol protagónico e imprescindible a la hora de defender el concepto de soberanía popular apelando a buenos argumentos políticos, jurídicos y filosóficos para romper cadenas con la monarquía sin monarca por esos días, y darse su propio gobierno. Ellos fueron Mariano Moreno, Juan José Castelli[49], ambos designados secretarios, Juan José Pazo y Manuel Belgrano, como vocales de la Primer Junta de Gobierno. Manuel Belgrano[50] fue el único de los cuatro jóvenes que estudió derecho del

talina Virgen y Mártir que funcionó en la ciudad de Santiago del Estero. Cuando se crea la Universidad de Córdoba, Trejo fue trasladado hacia la misma, pero fallece ese mismo año.

48 Sólo uno votó por la continuidad del virrey.

49 Juan José Castelli fue el orador de la Revolución de Mayo, quien antes de fallecer el 12 de octubre de 1812 a raíz de un cáncer de lengua provocado por una quemadura de un cigarro más curada, pidió papel y lápiz, y escribió ante la inminente muerte: «Si ves al futuro, dile que no venga».

50 Es interesante la anécdota que recuerda a Manuel Belgrano solicitando permiso al Papa Pio VI, para leer libros de autores prohibidos como Voltaire, Rousseau, Montesquieu y Filangieri. La petición fue concedida.

otro lado del océano, en la Universidad más antigua del mundo hispánico y la tercera más antigua de Europa, la histórica Universidad de Salamanca que, en el año 2018, celebró sus ochocientos años de vida[51]. El rey Carlos V, dirá de la Universidad de Salamanca *«tesoro de donde proveo gobierno y justicia».*

En la excelente narrativa de aquellos tiempos de toma de decisiones en la semana de mayo de 1810, el profesor de historia de la UNL y miembro del Club Político Argentino Rogelio Alaniz en su libro[52] *Hombres y Mujeres en tiempo de revolución. De Vértiz a Rosas* al hablar de la intervención de Juan José Paso en el Cabildo Abierto del 22 de mayo, pone en evidencia su excelente formación jurídica y su capacidad para improvisar su discurso con las más actualizadas novedades intelectuales. Cuando el fiscal Villota objeta que Buenos Aires no puede tomar una decisión sin haber consultado previamente a las provincias del interior y por ende mociona a favor del Virrey, Juan José Paso le saldrá al cruce a favor del cese invocando la teoría del «gestor de negocios ajenos», gracias a la cual Buenos Aires asumirá provisoriamente la representación del interior.

Otra antigua universidad fue la Real Universidad de San Felipe de Santiago de Chile, fundada en el año 1747. Entre los graduados argentinos que se destacaron mencionamos a José Francisco de Acosta, Antonio Álvarez Jonte, Felipe Arana, Juan Justo García de Cosío, Narciso Laprida y Juan Baltazar Maciel quien fuera, este último, uno de los primeros santafesinos que se tiene noticias de haber obtenido el título de abogado. Resulta oportuno recordar que para esa época solo existían provincias, entidades históricas que reconocían sus orígenes en el siglo XVI, cuando los españoles fundaron sus capitales y les asignaron un territorio. Después de la revolución, las ciudades coloniales pasaron a ser «los pueblos» y adquirieron su propia soberanía[53].

¿Qué pasaba en tierras del mediterráneo de las Provincias Unidas del Río de la Plata? En la Córdoba del año 1610, se estableció el Colegio Máximo, que en virtud de las correspondientes autorizaciones del Papa Gregorio XV y de la Real Cédula de Felipe III de 1622, quedó habilitado para otorgar títulos universitarios, pero no de abogado, ya que recién lo hará en el año 1791 con la creación de la Facultad de Derecho. La Universidad Mayor de San Carlos de Córdoba, hoy Universidad Nacional de Córdoba, como dijimos anterior-

51 Esta imagen de los cuatro abogados que tuvieron un rol protagónico en la Revolución de Mayo y que integraron la Primera Junta de Gobierno en 1810, se ve reflejada en la obra pictórica lograda por el artista santafesino Luis Gervasoni, expuesta en el aula Mariano Moreno de la Facultad de Ciencias Jurídicas y Sociales de la Universidad Nacional del Litoral, Santa Fe, Argentina.

52 Alaniz, Rogelio: *Hombres y mujeres en tiempos de revolución. De Vértiz a Rosas* editado por ediciones UNL y Rubinzal-Culzoni editores, año 2007, pág. 98, Santa Fe, Argentina

53 Damianovich, Alejandro en «Formar una República y Fijar Sistema. La Provincia antes de la Nación» en el libro *El Orden Constitucional de Santa Fe. En el Bicentenario de la Sanción de su Primer Estatuto (1819-2019)* editado por la Cámara de Diputados de la Provincia de Santa Fe y la Junta Provincial de Estudios Históricos, octubre de 2019, Santa Fe, Argentina.

mente fundada en el año 1613, de cuyas aulas de derecho se graduaron personalidades que ocuparon cargos dirigenciales como Dalmasio Vélez Sarsfield, Santiago Derqui, José Figueroa Alcorta, entre muchos otros. Desde su creación y hasta la batalla de Caseros (1852), la Universidad de Córdoba sufrió los vaivenes propios de la realidad política del país alejándose poco a poco de sus nobles objetivos trazados en su creación. En 1820 una ley provincial le asigna a la Universidad carácter de institución oficial. En 1854 se iniciará un proceso de nacionalización y sostenimiento por parte de la Confederación tanto del Colegio de Monserrat como de la propia Universidad. Para el año 1870 la Facultad de Derecho de la Universidad de Córdoba estuvo organizada con un plan de estudios de cuatro años de duración, con las siguientes asignaturas que se dictaban en sus cursos:

- Derecho Romano
- Derecho Internacional Público
- Derecho Civil
- Derecho Mercantil
- Economía Política
- Derecho Penal
- Derecho Constitucional

¿Qué pasaba en tierras del norte de las Provincias Unidas de Sud América? Cuando, desde el punto de vista jurídico, pensamos en Tucumán conscientes e inconscientemente lo hacemos en Alberdi. Efectivamente, Juan Bautista Alberdi el abogado más conocido de Tucumán nació el 29 de agosto de 1810, y fue el autor de *Bases y Puntos de Partida para la Organización Política de la República Argentina*. Aprendió las primeras letras en la escuela fundada, vaya casualidad del destino, por un abogado llamado Manuel Belgrano en tierras del norte argentino. A los 15 años, Alberdi fue enviado a Buenos Aires al Colegio de Ciencias Morales (hoy Nacional de Buenos Aires) para iniciar los estudios superiores gracias a una beca de estudio otorgada por dicha provincia. Es allí donde se vinculará con otros jóvenes como Avellaneda, Echeverría[54], Gutiérrez, Cané, Matheu, Mitre y Sarmien-

54 «Alberdi le resulta muy difícil. Siempre, desde que lo conoció, desde que empezó a encontrarlo en lugares como éste, Alberdi le resultó difícil. Sus maneras amables, tan serenas, que su padre habría llamado gallegas —esas personas que nunca sabes si van o vienen, le decía— y que él piensa más bien como eclesiásticas, jesuíticas. Alberdi tiene cuatro o cinco años menos que él y podría tener veinte años más: alguien que mira el mundo como si el mundo ya le hubiera dicho todo. Y, también, como si todo le importara poco: suele hablar de su música, de sus composiciones, con cierto énfasis; del resto —la literatura, la política, el derecho, el futuro de la patria—, como si fueran pasatiempos de doncel aburrido. Pero cada uno de sus comentarios —esos que suelta como si no le interesaran— tiene

to, y descubrirá su férrea convicción que identificó a toda aquella generación: garantizar las libertades y fundar el régimen institucional del país. No obstante, abandonó prematuramente sus estudios en el año 1824 debido al cierre del colegio por ser incompatible con las graves y urgentes atenciones del erario público. Habrá que decir que Alberdi una vez ingresado al Departamento de Jurisprudencia en la Universidad de Buenos Aires en 1830, no fue un estudiante concentrado en el derecho, ya que tuvo un dinamismo considerable en la vida social, artística y romántica en la Buenos Aires de entonces. En 1837 Alberdi publicó *Fragmento preliminar al estudio del Derecho*, claro fundamento de las Bases y compendio de su filosofía del Derecho, constituyendo una interesante obra de Introducción al Derecho y un estudio de Derecho Político.

En 1838 Alberdi tuvo que emigrar a Montevideo para combatir a Rosas y allí obtiene el título de abogado en la Academia de Jurisprudencia el 23 de mayo de 1840. Ejerció la abogacía, a la vez que escribió obras de teatro e incursionó también por el terreno del periodismo. En el año 1843 emprendió viaje a Europa junto con Juan María Gutiérrez ante la caída de Lavalle y sitiado Montevideo. Luego de varios años regresó a América, permaneciendo en Río de Janeiro para instalarse finalmente en Chile donde durante 10 años ejerció la profesión, escribió en la prensa y publicó numerosos trabajos[55]. Después de batalla de Caseros producida el 3 de febrero de 1852, y estando en Valparaíso, Alberdi concluye su obra *Bases y puntos de partida para la organización política de la República Argentina*, delineado de esta forma el modelo institucional para el país.

Bajo el título «El plan de estudio de Alberdi»[56] el filósofo argentino Carlos Cossio nos recuerda una de las cartas escrita desde Valparaíso por Juan Bautista Alberdi[57] con motivo de tener que orientar al estudiante argentino Lucas González residente en Turín, quien había decidido seguir la carrera de jurisprudencia, expresándole *«hallo acertada la idea de principiar sus estudios en Turín... Allí puede usted estudiar el Derecho Romano y el Derecho Canónico que son las dos fuentes del Derecho español. La Italia posee el secreto de esas dos ciencias por haber sido cuna de ambas. El Derecho romano es al nuestro lo que un original es a una traducción. Las Siete Partidas de Don Alfonso, que nos rigen hasta hoy, son una traducción discreta y sabia de las Pandectas y el*

la marca de la inteligencia y la malevolencia más subidas: Echeverría lo admira incómodo, intenta suponer que no lo envidia» pág. 122 de la novela *Echeverría* de Martín CAPARRÓS, ed. ANAGRAMA, 1.° edición, Barcelona, año 2016, España.

55 *Revista de la Facultad de Derecho y Ciencias Sociales y Políticas*, nueva serie año 4 – número 7, número extraordinario, de la Universidad Nacional de Nordeste, Editorial Dunken, año 2010, Corrientes, Argentina.

56 COSSIO, Carlos: *La Función Social de las Escuelas de Abogacía* 3.ª edición, Capítulo III, Facultad de Derecho y Ciencias Sociales, UBA, Buenos Aires 1947.

57 *Obras completas de Juan Bautista Alberdi*, III, Buenos Aires, 1886, pág. 343.

Código romano». Alberdi sostuvo como convenientes para la formación de un abogado en Sud América las siguientes asignaturas:

- Administrativo
- Canónico
- Civil teórico y práctico (derecho español vigente)
- Comercial (con particular importancia el marítimo)
- Indiano
- Internacional privado
- Internacional público
- Legislación comparada (por lo menos civil y comercial francés)
- Minero
- Patrio (derecho sancionado después de la Revolución)
- Penal (derecho español vigente)
- Político
- Romano
- Rural

Para Cossio[58], este plan de estudios de Alberdi contiene todas las disciplinas jurídicas por entonces conocidas por los juristas, y lo caracteriza como enciclopedista de las ciencias jurídicas (de ahí se entiende la presencia del derecho romano, del derecho internacional público, derecho administrativo y derecho político) y pragmático jurídica y socialmente, para la solución de los problemas nacionales de esa época que estaban relacionados con el Derecho. Sin dudas que Alberdi tenía bien en claro su idea que sólo los hombres familiarizados con el derecho podían organizar el país, colaborando en la obra de grandes estadistas.

¿Qué pasaba en tierras del litoral argentino? En la ciudad de Santa Fe, y concomitante con su fundación en 1573, habían sido los padres jesuitas los primeros educadores en estas tierras. Aunque recién en el siglo XIX llevará a cabo la enseñanza del derecho a través de las aulas para la enseñanza de las Facultades Mayores de Jurisprudencia en el Colegio de la Inmaculada Concepción[59], particularmente el Derecho Civil que se enseñaba por las Institutas de Justiniano comentadas por los libros de Ortolán, pero la entrada de vigen-

58 Cossio, Carlos: obra citada, página 38 y 39.

59 En 1862 se instala el «Colegio del Nombre de Jesús», luego denominado «Colegio de San Francisco Javier», más tarde «Colegio de la Inmaculada» y desde el año 1870 «Colegio de Inmaculada Concepción» que actualmente lleva dicha Institución.

cia del Código Civil de Vélez el 1.° de enero de 1871 terminó reemplazando dichos textos[60]. Dichas Facultades Mayores constituyeron el antecedente para la creación de la Facultad de Derecho y Ciencias Sociales de la Universidad Provincial de Santa Fe en el año 1889 por iniciativa de José Gálvez.

Por su parte, en la ciudad de Concepción del Uruguay fue creada la Escuela de Jurisprudencia en el año 1854 que funcionó en el histórico colegio, de la provincia de Entre Ríos. En ella se enseñó:

- Derecho Civil
- Derecho Canónico
- Derecho de Gentes

A pesar de su breve trayecto institucional tan solo de cuatro años, ya que la Escuela dejó de funcionar en el año 1858, fue una interesante iniciativa de Urquiza en el litoral argentino para resolver el problema de la falta de abogados en esa época.

¿Y, por fin, qué pasaba por entonces en uno de los márgenes del Río de la Plata? La Universidad de Buenos Aires fue fundada en el año 1821 en un contexto de desaparición de una organización nacional, la aparición de las luchas civiles y la persistencia de la guerra de la Independencia contra España. Por entonces, Bernardino Rivadavia era ministro de Gobierno y Relaciones Exteriores y Martín Rodríguez era el Gobernador de la provincia de Buenos Aires[61] quién emitió un edicto solemne resolviendo *«crear la universidad mayor con fuero y jurisdicción académica y se establece una sala general de doctores que se compondrá de todos los que hubiesen obtenido el título de doctores en las demás universidades y sean naturales de esta provincia, casados o domiciliados en ella».* El Departamento de Jurisprudencia dio inicio al mismo tiempo que la Universidad de Buenos Aires. Las tareas docentes se iniciaron en el año 1882. Solo funcionaron dos cátedras:

- Derecho Natural y de Gentes, encomendada al Dr. Antonio Sáenz alineado a la escuela de Grotius.
- Derecho Civil, encomendado al Dr. Pedro Somellera, alineado a la escuela utilitaria de Bentham, del que se consideraba su discípulo.

Como nos recuerda el profesor de derecho civil de la UBA Agustín Pestalardo[62] que, al inaugurarse la escuela de derecho en Buenos Aires, imperaba

60 Sozzo, Gonzalo: libro *Hacer Derecho* Ediciones UNL, año 2016, pág. 212, Santa Fe, Argentina.

61 El decreto del gobernador fue refrendado por el ministro de Gobierno y Relaciones Exteriores Bernardino Rivadavia, por lo que algunos entienden que fue Rivadavia el creador de la UBA.

62 Pestalardo, Agustín: «En el centenario de la Universidad de Buenos Aires» Discurso pronunciado, en representación del cuerpo de profesores, en el acto público celebrado el 16

tanto en las Universidades de España como en América el método de los glosadores. En tal sentido, en el siglo XVI se recuerda al reconocido maestro Antonio Gómez en la cátedra de Salamanca cuya autoridad académica en las aulas de la metrópolis y de sus colonias gracias a sus escritos de derecho civil, romano y español. El método de enseñanza era el de la disputa del caso. El autor empezaba por exponer todos los argumentos contrarios a la solución que él daba al caso; luego refutaba a cada uno de esos con los suyos. Tanto el método como los escritos de Gómez tuvieron influencia por varios años ya que era usado también en Córdoba en 1855. Para el año 1833 en la Facultad de Derecho de la Universidad de Buenos Aires se dispuso que la enseñanza jurídica debiera darse con cuatro asignaturas:

- Derecho Civil
- Derecho Natural y Público de Gentes
- Derecho Canónico
- Economía Política

Si bien prescindió de la enseñanza específica del Derecho Romano, pero no así su desaparición. En el año 1838, el gobernador Juan Manuel de Rosas, con el pretexto del bloqueo injustificado retiró los aportes a la universidad, pero paralelamente financió a los jesuitas el proyecto educativo similar al universitario, buscando congraciarse con los religiosos quienes gozaban de prestigio social. No obstante, el «amor» por la «Compañía de Jesús» fue efímero ya que el mismo Rosas los expulsó en el año 1843. Desde 1837 hasta Caseros la vida del Departamento de Jurisprudencia se concentró en el trabajo llevado a cabo por dos profesores: el Dr. Rafael Casagemas a cargo del curso de derecho civil, derecho natural y derecho de gentes; y el Presbítero José León Banegas a cargo del curso de derecho canónico. Recién en el año 1852, el presupuesto público tomó a su cargo el gasto de la Universidad bajo el Gobernador interino Vicente López, quien volvió a restablecer el principio de gratuidad de la enseñanza[63].

de agosto de 1921 por la Facultad de Derecho y Ciencias Sociales de Buenos Aires para conmemorar el centenario. Buenos Aires. La semana médica, impreso de obras de E. Spinelli, 1921, Biblioteca FCJS-UNL.

63 «Fuerza es hacer desaparecer ciertas injusticias y monstruosidades del régimen anterior. Una de ellas es el injustificable decreto del 23 de abril de 1838 dirigida evidentemente a la anonadación gradual de la Universidad; porque es una necesidad punzante del corazón recelos de los tiranos, la extinción de los focos de luz que temen. Por este decreto que ordenó que los estudiantes costearan de su bolsillo, bajo pena de expulsión, no sólo los sueldos de los respectivos catedráticos, sino también otros gastos del establecimiento, y que, si no se reunía la cantidad necesaria, cesara la Universidad. Esta inicua disposición que excluía que excluía al pobre de los beneficios de la enseñanza, como también otras que abandonaron a los esfuerzos de la caridad privada el sostén de todos los establecimientos de beneficencia, se fundaba en el pretexto de escasez de rentas, producida por el bloqueo francés; y no obstante, ella sigue en vigencia y en práctica hoy a pesar de que

Un hecho importante para destacar en este período fue la llegada de Juan María Gutiérrez al frente del rectorado de la Universidad de Buenos Aires en el año 1861 y durando su mandato hasta 1873[64], año en el que el Departamento de Jurisprudencia se convierte en Facultad de Derecho y Ciencias Sociales.

Gutiérrez fue un hombre de derecho, destacado intelectual y convencional constituyente de 1853, culto e inteligente con ideas liberales, quien reorganizó los estudios en el Departamento de Jurisprudencia en base al Derecho Romano y el estudio de autores alemanes y franceses, provocando un interesante impacto en la formación jurídica de los abogados, especialmente en los magistrados de aquellos tiempos. Para el año 1865 Facultad de Derecho contó con un nuevo plan de estudios con una duración de cuatro años con las siguientes asignaturas:

- Derecho Civil
- Derecho Romano
- Derecho de Gentes
- Derecho Mercantil
- Derecho Criminal
- Economía Política
- Derecho Canónico

En el año 1872 se produjeron algunas reformas del plan de estudios vigente por entonces, incorporando a la enseñanza:

- Introducción general al estudio del Derecho
- Derecho Procesal

se veía al cínico tirano derramar profundamente numerosos millones en objetos fútiles unos e inmorales otros. Entre tanto, a despecho de ese malvado decreto, y a despecho de la temible y notoria prevención con que el tirano miraba el saber y a los que aspiraban a él, la Universidad, aunque arrastrando lánguidamente su existencia, ha logrado no morir. Este hecho notable altamente a la generosidad de la juventud estudiosa que muestra una verdad consoladora, a saber, que, en corazones no estragados todavía, aunque puedan ser temporalmente extraviados, predominan soberanamente los instintos naturales que arrastran al joven hacia lo que es esencialmente bueno y bello ...Art. 1.°: Queda totalmente derogado el salvaje e inicuo decreto del 26 de abril de 1838. Todos los gastos de la enseñanza y sostén de la Universidad, incluso los del mes corriente, quedan a cargo del tesoro público, como debe ser y como fu siempre». Nota n.° 14 de la página 248 del libro *La reforma universitaria de 1918 y sus antecedentes: visión desde la Facultad de Derecho de la Universidad de Buenos Aires* coordinadores Tulio Ortíz y Luciana Scotti. Departamento de publicaciones de la Facultad de Derecho, UBA, 2018.

64 Hasta 1873 el diploma de abogado lo otorgaba la Academia Teórico Práctica de Jurisprudencia. Se ingresaba a ella luego de graduarse en la Universidad.

- Derecho Constitucional
- Derecho Administrativo
- Medicina Legal

En definitiva, cabe remarcar el período que transcurre entre 1780 y 1870 donde imperó un modelo de enseñanza del derecho cuyo objetivo institucional estuvo orientado a preparar abogados en la difícil tarea de independizar a las provincias del Río de la Plata y diseñar sus instituciones. Los aspirantes a abogados comenzaban, en general, su formación secundaria en el Colegio Nacional de Buenos Aires y al finalizar se trasladaban a ciudad de Córdoba para realizar sus estudios universitarios en el Colegio Monserrat.[65] En la Universidad de Córdoba se formaban en retórica, latín, matemáticas, geometría y religión. Terminada esa formación y quienes querían estudiar derecho tenían dos alternativas: ir a la Universidad de Salamanca como fue Manuel Belgrano, pero para ello se necesitaba mucho dinero; o ir a Charcas (Bolivia) a la Universidad de Chuquisaca. En ella realizaban su doctorado en dos derechos: canónico y civil. Por lo tanto, el derecho era una formación de postgrado universitario, al igual que lo que ocurre actualmente en los Estados Unidos.[66] Cuando el estudiante de derecho terminaba el doctorado que duraba dos años, era obligatorio concurrir a la Academia de Jurisprudencia que duraba dos años en Chuquisaca y tres años en Buenos Aires. Los profesores generaban casos hipotéticos para debatir con los estudiantes y estos debían asumir el rol de fiscales o jueces en diferentes instancias. Terminada esta etapa, los abogados debían realizar una pasantía por dos años más en un estudio jurídico bajo la supervisión y aprobación del titular del estudio jurídico. Concluida la pasantía, recién el futuro abogado podía rendir un examen ante el Tribunal Superior de la Jurisdicción donde se pretendía ejercer en forma autónoma.

A partir de 1872 y con el cierre de la Academia de Jurisprudencia de Buenos Aires, comenzó otro modelo de enseñanza del derecho en nuestro país. La Facultad de Derecho empezó a entregar títulos académicos y habilitantes. El Código Civil Argentino en vigencia desde el año 1871, se transformó en la bibliografía exclusiva del entrenamiento profesional de los abogados argentinos. A partir de este período cambió radicalmente la enseñanza del derecho muy similar, aunque con algunos matices, a la actual. La generación del ´37 que en estos años había llegado al poder[67], había identificado entre los años 1850 y 1860 dos problemas a resolver: la anarquía y la pobreza.

---

65 BOHMER, Martín en «Metas comunes: la enseñanza y la construcción del derecho en la Argentina» trabajo presentado en el *Seminario sobre Educación Jurídica* realizado en la ciudad brasilera de Petrópolis en el año 2003.

66 BOHMER, Martin, trabajo anteriormente citado.

67 Juan Bautista Alberdi redactó las bases de la Constitución Nacional proclamada en 1853; Bartolomé Mitre fue presidente en 1862; Domingo Faustino Sarmiento lo sucedió en 1868; Juan María Gutiérrez dirigió la Universidad de Buenos Aires al tiempo de rechazar en 1875 la invitación de la Real Academia Española para integrarse a ella.

La respuesta al primer problema fue centralizar el poder y determinar claramente quién manda y quien obedece. La respuesta al segundo problema fue incentivar la inmigración y garantizar las libertades de trabajar, comercializar y navegar. Para ello, se tomará como modelo a seguir los dos sistemas institucionales con mayor prestigio de la época: el norteamericano y el francés. Del norteamericano: un presidencialismo fuerte, un sistema de justicia federal con control judicial de constitucionalidad y una Corte Federal como última voz para interpretar la ley. Del francés: los códigos federales (civil y comercial) para unificar la regulación de los derechos subjetivos en todo el territorio del país, quitándoles autonomía a las provincias. Podríamos decir que desde 1872 y hasta nuestros días, la enseñanza del derecho profundizó una concepción basada en una visión formalista y dogmática del derecho como sistema y como ciencia que asegura homogeneidad de la concepción del sistema de cualquier operador jurídico en cualquier jurisdicción del país. Es decir, un solo derecho, una sola interpretación, para una sola nación y bajo una sola autoridad central de Buenos Aires.

Breve reflexión:

Durante los siglos XVI, XVII y XVIII la presencia universitaria en el «nuevo mundo» se debió a la conquista de América por parte de España y la construcción de un estado monárquico centralizado de los llamados «Reyes Católicos». El siglo XIX, y en referencia a nuestro territorio, estuvo caracterizado como período de guerras civiles que precedieron a la organización nacional. Había escasez de abogados. Los pocos los tenía Buenos Aires y casi nada el interior. Los que se graduaban de Córdoba los cautivaba el gobierno central o eran impulsados a emigrar. La necesidad de contar con abogados en el interior fue satisfecha por las autoridades que, en nombre de la autonomía de las provincias, otorgaron por decreto el título de abogado a aquellas personas que tenían alguna formación escolar y práctica forense obtenida en algún estudio de abogados o en el desempeño de un empleo público. En 1854, instaladas las autoridades nacionales en la ciudad de Paraná (Provincia de Entre Ríos) por entonces capital de la Confederación, el ejecutivo presidido por Justo José de Urquiza decretó como abogados «de la Confederación» a los ungidos por las provincias y a quienes sin grado académico hubiesen realizado estudios jurídicos y actuado como abogados durante cinco años consecutivos o se hubiesen desempeñados en empleos forenses. Podríamos señalar que durante los siglos XVIII y XIX eran muy pocos y extremadamente distantes los centros universitarios donde se enseñaba derecho. Es decir, resultaba difícil para un joven de la época con inquietudes jurídicas poder sortear los dos grandes obstáculos de aquellos tiempos: la distancia y el dinero. A su vez, se observa que derecho y religión, es decir, «lo laico y la fe» estaban íntimamente ligados, amalgamados como dos caras del mismo fenómeno en la enseñanza áulica, y esa unión también se trasladó en la concepción del derecho, en el diseño de los planes de estudios y, por ende, en la formación profesional. Por entonces, la enseñanza del derecho estaba monitoreada por un doble comando: el Estado y la Religión. Ambas instituciones no fueron inocentes a la hora de formar profesionales del derecho. Fue el período de los inicios de la historia del derecho eclesiástico argentino, entendiendo como tal el estudio de las relaciones jurídicas que se elaboran entre las personas, confesiones religiosas y el Estado, vista desde la perspectiva del Estado. No obstante, los abogados de entonces, una clase pequeña, rica y masculina practicaban un derecho con el que estaban de acuerdo cumpliendo a su vez con un rol intelectual capaz de crear y recrear abstracciones, relatos e imaginarios en la vida pública. No caben dudas de que el abogado en tiempos de la colonia tuvo un papel protagónico a la hora de plasmar los primeros trazos de los esquemas institucionales fundacionales para estas tierras desoladas y asediada por la necesidad en el más amplio sentido de la palabra. Se necesitaban hombres precavidos, ingeniosos y astutos capaces de persuadir a los demás con sus discursos e ideas a la hora de aconsejar los senderos por donde transitar ante el espectáculo del extenso desierto, de profundas grietas entre federales y unitarios, sangrientas guerras, fusilamientos y traiciones. ¿Qué se esperaba de las pocas Facultades de Derecho del siglo XIX? El filósofo y crítico literario alemán Walter Benjamín decía que *«es necesario evitar caer en el error de leer la historia con ojos del presente sin poder ubicarse en otra situación».* Sin dudas que las necesidades institucionales de una Nación en formación marcaron el rol político institucional de esas Casas de Estudios. Por esta razón es que de sus aulas debían egresar abogados y jueces, pero también pensadores, políticos, funcionarios, parlamentarios, literatos, pedagogos, ministros, directores de empresas, maestros en todos los niveles educativos, empresarios y diplomáticos. Por aquellos tiempos, era lo que necesitaba el país y se pensaba que la Universidad con sus Facultades de Derecho podían contribuir con esta misión en esta República endeble de grandes dimensiones y escasa población que comenzaba a surgir lentamente. Esteban Echeverría, primer poeta en nuestra historia, pronosticó que la misión de los hombres ilustrados era pensar en Argentina como una unidad política-institucional, pero eso no iba a ser posible en el país mientras no tuviera una identidad literaria de la que carecía. O, mejor dicho, la misma estaba reducida por esos tiempos a unos cantos de la patria, entusiasmos de la gesta, loas de héroes heroicos, muertes heroicas, sangres, gritos que caracterizaban a un modelo cultural pobre.

Para Alberdi, Echeverría, Gutiérrez, Florencio Varela, Miguel Cané, Marcos Sastre, Sarmiento, y demás integrantes de la llamada «La Generación del ´37 en el Río de La Plata» les resultaba difícil imaginar un país sin cultura identificada con libros, bibliotecas, escuelas, pinturas, monumentos propios que la Argentina a poco de ser fundada no lo tenía. Ese quizás haya sido el signo distintivo del rol del abogado del siglo XIX que el autor de la *Cautiva* y *El Matadero* pronosticó con gran acierto: construir una cultura civilizada liberal. No obstante, sabemos del rol que la iglesia católica, apostólica y romana tuvo tanto en lo político y como en lo educativo, hasta el punto de diseñar los planes de estudios y los textos correspondientes, y por supuesto, en la selección de hombres afines al catolicismo para impartir la enseñanza del derecho. Como lo habíamos mencionado anteriormente, a partir de las tres últimas décadas del siglo XIX el método para la enseñanza del derecho estaba basado en un estudio excluyentemente exegético, dogmático en el estudio de la ley, con una marcada visión enciclopedista de las ciencias jurídicas, memorístico, repetitivo y profundamente acrítico. No obstante, finalizando el siglo XIX, los nuevos conceptos y escuelas obligaban a adoptar nuevas posiciones en torno al derecho que se venía. A pesar de ello, el doctrinarismo tradicional seguía predominando. En otras palabras, existía un manifiesto divorcio entre un derecho absorbido por la legislación, por un lado; y el avance de los problemas sociales que surgían lentamente a comienzo de 1880 con la llegada de los inmigrantes al país, por el otro.

Para finalizar este capítulo diremos que las Facultades de Derecho de aquellos tiempos coloniales, fueron pensadas como usinas de profesiones capaces de propiciar una cultura jurídica a la hora de diseñar institucionalmente al país, sus estructuras republicanas y su organización nacional. Una Nación que, a poco tiempo de ser fundada entre la dicotomía de lo nuevo y la ansiedad de serlo, esperaba de sus abogados aportes para comenzar a caminar, prosperar como país e insertarse al mundo.

CAPÍTULO 5.

LA ENSEÑANZA EN TIEMPOS DE LA PROVINCIA

«Más esas vinculaciones y esas disidencias no podían extenderse a la Universidad que debe ser como el hogar común de la inteligencia entre nosotros, como el palenque siempre abierto donde todo ideal científico, toda controversia y toda especulación encuentren su estímulo y su teatro»

(Mensaje del Gobernador José Gálvez a la Legislatura de la provincia de Santa Fe el 13 de junio de 1889)

Nada mejor que escuchar una conversación entre dos «viejos» conocidos para imaginar y percibir un lugar desconocido. Ángel Leto y «el Matemático» lo hacen a corazón abierto en *Glosa*, la novela de Juan José Saer que describe la ciudad de Santa Fe en *octubre, octubre o noviembre, del sesenta o del sesenta y uno, octubre tal vez, el catorce o el dieciséis, o el veintidós o el veintitrés tal vez, el veintitrés de octubre de mil novecientos sesenta y uno pongamos —qué más da—*[68].

« .. y comenzando, de cara al Sur, en la vereda Este, es decir, a esa hora, la de la sombra, a caminar por San Martín o sea la calle principal, las dos veredas paralelas que, a medida que van llegando al centro, se van abarrotando de negocios, casas de discos, zapaterías, tiendas, sederías, confiterías, librerías, bancos, perfumerías, joyerías, iglesias, galerías, cigarrerías, y que, en los dos extremos, cuando el grumo de negocios se adelgaza y por fin se diluye, exhibe las fachadas pretenciosas y elegantes, incluso, algunas, por qué no, de las casas residenciales, no pocas de las cuales se ornan, a un costado de la puerta de entrada, con las chapas de bronce que anuncian la profesión de sus ocupantes, médicos, abogados, escribanos, ingenieros, arquitectos, otorrinolaringólogos, rematadores —en una palabra, en fin, o en dos mejor, para ser más exactos, todo eso—»[69].

68 SAER, Juan José; *Glosa* – Seix Barral ediciones, C.A.B.A, año 2018.
69 SAER, Juan José; *Glosa* – Seix Barral ediciones, C.A.B.A, páginas 13 y 14, año 2018.

Pero la historicidad de este lugar es extremadamente más añeja y lejana que el propio paisaje urbano de calle San Martín a los ojos de Saer. Santa Fe fue la primera ciudad-puerto del país en la era de las exploraciones y descubrimientos de otros mundos en busca de nuevas rutas marítimas para el comercio de las especies[70]. Santa Fe lleva nombre de mujer y, quizás por ese motivo, tuvo un rol especial en el nacimiento de la Organización Nacional. Juan de Garay fue quien llamó Santa Fe a la ciudad que, en el año 1573, él mismo fundó a orillas del río de los Quiloazas[71], en tierra de habitantes originarios como los Calchines y Mocoretás[72], antes de afianzar la conquista española del Río de la Plata[73].

Garay como todo explorador y conquistador español, impuso el nombre de Santa Fe para perpetuar en tierra de Indias el recuerdo de la pequeña ciudad granadina donde, con razón nos dirá Agustín Zapata Gollán, comienza la conquista de América con las capitulaciones que allí firmó Cristóbal Colón con los Reyes Católicos Fernando VII e Isabel. Al dar a esta ciudad el nombre de Santa Fe, su fundador vio en ella a la *Santa Fe de Granada*[74] como punto de apoyo para afianzar una «re-conquista» de la nueva fundación de Buenos Aires. Dos generaciones de santafesinos nacieron y murieron en Santa Fe la Vieja. Vivieron enfrentando adversidades provenientes de un río que les quitaba terreno y de aborígenes rebeldes que los atacaban para apoderarse de sus pertenencias, o recuperar sus tierras que desde antaño le habían pertenecido. Por esas razones, en el año 1650 comenzó el éxodo que duró una década al nuevo terruño. Será recién en el año 1.660 donde la ciudad en su actual emplazamiento comenzará a vivir institucionalmente en territorio con forma de cono y abrazado por el río Paraná al este y por el río Salado, al oeste.

Para esa época no había abogados en Santa Fe de la Vera Cruz. Y las pocas posibilidades que tenían los jóvenes santafesinos para estudiar derecho eran muy escasas, ya que la Facultad de Derecho más cercana hasta mediados del siglo XVIII se encontraba a unos 3.483,6 kilómetros de distancia y era en la ciudad de Lima-Perú sede de la Universidad Mayor de San Marcos fundada

70 Vittori, Gustavo; en *Santa Fe, ciudad de agua en un cruce de Caminos*, editado por Bolsa de Comercio de Santa Fe, Julio de 2017, Santa Fe, Argentina.

71 Nombre que, con el paso del tiempo y por la religión que profesaban los colonizadores, mutará por el de San Javier.

72 Hoy ciudad de Cayastá ubicada a 80 kilómetros al norte de la actual ciudad capital. En dicho lugar se encuentra Santa Fe La Vieja, que fuera el primer diseño urbano que duró entre el 1573 hasta el 1651, que, por diversas razones, tuvieron que mudarse al actual emplazamiento junto a la laguna Setúbal.

73 Agustín Zapata Gollán, en *Santa Fe Nombre de Mujer*, pág. 5, editado por la Universidad Nacional del Litoral en fecha 15 de noviembre de 2018.

74 En 1492, en cercanía de la ciudad de Granada a unos quince kilómetros, gobernada por entonces por el pueblo nazarí de Al Ándalus y a punto de ser invadida por los Reyes Católicos, se había levantado el campamento militar, lugar donde el navegante genovés Cristóbal Colón capitula con Fernando VII e Isabel la Católica para financiar su viaje en busca de nuevos mundos, nuevas rutas.

en el año 1551. En dicha Casa de Estudios se enseñaban leyes, cánones, latín, medicina, artes, teología y sagradas escrituras. Allí debió recibirse de bachiller en cánones el primer abogado de Santa Fe que se supone fue el Lic. Gabriel Sánchez Ojeda por el año 1599[75], aunque el primer santafesino del que se tuvo noticia que haya obtenido el de Doctor en Sagrados Cánones y en Leyes fue Juan Baltazar Maciel quién se graduó en la Real Universidad de San Felipe de Santiago de Chile en noviembre de 1754. Resulta factible suponer que el segundo abogado santafesino haya sido el deán Francisco Javier de Echague y Andía[76] quien estudió leyes también en la Real Universidad de San Felipe de Santiago de Chile, título que obtuvo en 1780. Ordenado sacerdote regresó de Chile y ejerció la docencia en la cátedra de latinidad y de primeras letras en el Colegio de la Inmaculada de los jesuitas. Y estando en Santa Fe, fue designado por el Rey Carlos IV de España para integrar el Cabildo de la Arquidiócesis de Lima. Viviendo en Perú y mientras ascendió en sus funciones catedralicias, Echagüe y Andía ingresó como catedrático en la Real Universidad de San Marcos, de la que fue rector entre los años 1803 y 1805[77].

Es decir que, antes del año 1869, los jóvenes santafesinos que querían estudiar derecho en el país lo podían hacer solo tres centros universitarios:

- en la Universidad Nacional del Córdoba que había sido nacionalizada por Justo José de Urquiza recién en el año 1854 y era la única en tierras de la Confederación;
- en la Universidad de Buenos Aires creada en 1821 que, luego de la caída de Juan Manuel de Rosas en febrero de 1852, reorganizó sus estudios manteniéndose en la jurisdicción del estado provincial hasta 1880, año en que es nacionalizada como consecuencia de la capitalización de la ciudad de Buenos Aires;
- en las cátedras de Jurisprudencia con sede en el Colegio Nacional de Concepción del Uruguay de la Provincia de Entre Ríos, entre los años 1854 y 1858.

En la ciudad de Santa Fe, recién en el año 1868 se crearon las Aulas para enseñanza de Facultades Mayores en el Colegio de la Inmaculada Concepción, dirigido por los padres jesuitas, dando la posibilidad a un grupo de alumnos continuar con sus estudios superiores habiendo cumplimentado con los estudios secundarios. Por tal motivo, el Rector del Colegio solicitó

75 DAMIANOVICH, Alejandro; *Historia de la Abogacía en Santa Fe*, pág. 58, editado por el Colegio de Abogados de Santa Fe en el año 2001, Santa Fe, Argentina.

76 El 24 de julio de 1821, el general José de San Martín proclamaba la independencia del Perú en la plaza mayor de Lima. Entre las autoridades presentes se encontraba el deán Francisco Javier de Echague y Andía quien había nacido en la ciudad de Santa Fe (Argentina) el 3 de marzo de 1753. (registros de la Junta Provincial de Estudios Históricos)

77 CALVO, Luis María, artículo titulado «Un santafesino en la independencia del Perú: el Deán Francisco Javier de Echague y Andía».

al gobierno provincial el establecimiento de cátedras de estudios superiores para sus primeros graduados del Colegio. En respuesta a esa solicitud el 23 de noviembre de 1868, la Cámara de Representantes de Santa Fe sancionó la ley autorizando al Poder Ejecutivo la inversión de 3500 pesos fuertes en la creación de aulas para enseñanza de Facultades Mayores en el Colegio de la Inmaculada Concepción[78]. Con esos antecedentes, el 26 de febrero de 1869 el gobernador de la provincia Mariano Cabal creó el primer año de estudios superiores. Y los primeros cuatro estudiantes de derecho en Santa Fe fueron, Adolfo Ballesteros Crespo, Emilio Cabal, José Gálvez y Zacarías Gil, que iniciaron sus cursos de derecho civil, derecho canónico y derecho natural, mientras se diagramaba un plan general más amplio tomando como referencia los planes que regían en las universidades de Córdoba y Buenos Aires. A su vez, en dicha fecha el gobernador dispuso que, para derecho civil, se debiera estudiar por las Institutas del emperador Justiniano comentadas por Ortolán; para el estudio del derecho canónico la obra de Justo Donoso; y para el estudio del derecho natural la obra de Heinrich Ahrens.

Cabe recordar que, tanto la diagramación del plan de estudios como la designación de los profesores lo hacía en forma exclusiva el rector del Colegio que por entonces era el Padre Pedro Vigna, quien procuraba uniformar la enseñanza de las Facultades Mayores de Santa Fe con las Universidades de Córdoba y Buenos Aire. El propósito era facilitar a futuro, el reconocimiento por parte del gobierno nacional de los certificados expedidos en Santa Fe en esas universidades. La carrera duraba cuatro años con la siguiente estructura curricular:

- Derecho Natural
- Derecho Internacional
- Derecho Constitucional
- Derecho Canónico
- Derecho Civil Romano
- Derecho Civil Argentino
- Derecho Criminal
- Derecho Mercantil
- Economía Política

Recién en el año 1875 se modificó el plan de estudios de 1869 agregándose la cátedra de Derecho Público Eclesiástico y ampliándose la carrera a cinco años de duración, ya que se incorporó como asignatura anual final

78 *La Manzana Histórica de la Universidad Nacional del Litoral* – Colección Centenario. Arquitectura, ciudad y patrimonio. Directora Adriana Collado. Ediciones UNL, año 2019, Santa Fe, Argentina.

Teoría de Procedimientos y Práctica Forense. Esta reforma resultó necesaria para adaptar este plan de estudios con los de las Universidades de Córdoba y Buenos Aires, y quedar comprendido en la ley de 1872 que reconocía los estudios de derecho impartidos en los Colegios Nacionales, y en nuestro caso, al Colegio de la Inmaculada Concepción. En realidad, las aulas de enseñanza para Facultades Mayores solo expedían certificados académicos y no habilitantes para el ejercicio profesional de abogado a diferencia de lo que hacían las Universidades de Córdoba y Buenos Aires. Para ese entonces, en Santa Fe el título profesional de abogado solo lo expedía el Poder Judicial de la Provincia luego de superar un examen. A su vez, la provincia debía celebrar convenios de reciprocidad con otras provincias para que los títulos de abogados que otorgaban sean reconocidos en otras jurisdicciones. Así lo hizo Santa Fe que, para el año 1879, había celebrado convenios de reciprocidad con las provincias de Tucumán, Salta, La Rioja y Mendoza. Los primeros abogados graduados de las aulas para la enseñanza de Facultades Mayores del Colegio de la Inmaculada datan del año 1873, y muchos de ellos tuvieron luego una importante incidencia institucional en el campo de la política, la judicatura, el periodismo y la academia.

Entre ellos mencionamos a José Gálvez, Jerónimo Cello, Luis Blanco, Manuel Gálvez, José De Caminos, Tomás Furno, Honorio Quiroga y González, Agustín Cabal, Mariano Quiroga, Leonidas Zavalla, Emilio Cabal, Vicente Zavalla, Enrique Carbó, Néstor de Iriondo, José Mendieta, Mariano N. Candioti, Francisco Albornoz, Agustín Aragón, Salvador Maradona, Urbano de Iriondo, Luis Clucellas y Manuel D. Candioti. De todos esos nombres de hombres y ausencia total del género femenino, cabe destacar a José Gálvez[79] quien fuera docente de derecho civil en la Facultad de Jurisprudencia, Gobernador de la Provincia de Santa Fe y primer rector de la Universidad Provincial de Santa Fe creada por su iniciativa y gestión en 1889, y con ella la Facultad de Derecho y Ciencias Sociales.

En 1888, en su mensaje como Gobernador, José Gálvez expresó *«Contando, pues, con este Colegio así organizado, os presentaré un proyecto para la creación de la Universidad de la Provincia de Santa Fe que será el complemento del cuadro de nuestros progresos intelectuales»*[80]. Así fue que la Uni-

79 José Gálvez había nacido en Santa Fe en 1851 en el seno de una familia emparentada directamente con apellidos clave del poder económico y político. Estudió y fue profesor en el Colegio Inmaculada, donde se formó gran parte de la élite local que integró lo que en la época se denominaba el «gobierno de los doctores». Fue juez en lo Civil y Mercantil, y fiscal general de la Provincia. Impulsó a las empresas ferrocarrileras durante su gestión como ministro del Gobernador Zavalla y durante su gobernación de la provincia, y auspició la existencia de un Puerto de Ultramar en la ciudad de Santa Fe desde su cargo como Senador Nacional y como ministro del Interior durante la presidencia de Figueroa Alcorta. Ese puerto fue inaugurado en 1910 como parte de los festejos del Centenario de la Nación Argentina.

80 *La Manzana Histórica de la Universidad Nacional del Litoral*, Colección Centenario, Arq. Adriana COLLADO directora, pág. 42 ediciones UNL, Año 2019, Santa Fe, Argentina.

versidad de Santa Fe fue creada por Ley Provincial el 15 de octubre de 1889 y al día siguiente fue promulgada por el mismo gobernador y su ministro de gobierno Juan M. Cafferata. En dicha ley se establecía que la Universidad funcionaría en la capital de la provincia con el nombre de Universidad de Santa Fe. Las extrañas coincidencias de los meses de octubre que, premeditada o azarosamente, siempre fue el mes del calendario gregoriano que vio nacer a las Universidades en estas tierras. Vaya coincidencia del destino. Señalamos dos cuestiones que creemos importantes. La primera referida a su localización. La segunda a su institucionalización.

Respecto de la primera, diremos que el acto de apertura de la Universidad de Santa Fe se llevó a cabo el 30 de abril de 1890 y fue presidido por el entonces gobernador de la provincia Juan Manuel Cafferata en el salón (despacho del antiguo Cabildo de Santa Fe)[81], donde se había reunido la Convención Nacional Constituyente de 1853 y la Convención Reformadora de 1860. Por su parte, el gestor y primer rector José Gálvez, en el inicio de su discurso dijo: *«Hoy pisamos los umbrales de una nueva era intelectual, afianzando la acción del hijo de esta tierra sobre la sociedad y sobre la naturaleza, abriéndole más anchos horizontes a su actividad y a su inteligencia».* La Universidad de Santa Fe nunca llegó a tener un edificio propio construido para su funcionamiento[82], pero sí un proyecto[83]. Dependió más bien de la predisposición y buena voluntad ciudadana y de algunas instituciones, para que la misma se instalara[84]. La Facultad de Derecho y Ciencias Sociales corrió la misma suerte. Ambuló por varios lugares en la ciudad como un joven estudiante del interior cuando arriba a Santa Fe y necesita imperiosamente un lugar donde vivir para iniciar sus estudios en derecho.

El primer edificio donde funcionó la Facultad de Derecho y Ciencias Sociales fue en las dependencias del antiguo Colegio de los Jesuitas, hoy Colegio

81 El salón-despacho principal formaba parte del Cabildo que por entonces oficiaba de sede del Gobierno Provincial desde 1819. Cabe recordar que el Cabildo fue terminado de construir en 1823 y lamentablemente demolido en el año 1908, estaba emplazado en el lugar que hoy ocupa la Casa de Gobierno de Santa Fe frente a la plaza de mayo.

82 El 12 de agosto de 1914 el Honorable Consejo Superior de la Universidad de Santa Fe había resuelto adquirir, con destino a edificio para la Universidad, varias fracciones de terreno que componían la manzana delimitada por las calles Saavedra, Buenos Aires (hoy Monseñor Zazpe), Moreno y San Lorenzo. (En el libro *La Manzana Histórica de la Universidad Nacional del Litoral* – Colección Centenario. Arquitectura, ciudad y patrimonio. Directora Adriana Collado. Ediciones UNL, pág. 51, año 2019, Santa Fe, Argentina).

83 En septiembre de 1916, se aprobó el proyecto del arquitecto Alejandro Christophersen, destacado profesional en el país en ese momento y gran exponente del eclecticismo historicista, quien había nacido en Cádiz —España— en 1866 y se encontraba radicado en Buenos Aires desde 1890 (En el libro *La Manzana Histórica de la Universidad Nacional del Litoral* – Colección Centenario. Arquitectura, ciudad y patrimonio. Directora Adriana Collado. Ediciones UNL, pág. 60-61, año 2019, Santa Fe, Argentina).

84 Se recomienda la lectura del texto completo elaborado por la Prof. Arquitecta Adriana Collado

de la Inmaculada Concepción sobre calle San Martín frente a la plaza de mayo. El primer acto de colación de grado de los dos primeros graduados se llevó a cabo el 12 de octubre de 1895 en el Salón de Grados del Colegio de la Inmaculada. El segundo espacio físico que tuvo la Facultad para su funcionamiento fue el edificio que sus autoridades alquilaron a la Congregación de las Hermanas Adoratrices de Santa Fe, ubicado por entonces sobre calle San Jerónimo[85]. Esta exquisita construcción de lenguaje neogótico ubicado en el lado oeste de la Plaza de Mayo, nos recuerda muy bien la Prof. Arq. Adriana Collado, fue construida después de 1894 para alojar a la Congregación de las Hermanas Adoratrices que había sido fundada por el sacerdote jesuita José María Bustamante el 24 de septiembre de 1885, en la ciudad de Córdoba y que habían llegado a Santa Fe unos años más tarde. La Universidad ocupó algunas dependencias que alquiló para el funcionamiento del Rectorado y de la Facultad de Derecho y Ciencias Sociales desde el año 1901. Desde ese año, y por el hecho de que la Congregación de las Hermanas Adoratrices se instaló directamente en su actual emplazamiento ubicado sobre Boulevard Gálvez al 1900, el edificio fue íntegramente ocupado por la Universidad hasta 1914. Desde 1914[86] tanto el Rectorado como la Facultad de Derecho y Ciencias Sociales dejaron el edificio pensado para las Hermanas Adoratrices y se trasladaron a la casa que había pertenecido al doctor José Gálvez ubicada sobre calle San Martín, vereda oeste, entre las calles Moreno y Corrientes[87]. En ese lugar de dos plantas y tres patios, la Universidad Provincial continuó funcionando por muchos años. Desde esa casona familiar de los Gálvez, que cada año resultaba más incómoda para el desarrollo de las actividades académicas y administrativas, se produjo el último traslado hacia fines de la década del `20 y principios de la década del `30 del siglo pasado al nuevo edificio ubicado sobre calle Cándido Pujato 2751, hoy manzana declarada monumento histórico nacional sede de la Facultad de Ciencias Jurídicas y Sociales de la Universidad Nacional del Litoral.

La segunda reflexión, está referida a la impronta institucional de la Universidad de Santa Fe. En el articulado de la ley que la creó, se ve reflejada la tensión entre liberales y católicos trayendo al debate una vieja disputa entre laicismo y religión, o, dicho de otra manera, lo viejo que resiste a perder el poder y lo nuevo que insiste con inclinar la balanza hacia el progreso por venir. Un momento *Gramsciano* determinado por lo viejo no quería morir y lo nuevo se empeñaba en nacer. Podríamos decir que aparece por primera vez una disputa ideológica que volverá a repetirse en los años que precedieron a la creación de la Universidad Nacional del Litoral en las primeras décadas del siglo XX y que aún persiste: ¿continuidad o ruptura?

85 Actualmente en este lugar funciona el Palacio de Justicia de Santa Fe.

86 Eulogia Gálvez de Llambí Campbell, hija de José Gálvez, fue quien en 1914 le alquiló la casa a la Universidad de Santa Fe. Recordemos que Gálvez había fallecido en Buenos Aires en 1910.

87 Dicha casa hoy demolida.

En el caso particular de la creación de la Universidad Provincial que estamos analizando, la dicotomía estuvo marcada por «lo laico vs lo religioso»; en cambio en el período previo a la creación de la Universidad Nacional, dicha separación estuvo marcada, además, por la disputa entre «tradición vs modernización». Retomaremos este discusión con mayor detenimiento en el siguiente capítulo. Volviendo al análisis de la Provincia, planteamos el siguiente interrogante: ¿La Universidad Provincial fue continuidad de las aulas de las Facultades Mayores del Colegio de la Inmaculada Concepción creadas en 1868? O por el contrario ¿buscó un nuevo impulso que respondiera a una exigencia cultural de la hora? En el fondo, este era la decisión que los actores de la política de ese momento tenían que tomar: independizar o no a la universidad de la injerencia religiosa imperante en tiempos donde se avizoraba el fin del siglo XIX. Veamos seguidamente si esta tirantez se tradujo en la dimensión normativa. En ese sentido creemos importante el análisis particular de dos artículos de la ley de creación de la Universidad Provincial.

El primero de esos dos artículos —art. 2— de la ley establecía que: *«La Universidad tendrá por objeto el estudio del Derecho y demás Ciencias Sociales, el de ciencias Físico-matemáticas, el de Teología en la forma que establezca el Poder Ejecutivo de acuerdo con la autoridad eclesiástica, y de las otras facultades que en adelante se determinen por esta ley».*

El segundo de esos dos artículos —art. 17— de la misma ley, a su vez prescribía que: *«Los estatutos consagrarán también la libertad de la cátedra y los profesores no podrán ser corregidos o amonestados a causa de las doctrinas que profesen, sino por la mayoría del cuerpo docente universitario en asamblea».*

Es decir, por un lado, la propuesta de crear una Facultad de Teología de acuerdo con las autoridades eclesiásticas, fue considerado como uno de los beneficios esperados de la Universidad de Santa Fe por parte del «establishment eclesiástico» de aquellos tiempos. Una especie de caballo de Troya que escondía el claro propósito de prolongar la enseñanza de la Teología de los siglos XVII y XVIII a la universidad laica. Al respecto, un fiel representante de este pensamiento como fue el diputado provincial Lorenzo Andón[88] argumentó con absoluta sinceridad en el recinto de la legislatura provincial[89] que: *«He incluido a designio la dignificación del sacerdocio entre los beneficios esperados de la Universidad de Santa Fe, porque la comisión ha creído conveniente incorporar la Facultad de teología a las que el proyecto del Poder ejecutivo enumeraba, y lo que ha hecho por razones que se promete han de tener el asentimiento de la cámara».* Y continúa diciendo en su discurso: *«Es*

88 Miembro informante de la comisión de legislación de la Cámara de Diputados de la Provincia de Santa Fe.

89 Cabe recordar que el autor del proyecto de la norma educativa como fue José Gálvez estuvo siempre ajeno a la inclusión de la Facultad de Teología, correspondiendo por entero a una iniciativa de la Cámara de Diputados.

incuestionable, señor presidente, que la formación de un clero propio, nativo, ciudadano, es una de las necesidades más imperiosamente reclamadas en un país nuevo, que todas las razas van poblando como impelidas por el vértigo. El sacerdote es un factor irremplazable de la vida colectiva, un elemento de paz y de buen gobierno, un ministro, el único que impera en la conciencia: lo dice la historia, lo comprueba la filosofía, lo corrobora el sentimiento universal en todos los tiempos y lugares»[90]. Por otra parte, y en posición diametralmente opuesta, la sostuvieron los senadores Cayetano Giménez y Floriano Zapata, argumentando en el recinto que *«la universidad era puramente civil, y que, así como se había llegado al matrimonio civil y la laicidad en los cementerios, bien podría admitirse que se llegara también a la separación de la Iglesia del Estado; y en tal caso, dos autoridades se disputarían el gobierno del instituto universitario»*[91] Lo cierto es que la Facultad de Teología nunca llegó a funcionar en el ámbito de la Universidad Provincial de Santa Fe. Quedó claro que, por un lado, en todo el articulado de la ley de creación de la Universidad Provincial campeaba un espíritu genuinamente liberal, donde en uno de sus artículos como el 17 consagraba categóricamente dicha corriente de pensamiento al garantizar la libertad de cátedra y las ideas personales de los profesores que enseñaban, pudiendo no ser las de la mayoría. Y, por otro lado, el texto original del artículo 2 proyectado por el Ejecutivo provincial no contempló la creación de la Facultad de Teología, ya que estaba redactado de la siguiente manera: *«La Universidad tendrá por objeto el estudio del derecho y demás ciencias sociales, el de las ciencias físico-matemáticas y el de las que en adelante se determinen por la ley».*

No quedan dudas acerca de la intencionalidad política e ideológica del autor del proyecto de creación de la Universidad de Santa Fe como fue José Gálvez, quien además la concebió como el lugar de la controversia necesaria para el desarrollo de las ciencias[92]. El decreto del Poder Ejecutivo de la provincia de Santa Fe de fecha 6 de marzo de 1890[93], en su artículo 2 designó a los profesores que iban a estar a cargo de las siguientes asignaturas:

- Derecho Civil (Dr. José Galiano)

90 Caballero Martín, Ángel: *La Universidad en Santa Fe*, editada por la UNL, páginas 30 y 31, año 1931, Santa Fe, Argentina

91 Caballero Martín, Ángel: *La Universidad en Santa Fe*, editada por la UNL, página 40, año 1931, Santa Fe, Argentina.

92 Mensaje del 13 de julio de 1889 enviado por el Gobernador José Gálvez a la Legislatura acompañando su proyecto de ley de creación de la Universidad Provincial de Santa Fe.

93 «Santa Fe, abril 2 de 1890. Vista la resolución de la Facultad de Derecho y Ciencias Sociales adoptando el Plan de Estudios y Estatutos de la Universidad de la Capital Federal y no habiendo sido posible por falta de tiempo material la apertura de la Universidad durante el mes de marzo como lo expresaba la Ley respectiva. El Poder Ejecutivo Decreta: 1.° Adoptase para la Universidad de Santa Fe los Estatutos y Plan de Estudios de la Universidad de la Capital Federal. 2.° Procédase a la apertura de la matrícula hasta el 29 del corriente mes. 3.° Señalase el treinta de este mes abril para que tenga lugar la Instalación solemne de la Universidad. 4°. Comuníquese, publíquese y dése al R. O. Firman: Gálvez – Juan Francisco Seguí».

- Derecho Romano (Dr. Zenón Martínez)
- Derecho Comercial (Dr. Romualdo Retamar)
- Derecho Penal (Dr. Aureliano Argento)
- Introducción General al Estudio del Derecho (Dr. Manuel Van Geldern)
- Internacional Público (Dr. Tomás Fuino)
- Derecho Constitucional (Dr. Lorenzo Amador)
- Derecho Administrativo (al Rector de la Universidad)
- Derecho canónigo público Eclesiástico (Presbítero Gregorio Romero)
- Procedimientos (Dr. Manuel Gálvez)
- Filosofía del Derecho (Dr. Juan Francisco Seguí)
- Medicina Legal (Dr. José Elías Gollán)
- Economía Política (Dr. Luis Blanco)
- Derecho Internacional Privado (Dr. Rafael Funes)

Los estudios estaban pactados para una duración de cinco (5) años; los profesores eran designados por el Poder Ejecutivo y no podían ser destituidos sino a solicitud de la Facultad. Para el año 1913, el plan de estudio de la Facultad de Derecho y Ciencias Sociales lo integraban dieciocho asignaturas, incorporándose al anterior plan —Psicología, Sociología, Literatura General y Finanzas— y eliminándose del mismo las asignaturas como Derecho Canónigo Público Eclesiástico y Medicina Legal, quedando conformado de la siguiente manera:

- Psicología
- Sociología
- Literatura General
- Introducción al Derecho
- Economía Política
- Filosofía del Derecho
- Finanzas
- Procedimientos
- Práctica Forense
- Legislación de Minas
- Internacional Público
- Internacional Privado

- Romano
- Civil
- Comercial
- Administrativo
- Constitucional
- Penal

No obstante, podríamos decir que tanto el plan de estudios como la metodología de la enseñanza del derecho en términos generales eran muy similares en Santa Fe como la que se impartía en la Facultad de Derecho y Ciencias Sociales de la Universidad de Buenos Aires. En ambas casas de estudios, las confusiones entre derecho y ley persistían. En ambas, el positivismo jurídico constituía un fiel heredero del derecho decimonónico, es decir, se limitaba solo al estudio de la ley escrita, es decir, los códigos. Dicha corriente de pensamiento de la exégesis propugnaba interpretar el código por el código mismo, cayéndose en la permanente confusión del derecho con las normas, considerada esta última en un sentido formal solo si emanaba de autoridad soberana. En ambas, los planes de estudios y el rol docente en las aulas, carecían de reflexiones en torno a la función de la universidad, el tumulto de la vida cotidiana cada vez ensordecedora, los nuevos cambios sociales, los avances de la ciencia, el anhelo generoso por una justicia social y la popularización de las Facultades de Derecho. La gran diferencia estuvo marcada por los reconocidos profesores que Buenos Aires tenía y que Santa Fe carecía, dando cuenta en sus escritos y discursos de la problemática de la enseñanza del derecho caracterizado por ser excesivamente memorista, dogmática y exégeta, y su correspondiente aislamiento social. He aquí algunas destacadas críticas:

> «"La literatura científica continúa por la antigua vía. Aun las obras más recientes de derecho civil son escritas como si su único objeto fuese la exposición de las reglas y su explicación, y no debiera comprender el estudio fundamental de todas las razones que hubiesen influido en su establecimiento". "El derecho no es ciencia especulativa; es ciencia experimental, ciencia de gobierno"» ***(Juan A. Bibiloni - discurso de colación de grado en 1897)***[94].
>
> «Se parte del supuesto de que los códigos son el derecho, y se reduce el correspondiente estudio a los textos legales» ***(Alfredo Colmo – 1915)***[95].

94 Polotto, Rosario en artículo «Hacia una nueva Experiencia del Derecho – El debate en torno a la enseñanza práctica del derecho en la Universidad de Buenos Aires a comienzo del siglo XX» *Revista de Historia del Derecho*, número 34, año 2006, páginas 213-239.

95 Artículo citado anteriormente.

«Un código no puede contener y comprimir perpetuamente la sociedad dentro de su propio de su propio molde» ***(Rodolfo Rivarola – 1901)***[96].

«La necesidad de que nuestro plan corrija los inconvenientes propios del método jurídico, su formalismo a priori y sus normas inflexibles, por una detenida observación de los hechos concretos, de los factores que los determinan y de su evolución» ***(Wenceslao Escalante – 1907)***[97].

Se insistía por entonces en que el derecho es la vida, y que, «como en la atmósfera, en él vivimos, nos movemos y existimos» ***(Antonio Dellepiane)***[98].

Breve reflexión:

En el presente capítulo, analizamos nuestra temática a partir de la segunda mitad del siglo XIX y primeras décadas del siglo XX. En dicho período distinguimos dos etapas en materia de enseñanza del derecho en Santa Fe. La primera que acontece entre los años 1869 y 1885, iniciada por las aulas de enseñanza para Facultades Mayores del Colegio de la Inmaculada, por obra y decisión de los jesuitas. Y la segunda etapa, iniciada en el año 1890 hasta 1919, determinada por la creación de la Facultad de Derecho y Ciencias Sociales de la Universidad Provincial de Santa Fe, por decisión política tomada por José Gálvez quien, por entonces, ejerció el Poder Ejecutivo de la Provincia entre los años 1886 y 1890. De esta forma, Gálvez logró concretar el proyecto de dar a Santa Fe una Universidad, la tercera en el país y la primera en aparecer después de sancionada la Constitución Nacional de 1853, es decir, con posterioridad a la organización política nacional. Como analizamos precedentemente, la misma estuvo inspirada en principios modernos y liberales. Fue pensada como la casa solariega de una nueva estirpe de ilustres pensadores, destinada a irradiar por todo el territorio del litoral los aportes de la nueva ciencia. Con el andar del tiempo quedó demostrado que tan solo fue un proyecto pensado con nobles ideales, que nunca llegaron a concretarse sino más bien, se desviaron en dirección contraria. Las diversas proclamas discursivas de estudiantes y representantes de la política denunciaron que la Facultad de Derecho y Ciencias Sociales de la Universidad Provincial se había transformado en patrimonio de una minoría aristocrática privilegiada con dinero suficiente para derrocharlo. Se había vuelto también en una Institución restrictiva para acceder, conservadora para enseñar y pobre para aprender. Fue una especie de antesala para la prebenda o el inicio ineludible de un empleo dentro del esquema burocrático estatal. Y el agregado de «Ciencias Sociales» dentro de la Facultad de Derecho no pasó más de una simple partida en el presupuesto, olvidando el verdadero rumbo de las ciencias. Pero en ambos períodos que abarcaron cinco décadas, y como característica común, la enseñanza del derecho fue esencialmente dogmática y exégeta bajo la

96 Artículo citado anteriormente.

97 Artículo citado anteriormente.

98 Artículo citado anteriormente.

celosa vigilancia religiosa. Vivió de cosas prestadas con una marcada incapacidad de generar un pensamiento original y crítico, que sobrevolara la mediocridad en las cátedras. Los latiguillos latinos daban patente de sabiduría al profesor que, enmarcados en corrientes legalistas, comentaban largamente las sutilezas de los códigos inmutables a los que se les rendía culto como si fueran sagradas escrituras. Derecho y ley eran sinónimos. La cátedra se heredaba y pocas veces se merecía. La posibilidad de ocupar los cargos académicos se debía a lazos familiares, alianzas matrimoniales, pertenencia religiosa, camaradería y fidelidades políticas. Se cultivaba la enseñanza del derecho en forma parcial lo que equivalía a marchar a ciegas al estudiar solo sus instituciones aislada de su contexto político-social y cultural. Tanto es así que para las primeras décadas del siglo XX en el campo jurídico hubo un profundo replanteo epistemológico debido, entre otras cosas, a la crítica que en ese momento se le hacía al positivismo jurídico y su impacto en la enseñanza. No obstante, el nuevo siglo XX que comenzaba a transitar, trajo consigo en los primeros años grandes cambios económicos, sociales y culturales que dieron origen a una nueva forma de pensar en el campo jurídico que proponía, antes que mirar la lógica formal de las normas, mirar a la realidad social que sustentaban las mismas, condenándose de esta manera el método exegético y su influencia en la enseñanza del derecho. El surgimiento de las metodologías de las ciencias naturales, permitió la extrapolación de las mismas a las ciencias sociales, particularmente a la sociología y al derecho. Este giro copernicano aparecía como una verdadera *revolución* en palabras del profesor Alfredo Colmo. Entender al nuevo derecho significaba observar aquel que vivía la sociedad, y que debería caracterizarse por ser dinámico, cambiante, y contrario a la letra inmóvil del código.

Para finalizar este capítulo diremos que, para la Facultad de Derecho y Ciencias Sociales de la Universidad de Santa Fe, la concepción del derecho, los planes de estudios y forma de enseñarlo, respondieron a una visión formalista del derecho, que trajo aparejado un perfil de abogados marcadamente profesionalista, tecnicista a la hora de aplicar el derecho, profundamente individualista a la hora de pensar los problemas sociales y sus posibles soluciones. En definitiva, el trasfondo político institucional perseguido fue exitoso en términos de reproducción de élites de funcionarios y burócratas del Estado.

CAPÍTULO 6.

LA ENSEÑANZA EN TIEMPOS DE LA NACIÓN

«Muchas fueron las voces que se levantaron desde la cátedra y el libro, contra el viejo sistema de enseñanza. Entre ellas recuerdo la de Saúl Taborda, cuando nos decía en sus reflexiones: "Las universidades antiguas enseñaban 'El Derecho' del rey y de la iglesia, las de hogaño enseñan los derechos de una clase, ¿Cuándo vendrán las que enseñen los derechos del pueblo? ¡Bella oportunidad para que ésta despeje el interrogante"».

(Párrafo del discurso pronunciado por el estudiante de derecho Pablo *Vrillaud* en el acto de entrega formal a las autoridades electas de la Facultad de Ciencias Jurídicas y Sociales de la UNL - 18 de abril 1922)

Los estudiantes de derecho reformistas de Santa Fe, crecieron entre dos siglos. Fueron testigos directos de los cambios de la época marcados por la Revolución Mejicana de 1910; la Primera Guerra Mundial de 1914; y la Revolución Rusa de 1917. Europa se encontraba atravesando severas crisis económicas y sociales; en tanto en el sur de América surgían nuevas y múltiples posibilidades.

Ellos vivieron los festejos del centenario de la revolución de mayo y de la independencia, los avances de la tecnología y los inventos como la radio, el teléfono, el cine, los automóviles, los aeroplanos; en el arte los «ismos» que quebraron los moldes establecidos por el arte consagrado; y el nacimiento de partidos políticos que comenzaban a disputarle el poder a las ideologías conservadoras. En Latinoamérica las ideas liberales y progresistas comenzaban a socavar las estructuras del poder conservador. En el año 1919 había entrado en vigencia la nueva Constitución de la vecina República Oriental del Uruguay, considerada como una de las más avanzadas del mundo. Argentina, experimentaba un crecimiento económico en un clima de luchas sociales de criollos e inmigrantes dominados por las oligarquías de entonces. Los primeros luchaban por sus derechos civiles y políticos; y los segundos para no perder los privilegios que les daba el *statu quo*. La creación de nuevas leyes nacionales como la ley de servicio militar obligatorio y la ley conocida como

«Sáenz Peña», aseguraron procesos de democratización, de construcción de ciudadanía que incentivaron el accionar de los jóvenes reformistas.

La Reforma Universitaria de 1918 dio cuenta de la confrontación entre una sociedad que experimentaba notables cambios en su configuración social y que había elegido por primera vez a un presidente radical como Hipólito Yrigoyen. En el año 1912 entraron al país 300.000 inmigrantes, es decir, la Argentina abierta al progreso y a «la aventura del ascenso» nos dirá José Luis Romero. La ciudad de Santa Fe, entre 1903 y 1923 tenía una población de 103.536 habitantes de los cuales 84.509 eran argentinos y 19.477 extranjeros. Para ese período, la ciudad capital de la Provincia ya tenía tranvías, Palacio de Justicia, Legislatura Provincial, Bolsa de Comercio, Hospital de Caridad, Palacio del Consejo de Educación, Puerto, Teatro Municipal, Sociedad Cosmopolita, Hospital Italiano, Estaciones de Ferrocarril Central Argentino y Santa Fe, Sociedad Rural, Bancos, Cines y Comercios. Fue en ese marco histórico-social donde se dio el proceso de creación de la Universidad Nacional del Litoral, constituyéndose en un espacio de disputas culturales, políticas y académicas que se extendió entre 1912 y 1919.

Como habíamos manifestado en el primer capítulo, el mitin del 8 de septiembre de 1912 fue un punto de partida[99] sin retorno, que culminó siete años más tarde. El Congreso de la Nación sancionó la Ley n.° 10.861, promulgándose el día 17 de octubre de 1919 por el entonces presidente Irigoyen, creando de esta manera la Universidad Nacional del Litoral y con ella, la Facultad de Ciencias Jurídicas y Sociales[100]. No caben dudas que la Universidad Nacional del Litoral nació al amparo de las huelgas y los mítines que constituyeron prácticas predilectas de los estudiantes para instalar el debate social y parlamentario sobre una nueva Universidad que creía merecer la región, pese a la oposición del poder central de Buenos Aires. Pero ¿cuál fue el detonante de esa recordada movilización del ´12?

Ese mismo año, la Corte Suprema de Justicia de la Nación había desconocido el decreto del Poder Ejecutivo Nacional de 1909 que otorgaba validez nacional a los títulos expedidos por la Universidad de Santa Fe. Y en repudio a esa decisión de la Corte, la Unión Universitaria, presidida por estudiante de derecho Alejandro Grüning Rosas[101], convocó a un mitin de protesta bajo la

99 Un imponente mural titulado «El punto de partida» pintado por el artista santafesino Arq. Mariano Arteaga, se encuentra en el hall de ingreso de la Facultad de Ciencias Jurídicas y Sociales, inaugurado con motivo de los festejos del Centenario de la creación de la UNL. El mismo recuerda dicho motín organizado por los estudiantes.

100 El texto de Ley n.°: 10.861 prescribe: «Art. 1: Créase un instituto universitario dotado de personería jurídica, que se organizará de acuerdo con las disposiciones de la Ley 1597 y se denominará Universidad Nacional del Litoral. Art. 2: Forman la Universidad Nacional del Litoral las siguientes Facultades: a) Facultad de Ciencias Jurídicas y Sociales, con asiento en la ciudad de Santa Fe, sobre la base de la actual Facultad de Derecho provincial».

101 «La nacionalización traerá la reforma de lo que sea menester reformar, para que nuestra Universidad, hasta hoy mirada, con razón o sin ella, en Buenos Aires y otras partes, como

consigna «pro nacionalización». Esa tarde del 8 de septiembre de 1912, hombres y mujeres, pobres y ricos, intelectuales y obreros, convocados por la Comisión Organizadora del acto y pertenecientes a la Unión Universitaria[102] marcharon unidos para luchar por una nueva universidad, cohesionados por la idea de un proyecto social amplio vinculado a la democracia, la justicia y la educación para todos. Relatan las crónicas de la época[103] que en la Plaza España de la ciudad de Santa Fe se congregó a las 14 horas, un numeroso grupo de personas, acompañadas por el estampido de las bombas. Partieron por calle Humberto I hasta calle San Martín y desde ahí en dirección a la Plaza de Mayo en manifestación cada vez más compacta, el cuerpo de catedráticos y delegaciones de estudiantes de ciudades como Santa Fe, Corrientes, Entre Ríos, Esperanza y demás localidades encabezaban la columna. Durante su trayecto por la calle San Martín, desde los balcones, los vecinos les arrojaban flores a los manifestantes[104]. Esa movilización marcó un antes y un después en la historia universitaria de la ciudad y la región. El 18 de julio de 1915 se realizó el Congreso de Estudiantes en la Biblioteca Popular de la ciudad de Paraná (Entre Ríos) con la asistencia de delegados locales, de Santa Fe, Rosario, Buenos Aires, San Nicolás, Salta, Tucumán y Catamarca.

Este Congreso declara que es una necesidad impostergable la creación de la Universidad Nacional del Litoral, bajo el lema *«patria, ciencia, trabajo y libertad».* Un marcado inconformismo que se sumaba a los existentes en las ciudades de Buenos Aires, La Plata y Córdoba. Fue en esta última el escenario culminante. Fueron los estudiantes de la federación universitaria los responsables del estallido en el otoño cordobés de 1918.

> «Hombres de una república libre, acabamos de romper la última cadena que en pleno siglo XX nos ataba a la antigua dominación monárquica y monástica. Hemos resuelto llamar a todas las cosas por el nombre que tienen. Córdoba se redime. Desde hoy contamos para el país una vergüenza menos y una libertad más. Los dolores que nos quedan son las libertades que nos faltan. Creemos no equivocarnos, las resonancias del corazón nos lo advierten: estamos pisando sobre una revolución, estamos viviendo una hora americana»[105].

---

un anacronismo inútil y estéril, pueda imponerse ante la consideración nacional, colocarse a la altura de las universidades moderes» parte del discurso pronunciado por Alejandro GRÜNING ROSAS en la tarde del 8 de septiembre de 1912 en la Plaza de Mayo de la ciudad de Santa Fe. Fuente: Museo y Archivo histórico de la UNL

102 Alejandro Grüning Rosas fue quien presidió esa comisión organizadora y fue el presidente la Federación de Estudiantes de Santa Fe creada ese mismo año 1912.

103 *Diario La Nación* – lunes 9 de septiembre de 1912.

104 Reflexión atribuida al abogado y escritor Alcides Greca en ocasión de la celebración del vigésimo aniversario de la UNL. Recordemos que Greca participó de la vida política a través de asociaciones liberales como el Centro del Libre Pensamiento y de la militancia radical. Desde esos ámbitos libró los combates por la creación de la Universidad Nacional del Litoral.

105 Extracto del Manifiesto Liminar de la Reforma Universitaria de 1918.

Volvamos a la ciudad de Santa Fe de 1912. En aquella tarde de septiembre, se presentaron públicamente los hacedores de la Universidad Nacional del Litoral: los famosos *«muchachos»,* al decir del Ing. Gabriel del Mazo como Pablo Vrillaud, Alejandro Grüning Rosas, Marta Samatán, Mariano Tissembaum, Horacio Varela. Todos ellos estudiantes de derecho. Fue el inicio de la campaña estudiantil en favor de la nacionalización y transformación de la Universidad Provincial. Ese movimiento organizado, democrático, liberal y laico, entendió que la nacionalización era el vehículo indispensable para transformar a fondo la universidad provincial y, de esa manera, quebrar el círculo estrecho con el fin de entregarla al servicio de la sociedad. Dos décadas después, dirá Alcides Greca que *«habían sido los estudiantes los primeros en comprender la magnitud del problema, debiendo luchar contra sus propios profesores y estudiantes católicos de la Facultad de Derecho y del Colegio de la Inmaculada, que solo reclamaban la nacionalización de los títulos. Para aquellos, el problema era esencialmente espiritual y cultural; para éstos, una simple cuestión práctica, débilmente apoyada en un trasnochado concepto federalista».* Pero el malestar para con la Universidad de Santa Fe y su Facultad de Derecho ya venía desde principios de la década de 1910. De las múltiples críticas que por entonces recibía dicha Casa de Estudios, las podríamos resumir básicamente en tres:

- La orientación de la enseñanza considerada tradicional positivista.
- El gobierno oligárquico de la Universidad como institución anacrónica a la evolución de la ciudad que proponían las ideas modernas de la inmigración.
- Sus vínculos con la iglesia católica.

Dicho fastidio estudiantil, pronto logró aglutinar a diversos actores sociales como dirigentes políticos provinciales y nacionales, periodistas, revistas y periódicos, personalidades de la cultura, masones, entre otros. Sus postulados reformistas en lo social se inscribían en:

- El legalismo.
- La política parlamentaria como ámbito propicio para las soluciones de los conflictos sociales.
- La importancia de las ciencias sociales en la adopción de políticas públicas.

Otro mitin importante para destacar, fue el que se realizó en el mes de junio de 1915 bajo la consigna «Pro Escuela Laica», organizado por los centros de estudiantes y sociedades liberales de la ciudad de Santa Fe y Paraná, consolidando de esta manera un movimiento regional a través del Comité Pro Universidad del Litoral que funcionó en la Biblioteca Cosmopolita. Dicho comité fue integrado, entre otros, por Raúl Villarroel, Luis Bonaparte, Manuel Menchaca, Enrique Mosca, Alejandro Grüning Rosas, Luis

Reggiardo y Cristóbal Roca. También el mitin de la noche del 10 de mayo de 1919, donde el estudiante de derecho Pablo Vrillaud pronunciaba un acalorado discurso: *«Pedimos estatutos dignos y profesorado capaz. Vivimos días bellos de acción y pensamiento. Reivindicamos con este gesto un concepto que se nos discutía. Ante la pasividad de academias desprestigiadas, resoluciones enérgicas adquieren fuerza simbólica. Es la muerte de un régimen (...) como en Córdoba hay defensores de lo anacrónico; minoría familiar; guardianes de sus papás catedráticos; esto, en vez de desalentarnos, nos conforta».*

La exigencia por estatutos dignos del movimiento estudiantil, estaba referido a los estatutos reformistas de la Universidad de Buenos Aires. A pocos días, más precisamente el 28 de mayo de 1919 se realizó otro mitin de los estudiantes, con la particularidad de haber recibido la adhesión de numerosas instituciones santafesinas, como la Asociación Gremial de Maestros, la Federación Obrera, la Unión Ferroviaria, el Centro Sindical de Cocineros y Pasteleros, la Sociedad Unión Hebrea, los Centros de Estudiantes del Colegio Nacional y de la Escuela Industrial, el Centro Socialista de la segunda sección, la Biblioteca Monteagudo y el Centro del Libre Pensamiento.

Entre las distintas adhesiones, sobresale de manera especial, la enviada desde Córdoba por el poeta Arturo Capdevilla:

> «Diga en mi nombre, hermano Enrique (Barros era líder reformista cordobés), a esos valientes amigos de la ciudad de Santa Fe (hay que completar ese nombre con otro adjetivo) que han hecho bien en alzarse contra Loyola y Fernando VII (...). Dígales que, si les llaman abanderados de la bandera roja, respondan así: "Nuestro rojo es el rojo del gorro frigio". Aquí no hay otra bandera roja que la que resulta de la negra bandera jesuita, ardiendo en llamas al viento de la libertad»[106].

El debate social estaba instalado. Los estudiantes habían logrado el primer objetivo. Entre los años 1918 y 1919 las objeciones a la universidad provincial aumentaban e irrumpían decididamente el ámbito público. La reforma universitaria iniciada en Córdoba había impactado de manera perentoria en el escenario político-cultural santafesino.

Desde entonces, la historia de la Universidad Nacional del Litoral es la historia de luchas por la libertad.

> «Desde que aquellos muchachos le hicieron esa memorable broma al dogmatismo escolástico, la Universidad Nacional del Litoral fue la universidad de la Reforma, nació con ese pecado, no hubo nada que hacer. Nació para el pecado de la li-

106 Citado por LANTERI, Celestino, en *Pablo Vrillaud. Líder de la juventud*, Santa Fe Centro de Publicaciones de la UNL – Centro de Estudiantes de Derecho, pág. 113, Año 1995, Santa Fe, Argentina.

bertad, de la democracia, del laicismo y del humanismo liberal progresista. Por eso hubo siempre gente enojada. En un país cuidadosamente preparado para vivir bajo la hegemonía conservadora, esa Universidad era una molestia intolerable. Así que, cada vez que el autoritarismo —esa entrañable peste de la historia argentina— salía de las cavernas, alguien llegaba y se "hacía cargo". Rectores de facto, rectores interventores con las órdenes bajo el brazo y el discurso para la toma de posesión en el bolsillo, discurso que parece siempre el mismo, dispuestos a cumplir con la "sagrada misión" que el dictador de turno les ha encomendado»[107].

Desde entonces, la historia de la Universidad Nacional del Litoral es la historia de luchas por la democracia.

«La democracia postula como fundamento de su organización la necesidad de que la libertad exista. En tal sentido, la Universidad Nacional del Litoral fue tribuna de defensa de las normas democráticas, cátedra de civismo y ejemplo de lo que es capaz el esfuerzo mancomunado de todos sus integrantes: autoridades, profesores y alumnos» ***(Cortés Pla, rector de la UNL en 1962)***[108].

Desde entonces, la historia de la Universidad Nacional del Litoral es la historia de luchas por el laicismo.

«Los estudiantes del ´19 habían sido acusados de ateos y que no lo eran porque nunca se puso en juego para el propósito de lucha común el sentimiento religioso, perteneciente al fuero personal de cada uno, sino que se veía la urgente necesidad de desvincular el templo de la ciencia del templo de Jesús, para que la Universidad pudiera cumplir con sus funciones en un campo de amplia libertad espiritual» ***(Mario Rizzoto, decano de la Facultad de Ciencias Matemáticas en 1955)***[109].

Desde entonces, la historia de la Universidad Nacional del Litoral es la historia de luchas por el humanismo progresista.

«Pretendemos futurizar nuestra obra, bregamos por el despertar de un pueblo y el advenimiento de una nueva Universidad» ***(Pablo Vrillaud)***[110].

Creemos conveniente este análisis previo descriptivo del contexto político, cultural y social que precedieron a la creación de la Universidad Nacional del Litoral, para tratar de entender y encontrar a la vez, respuestas al trasfondo ideológico en juego: ¿continuidad o ruptura? Y en referencia con nuestro tema de trabajo: ¿la nacionalización trajo consigo una nueva forma de ense-

107 Conti, Jorge: prólogo en el libro *Lux Indeficiens crónica para una historia de la Universidad Nacional del Litoral*, publicado por ediciones UNL, primera edición, Santa Fe, año 2009.

108 *Idem*

109 *Idem*

110 *Idem*

ñanza del derecho? El proceso de normalización de la Facultad de Ciencias Jurídicas y Sociales se llevó a cabo entre 1919 y 1922.

El 3 de abril de 1920 Benito Nazar Anchorena fue designado por el presidente H. Yrigoyen como decano interventor; al año siguiente en 1921 lo sucederá en dicho cargo Antonio Sagarna quien renuncia ese mismo año, sucediéndolo José Oliva; el 12 de abril de 1922 Pedro E. Martínez es nombrado decano interventor por parte de Hipólito Irigoyen hasta la elección de autoridades por el propio claustro quien elige al propio Martínez como decano, pero debe renunciar meses después ya que fue designado como Rector de la UNL. Ante dicha renuncia al decanato, el 28 de mayo de 1923 Emilio Federik es designado decano a cargo renunciando al mismo el 21 de julio de 1923. Por tal motivo, José Fontanarrosa asume el decanato en su condición de ser el consejero de más edad. Será entonces Gregorio Parera decano electo por el consejo directivo el 4 de agosto de 1923, cargo que ocupará hasta el mes de noviembre de 1928. Cabe destacar un importante acontecimiento que se produjo el día 18 de abril de 1922 que, ante la presencia del ministro de la Nación Dr. José Salinas, los señores gobernadores de Santa Fe, Entre Ríos, Corrientes, Mendoza, el rector de la UNL, decanos, profesores, estudiantes, autoridades civiles, judiciales, militares y eclesiásticas, se procedió a labrar un Acta a los fines de llevar a cabo la entrega formal de la Facultad de Ciencias Jurídicas y Sociales a las autoridades definitivas y responsables de regir el destino de la misma.

En tal sentido, sería importante instituir en un futuro inmediato al 18 de abril como el día del nacimiento de la Facultad de Ciencias Jurídicas y Sociales de la Universidad Nacional del Litoral. El primer plan de estudio de la Facultad de Ciencias Jurídicas y Sociales, desde la sanción y promulgación de la Ley 10.861 que creó la Universidad Nacional del Litoral, data del 18 de marzo de 1920 dispuesto por decreto del ministro de Justicia e Instrucción Pública Dr. José S. Salinas.

Su estructura y diseño fue el siguiente:

Primer año

- Introducción al estudio de las Ciencias Jurídicas y Sociales
- Historia de las instituciones jurídicas
- Sociología
- Psicología

Segundo año

- Derecho Constitucional
- Derecho Civil Argentino, 1ra. Parte

- Derecho Penal y Régimen Carcelario
- Economía Política

Tercer año

- Derecho Administrativo
- Derecho Civil Argentino, 2da. Parte
- Derecho Comercial, 1ra. Parte
- Finanzas
- Historia Diplomática

Cuarto año

- Derecho Público Provincial
- Derecho Civil Argentino, 3ra. Parte
- Derecho Comercial, 2da. Parte
- Derecho Industrial y Obrero Comparado
- Derecho Municipal Comparado

Quinto año

- Derecho Ferroviario Comparado
- Derecho Marítimo
- Organización Judicial. Derecho procesal (Civil Ordinario y Federal) y Práctica Forense
- Derecho Civil Argentino, 4ta. Parte

Sexto año

- Derecho Federal
- Derecho Civil Comparado
- Derecho Procesal (Criminal y Correccional) y Práctica Forense
- Derecho Internacional Privado
- Ética Política y Profesional

Además, se exigía aprobar un examen que consistía en traducir al idioma nacional dos textos: uno inglés de literatura jurídica en materia constitucional y administrativa; y el otro (opcional) francés, italiano o alemán de literatura jurídica en materia civil, comercial y penal. Dicho examen debía aprobarse con anterioridad a la aprobación de la novena materia del plan de estudios. De la orientación y fundamentos, se infieren claramente los aspectos ideológicos, políticos, jurídicos y sociales que inspiraron el Plan de Estudios de 1920 expresado por el propio ministro Salinas en la mencionada resolución. El plan de estudio estuvo pensado bajo la concepción de que el derecho es un producto espontáneo y constante de los hechos y necesidades de la vida contemporánea.

El plan de estudio estuvo pensado para una enseñanza del derecho basada en una visión crítica y de revisión de los conceptos fundamentales del derecho, y reconstructiva sobre bases que se estiman realistas, al decir del Profesor Posadas, consistentes en los resultados de la interpretación directa no solo de las tendencias doctrinales, sino y sobre todo como instituciones, aplicaciones y hasta como verdaderas exigencias prácticas derivadas de una nueva posición de los factores sociales e ideológicos que actúen en la vida contemporánea. Este plan de estudio tomó como antecedentes los planes de las Facultades de Derecho de Buenos Aires, Córdoba y La Plata. Su diseño fue pensado para cumplir con tres objetivos universitarios:

a) la más útil enseñanza a los jóvenes que concurran a sus aulas;

b) elaborar y perfeccionar la ciencia;

c) el superior interés público, vale decir, la vulgarización de la ciencia jurídica para que todos aprovechen los resultados alcanzados por este instrumento de cultura a través de la extensión universitaria.

El plan de estudios, fue proyectado para una nueva misión de las Facultades de Derecho consistente en la preparación de jueces ilustrados, legisladores hábiles y jurisconsultos capaces de perfeccionar la ciencia del derecho y dejar de ser escuelas de abogados que solo sirvieron para asesorar a los litigantes. Contenía veintisiete (27) materias más un (1) examen de traducción de idiomas, ordenado en seis (6) años al solo efecto de establecer un procedimiento ordenado de estudios de tal forma, que permitiera la asistencia de los estudiantes a todas las clases de un año completo, de modo que no coincidan las horas destinadas a la enseñanza de cada materia. Los estudiantes podían terminar la carrera en número mayor o menor de años que el indicado en el plan. El mismo, no contenía un régimen de equivalencias, sino que se dejaba librado al estudiante comenzar y seguir el orden de materias que más le agrade, así como rendir exámenes en cualquier época de las que se fijaban para las pruebas.

Además, pretendía que los jurisconsultos estudiaran la génesis, el desarrollo y estado actual de nuestras instituciones jurídicas comparadas con las de los países más adelantados. Por esa razón, no figura el estudio del derecho romano como tal, sino que debía ser estudiado en cada materia que tenga su antecedente en dicho derecho. Tampoco figuraba en el plan, el derecho de minería por la escasa aplicación que había tenido hasta ese entonces, motivo por la que determinó su supresión en el plan de la Facultad de Derecho de la Universidad Nacional de La Plata en 1905. La misma suerte corrió la legislación rural, que debía estudiarse como un punto dentro del programa de derecho administrativo. En lugar de derecho internacional público, se propuso historia diplomática, por considerarla más útil conocer cómo han sido resueltos los conflictos internacionales por medio de esta vía. En cuanto a las materias derecho público provincial y derecho municipal que no figuraban en el plan de la Facultad de Derecho de la Provincia, ellas fueron incluidas: la primera en La Plata y ambas en los últimos planes de las Facultades de Derecho de Buenos Aires y Córdoba. La incorporación de las materias de derecho municipal, ferroviario, industrial y obrero y federal, como distintas vendrán a llenar un vacío señalado por la experiencia de esa enseñanza en países que como Inglaterra y Estados Unidos (y antes Alemania), marchaban a la vanguardia de los estudios jurídicos sociales. El derecho federal debía estudiar las materias donde el gobierno nacional tiene exclusiva jurisdicción y aquellas de exclusiva jurisdicción provincial. El derecho administrativo fue descongestionado, limitando su programa al estudio del funcionamiento de la maquinaria estatal, con sus funciones esenciales (justicia, seguridad, policía, etc.) y facultativas (servicios públicos, régimen de minas y forestal, cámaras de comercio). El derecho industrial y obrero fueron desmembrados del derecho administrativo, con el objetivo de profundizar los estudios por las complejidades e importancia que encierran como el rol del Estado en la reglamentación de la industria, en los contratos de trabajo singulares o colectivos, y en los conflictos entre patrones y obreros.

Por último, la asignatura ética política y profesional se la consideró muy necesaria a fin de que, además del bagaje científico y profesional que han de recibir los graduados, resulta de gran importancia las reflexiones acerca de los preceptos o normas de la ética relacionados con las actividades que ejercitarán en el campo de la política como profesional.

El segundo plan de estudios de la Facultad de Ciencias Jurídicas y Sociales, data del año 1930[111] (resolución del 15 de enero de 1930) durante el decanato del Dr. Augusto Morisot, con la siguiente estructura:

Primer año

- Introducción al estudio de las Ciencias Jurídicas y Sociales
- Historia de las Instituciones Representativas
- Derecho Civil Argentino y Comparado, 1er Curso
- Psicología

111 Fuente de información: libro de Actas n.° 2 de la Facultad de Ciencias Jurídicas y Sociales UNL – 26 diciembre 1928 – 7 de marzo 1933, página 105, lugar: Secretaría Administrativa.

Segundo año

- Derecho Civil Argentino y Comparado, 2.° Curso
- Derecho Penal, 1er. Curso
- Economía Política
- Derecho Internacional Público

Tercer año

- Derecho Civil Argentino y Comparado, 3.° Curso
- Derecho Constitucional
- Derecho Penal, 2do. Curso
- Derecho Agrario, Rural y de Minas
- Finanzas

Cuarto año

- Derecho Civil Argentino y Comparado, 4.° Curso
- Derecho Comercial, 1.° parte
- Derecho Industrial y Obrero
- Derecho Público Provincial
- Derecho Municipal Comparado

Quinto año

- Derecho Civil Argentino y Comparado, 5.° Curso
- Derecho Comercial, 2.ª parte
- Derecho Administrativo
- Derecho Marítimo
- Ética

Sexto Año

- Derecho Civil Argentino y Comparado, 6.° Curso
- Derecho Procesal Civil
- Derecho Procesal Criminal

- Filosofía de las Ciencias Jurídicas y Sociales
- Derecho Internacional Privado

Veamos algunas reflexiones de este recorrido curricular. Se distinguen las materias denominadas «Sociales» entre las que figuraban: Psicología, Historia de las instituciones políticas, Economía Política y Finanzas. Luego un segundo grupo de materias llamadas «Jurídicas» que se dividían en «General»: Introducción al estudio de las ciencias jurídicas y sociales; Ética; Filosofía de las ciencias jurídicas y sociales; y «Específicas». A su vez, estas materias específicas se subdividían en tres grupos:

a) Público: Derecho Penal I y II; Derecho Constitucional; Derecho Público Provincial; Derecho Administrativo; Derecho Municipal Comparado; Derecho Procesal Civil; Derecho Procesal Criminal; Derecho Internacional Público;

b) Privado: Derecho Civil Argentino y Comparado (I, II, III, IV, V y VI), Derecho Comercial (I y II); Derecho Internacional Privado; Legislación del Trabajo;

c) Público-Privado: Derecho Agrario, Rural y de Minas; Derecho Marítimo.

Observamos que este plan de estudio de 1930, mantuvo la misma duración que el anterior. Incrementó a seis (6) los derechos civiles. Suprimió Derecho Ferroviario y Derecho Federal. Propuso tres transformaciones en la nominación de asignaturas: la materia Historia de las Instituciones Jurídicas pasó a llamarse Historia de las Instituciones Representativas; Historia Diplomática pasó a denominarse Derecho Internacional Público; y Derecho Industrial y Obrero Comparado se transformó en Legislación del Trabajo.

Para destacar, este plan de estudio tuvo una preeminencia por los estudios de derecho público como Derecho Municipal Comparado, Derecho Público Provincial, Psicología y Ética.

Párrafo especial merece la siguiente mención. Durante el transcurso del año 1936, y bajo el decanato de José Lo Valvo (1932-1936), se propuso un nuevo plan de estudios para la FCJS diseñado bajo su concepción culturalista y humanista de las ciencias y el derecho. Dicho plan fue aprobado por el Consejo Directivo, pero lamentablemente nunca entró en vigencia como consecuencia de los vaivenes institucionales del país con consecuencias directas para con las universidades[112]. Decimos que lamentamos su no aplicación ya que proponía dos importantes innovaciones: la *primera* referida a la inclusión de la materia Estadística en el plan de estudios de Abogacía, es decir, la importancia de introducir el cálculo estadístico como herramienta

112 Sozzo, Gonzalo en *Hacer Derecho*, ediciones UNL, páginas 62 y 63, 1ra. edición, Año 2016, Santa Fe, Argentina.

de gestión pública que todo graduado en derecho debería saber; la segunda referida a la incorporación de la materia Urbanismo entendida como espacio transdisciplinar con jerarquía de ciencia para el estudio referido al vivir en la ciudad compuesta por elementos de diferentes disciplinas[113].

El tercer plan de estudios de la carrera de Abogacía fue del año 1937.

Lamentablemente no se ha podido encontrar los Tomos de Resoluciones del Honorable Consejo Directivo correspondiente al período comprendido entre 1932 a 1936 inclusive, pero de nuestras búsquedas sobre documentación existente surge que, en la sesión del 5 de abril de 1937 (Tomo 02, Resoluciones H.C.D. 1937), el Consejo Directivo de la Facultad resolvió fijar el horario de clases para el presente curso. En dicha resolución se detalló la estructura del plan de estudios para la carrera de abogacía con modificaciones que presumimos fueron aprobadas el año anterior, es decir en 1936, a saber:

Primer año

- Introducción al estudio de las Ciencias Jurídicas y Sociales
- Historia de las Instituciones Políticas
- Derecho Civil Argentino y Comparado, 1er Curso
- Psicología

Segundo año

- Derecho Civil Argentino y Comparado, 2.° Curso
- Derecho Penal, 1er. Curso
- Economía Política
- Derecho Internacional Público

Tercer año

- Derecho Civil Argentino y Comparado, 3.° Curso
- Derecho Constitucional
- Derecho Penal, 2do. Curso
- Derecho Agrario, Rural y de Minas
- Finanzas

113 Sozzo, Gonzalo, libro anteriormente citado.

Cuarto año

- Derecho Civil Argentino y Comparado, 4.º Curso
- Derecho Comercial, 1.ª parte
- Legislación del Trabajo
- Derecho Público Provincial
- Derecho Administrativo

Quinto año

- Derecho Civil Argentino y Comparado, 5.º Curso
- Derecho Comercial, 2.ª parte
- Derecho Municipal Comparado
- Derecho Marítimo
- Derecho Procesal Civil

Sexto año

- Derecho Civil Argentino y Comparado, 6.º Curso
- Ética
- Derecho Procesal Criminal
- Filosofía de las Ciencias Jurídicas y Sociales
- Derecho Internacional Privado

Este plan reprodujo un esquema muy similar al anterior. Solo algunas modificaciones referidas a nominaciones y ubicaciones. Para el primer año de la carrera se cambió la nominación de Historia de las Instituciones Representativas por Historia de las Instituciones Políticas. En el cuarto año se sustituye la nominación de la asignatura Derecho Industrial y Obrero por Legislación del Trabajo. La asignatura Ética de quinto se reubica en el sexto año; Derecho Administrativo se reubica en el cuarto año; y Derecho Municipal Comparado de cuarto pasa a quinto año.

El 5 de agosto del año 1949, por Resolución n.º 2612 del Consejo Directivo de la FCJS, se aprobó el cuarto plan de estudios para la carrera de Abogacía. El mismo entró en vigencia a partir del 1 de enero de 1950.

Primer año

- Introducción al Derecho
- Introducción a la Filosofía

- Psicología Jurídica
- Derecho Romano
- Historia Constitucional Argentina

Segundo año

- Derecho Civil Argentino y Comparado, 1er. Curso (parte general)
- Derecho Penal, 1er. curso (parte general)
- Derecho Constitucional
- Economía Política
- Derecho Internacional Público

Tercer año

- Derecho Civil Argentino y Comparado, 2do. Curso (obligaciones)
- Derecho Comercial, 1er. Curso
- Derecho Penal, 2do. Curso (parte especial)
- Finanzas
- Derecho Agrario, Rural y de Minas

Cuarto año

- Derecho Civil Argentino y Comparado, 3er. Curso (contratos)
- Derecho Comercial, 2do. Curso
- Derecho Administrativo
- Derecho del Trabajo
- Derecho Procesal Civil y Ética Profesional

Quinto año

- Derecho Civil Argentino y Comparado, 4to. Curso (reales)
- Derecho de la Navegación
- Derecho Municipal y Poder de Policía
- Medicina Legal
- Derecho Procesal Criminal

Sexto año

- Derecho de Familia
- Derecho Civil Argentino y Comparado, 5to. Curso (sucesiones)
- Filosofía del Derecho
- Derecho Internacional Privado
- Sociología
- Derecho Político

El quinto plan de estudios de la Facultad de Ciencias Jurídicas y Sociales de la Universidad Nacional del Litoral, data del año 1953 (Resolución n.° 2864 HCD) puesto en vigencia bajo el decanato de Alejandro Greca, con la siguiente estructura:

Primer año

- Introducción al Derecho
- Derecho Romano
- Derecho Civil I
- Historia Constitucional

Segundo año

- Derecho Civil II
- Derecho Penal I
- Derecho Constitucional
- Economía Política

Tercer Año

- Derecho Civil III
- Derecho Procesal II
- Derecho Comercial I
- Finanzas y Derecho Financiero
- Derecho Internacional Público

Cuarto año

- Derecho Civil IV
- Derecho Comercial II
- Derecho Público Provincial y Municipal
- Derecho Agrario
- Derecho Procesal I (Procedimientos Civiles)

Quinto año

- Derecho Civil V (familia y sucesiones)
- Derecho de Minería y de la Energía
- Derecho Administrativo
- Derecho del Trabajo y de la Seguridad Social
- Derecho de la Navegación (Marítimo, Fluvial y Aéreo)

Sexto año

- Filosofía del Derecho
- Derecho Político
- Sociología
- Derecho Internacional Privado
- Derecho Procesal II (Proceso Criminal)

Resulta necesario formular dos consideraciones al respecto:

La primera refiere a que, este plan de estudio fue pensado para que sea común para todas las Facultades de Derecho de las Universidades Nacionales, conforme al reestructuración propuesta por la Conferencia de Decanos reunida en Buenos Aires durante los días 11 y 30 de marzo de 1953, bajo los auspicios de la Oficina de Gestión Universitaria (hoy sería la Secretaría de Políticas Universitarias SPU) del ministerio de Educación de la Nación. En la mencionada conferencia se aconsejó que, para el contenido de los programas de las materias, se debía tener presente los principios fundamentales de la Doctrina Nacional y los patrióticos objetivos del Segundo Plan Quinquenal. La segunda consideración es que, por primera vez, se estableció un Curso de Ingreso Común para las tres carreras existentes por entonces en la FCJS-UNL (Abogacía, Notariado y Procuración) con las siguientes asignaturas: Nociones de Filosofía y Lógica; Nociones de Historia de las Instituciones Políticas y

Sociales Argentinas; inglés o francés. Del análisis estructural de este plan de estudios de la carrera de abogacía de 1953, diremos que el mismo continuó con seis (6) años de duración formal como los cuatro anteriores planes de estudios (1920, 1930, 1937 y 1949) que habían fijado esos años de duración.

Este nuevo plan mantuvo veintiocho (28) asignaturas, pero agregó tres (3) más correspondiente al curso de ingreso común, lo que hace un total de treinta y una (31) materias que se debían aprobar para recibirse de abogado/a.

En lo que respecta al contenido y nominaciones de las mismas, destacamos las siguientes modificaciones: se enseña historia constitucional en lugar de historia de las instituciones representativas; se incorpora la enseñanza del derecho romano; se suprime el estudio comparado de todos los derechos civiles; derecho de familia y derecho sucesorio se imparten en forma conjunta; previó el estudio conjunto tanto del derecho del trabajo y como de la previsión social (hoy materias separadas); se suprimió al derecho industrial; derecho público provincial y municipal se imparten en forma conjunta y no separados como en el anterior plan; se suprime la enseñanza de materias como psicología y ética; y derecho marítimo es reemplazado por la denominación derecho de la navegación comprendiendo tanto el transporte marítimo como el fluvial y aéreo.

El sexto plan de estudios de la Facultad de Ciencias Jurídicas y Sociales de la Universidad Nacional del Litoral, data del año 1957 (Ordenanza n.º 7860 del 30 de marzo de 1957), con la siguiente estructura para la carrera de abogacía:

Primer año

- Introducción al Derecho
- Derecho Romano
- Derecho Civil I
- Historia Constitucional

Segundo año

- Derecho Civil II
- Derecho Penal I
- Derecho Constitucional
- Economía Política

Tercer Año

- Derecho Civil III
- Derecho Procesal II
- Derecho Comercial I
- Derecho Procesal I (Procedimientos Civiles)
- Derecho Internacional Público

Cuarto año

- Derecho Civil IV
- Derecho Comercial II
- Derecho Procesal II (Procedimientos Criminales)
- Derecho Público Provincial y Municipal
- Finanzas y Derecho Financiero

Quinto año

- Derecho Civil V (familia y sucesiones)
- Derecho Agrario y Minería
- Derecho Administrativo
- Derecho del Trabajo y de la Seguridad Social
- Derecho de la Navegación (Marítimo, Fluvial y Aéreo)

Sexto año

- Derecho Industrial
- Filosofía del Derecho
- Derecho Político
- Sociología
- Derecho Internacional Privado

Podríamos llegar a la conclusión que este plan de estudios no tuvo mayores modificaciones que el anterior. Se reubicaron los derechos procesales (civil y criminal) y se incorporó el derecho industrial en el sexto año a diferencia del anterior. En lo demás, el plan mantuvo los seis (6) años de duración formal con veintiocho (28) asignaturas previstas.

Luego de trece años, la Facultad de Ciencias Jurídicas y Sociales modificó por séptima vez su plan de estudios desde su nacionalización. Dicho plan data del año 1970 (Resoluciones 671/70 del C.A. y 253/71 del C.A.), fijándose para su entrada en vigencia a partir del 1 de enero de 1971 con la siguiente estructura:

Ciclo introductivo

- Introducción a la filosofía
- Sociología
- Economía Política
- Historia Institucional Argentina
- Introducción al Derecho

Ciclo fundamental

- 1er. Grupo de Materias
  - » Derecho Constitucional
  - » Derecho Civil I
  - » Derecho Penal I
  - » Ciencia Política
- 2do. Grupo de Materias
  - » Derecho Civil II
  - » Derecho Penal II
  - » Derecho Internacional Público
  - » Finanzas y Derecho Financiero
- 3er. Grupo de Materias
  - » Derecho Civil III
  - » Derecho Comercial I
  - » Derecho Procesal I
  - » Derecho de la Navegación
- 4to. Grupo de Materias
  - » Derecho Civil IV
  - » Derecho Comercial II

  - » Derecho del Trabajo y de la Seguridad Social
  - » Derecho Procesal II y Ética Profesional

- 5to. Grupo de Materias
  - » Derecho Civil V°
  - » Derecho Administrativo
  - » Derecho Agrario y de Minería
  - » Derecho Internacional Privado
  - » Filosofía del Derecho

Ciclo vocacional

a) Notariado. Derecho Notarial I; Derecho Notarial II; Técnica Notarial.

b) Derecho Civil. Derecho Romano; Derecho Civil profundizado.

c) Económico-empresarial. Economía Nacional; Derecho Tributario; Organización y administración de empresas.

d) Magistratura y Judicatura.

e) Comercial. Sociedades mercantiles y Seguros profundizados; Derecho bancario; Derecho concursal.

f) Penal. Criminología; Medicina Legal; Regímenes Penitenciarios; Derecho Penal Económico.

g) Administrativo. Ciencias de la Administración Pública; Contratos Administrativos.

h) Derecho del Trabajo y de la Seguridad Social.

i) Materia o grupos de materias que el Consejo Académico de la Facultad determine, cuando lo estime conveniente, conforme la disposición del art. 9°.

La novedad que introduce este plan de estudio fue su estructura en base a tres ciclos: introductorio, fundamental y vocacional. Este plan previó para la carrera de abogacía veintiséis (26) asignaturas más las nueve (9) especialidades opcionales previstas en el ciclo vocacional. Solo aprobando las materias de los tres ciclos, el alumno podía obtener el título profesional de Abogado/a y el certificado de especialización correspondiente al grupo de materias por el cual se hubiere optado dentro del Ciclo Vocacional. Si el grupo de materias vocacionales elegido fuera el de notariado se otorgaba el título de abogado-notario. También se otorgaba certificado de especialización a los abogados/as que, habiendo aprobado las correspondientes materias de los tres ciclos, aprobaban posteriormente un ciclo vocacional distinto de aquel con el cual completaron los estudios conforme el presente plan. Asimismo, se continuó con la práctica de modificar contenidos y nominación de las asignaturas: se incorporó Introducción a la Filosofía en el ciclo introductivo; Historia Constitucional fue reemplazada por Historia Institucional Argentina; Ciencia Política incorporada en el primer grupo de materias reemplazando a Derecho Político de los anteriores planes; Sociología pasa a enseñarse en el ciclo introductorio y no en el último tramo de la carrera; derecho de familia y sucesiones se siguen enseñando en forma conjunta; y se suprime la enseñanza de Derecho Público Provincial y Municipal.

En el año 1978, el plan de estudio de la carrera de abogacía se modificó por octava vez en la historia de la FCJS-UNL. Bien podríamos decir que fue el último plan aprobado durante una dictadura militar. La estructura de este plan de estudio quedó de la siguiente manera:

Primer año

- Introducción a la filosofía
- Introducción al Derecho
- Historia Institucional Argentina
- Ciencia Política
- Derecho Civil I

Segundo año

- Introducción a la Sociología
- Derecho Civil II
- Derecho Constitucional
- Derecho Penal I

Tercer año

- Economía Política
- Derecho Civil III
- Derecho Penal II
- Derecho Internacional Público
- Fundamentos de Contabilidad

Cuarto año

- Derecho Civil IV
- Derecho Comercial I
- Derecho Administrativo
- Derecho del Trabajo y de la Seguridad Social

Quinto año

- Derecho Civil V
- Derecho Comercial II
- Derecho Agrario
- Derecho de Minería y de la Energía
- Derecho Procesal I (civil)
- Derecho de la Navegación

Sexto año

- Derecho Civil VI
- Derecho Procesal II (criminal)
- Finanzas y Derecho Financiero
- Derecho Internacional Privado
- Filosofía del Derecho

Este plan de estudio suprimió la estructura de los tres ciclos del anterior. Incorporó la asignatura denominada Fundamento de Contabilidad prevista para el tercer año de la carrera y dividió en dos asignaturas el estudio de derecho de familia y sucesiones. En definitiva, el plan de estudios de la carrera de abogacía del año 1978 contenía veintinueve (29) asignaturas y mantuvo los seis (6) años de duración, con la modificación antes señalada. Las siguientes reformas de los planes de estudios —años 1985, 2000 y 2018— se produjeron en plena vigencia de la democracia constitucional del país. Dicho contexto político institucional amerita una especial consideración respecto de sus estructuras y objetivos planteados. ¿En qué medida el nuevo derecho reconfigurado con la democracia constitucional fue tenido en cuenta a la hora de trazar sus diseños? Dicho análisis lo efectuaremos en el desarrollo de los siguientes capítulos.

Breve reflexión:

Nuevamente aquel interrogante planteado respecto del origen de la Universidad Nacional del Litoral: ¿continuidad o ruptura? La creación de la Universidad Nacional del Litoral trajo consigo un cambio paradigmático en la dimensión política del modelo universitario en la ciudad y la región. Nació autónoma, extensionista, laica, inclusiva y crítica. Desde este punto de vista, sin dudas significó una ruptura política e ideológica respecto de la vieja Universidad de Santa Fe. Algunos de sus hacedores, hombres y mujeres, describen con afinada precisión ese rompimiento.

«Nacida en la Universidad, la Reforma planteó para ella formas originales de gobierno y vida armoniosos: organización y libertad. La búsqueda del estudiante implica actividad y responsabilidad, fortalecimiento de sus energías radicales: entereza formativa. La universidad queda sin asentamiento si el proceso educativo anterior no le ofrece un terreno propicio de cultura; por lo que su reforma debe abarcar todos los grados de la educación. Alma universitaria es negación de todo fraccionamiento de ser o de saber. Será universitaria la Universidad cuando sea capaz de conjugar las altas "facultades", con la plenitud unificadora de la cultura y su ética social: fecundidad en hermandad y unidad interior. Ni el bárbaro puro, ni el saber aséptico. Infundir lo humano y su justicia a la técnica, dignificando toda profesión o artesanía, todo arte o ciencia de creación utilitaria. El hombre situado sobre el saber. Un estudiante que penetre su propia vida y la vida general humana. Clima de entonación, que en él exalte los valores históricos que lleva implícitos. Conciencia de servicio, en que lo nacional, lo popular, se refleje, afirme y nutra. Aprendizaje del dominio físico para libertase y libertar; para que se cumpla la ley moral sobre el destino de la riqueza. Y un pensamiento del mundo en función de los valores propios del país, cultivados en lo imbíbito y terrígena: ancha base donde pueda hacer pie cualquier ensueño digno de hombres. Esta concepción nació y creció por rechazo. El mejor estudiante de la vieja Universidad, forzosamente estuvo fuera, en la calle. Allí el joven del 18 se contagió con la emoción de lo social que caracteriza su figura: y allí aprendió a descubrir, en anchura y penetración, su problemática». ***Ing. Gabriel del Mazo – 1929***

«La Universidad del Litoral fue, sin duda, fruto del esfuerzo común. Cada uno hizo lo que pudo. Pocos, muy pocos al principio de la campaña, aumentó paulatinamente el número de adherentes y gestores. Como ninguna otra Universidad argentina, ella surgió desde las filas del pueblo, desde el corazón mismo de la vida democrática y liberal, sin mezquindades localistas, libre de la pesada influencia de intereses creados y de tendencias ultra conservadoras». ***Abog. Alejandro Grüning Rosas – 1926***

«La Universidad Nacional del Litoral nació bajo el signo de la Reforma. Es conocida su azarosa existencia. Intervenida unas veces para despolitizarla, otras para aristotelizarla, se la ha tachado de revolucionaria y de antirrevolucionaria, nunca de anquilosada o muerta. Si quisiéramos encontrar los elementos esenciales de su personalidad, tendríamos que buscarlos en su aguda sensibilidad para los problemas nacionales. Nada argentino me es extraño, podría ser su lema. Esta inquietud por lo nuestro no es la simple curiosidad del científico que desde afuera de la realidad procura comprenderla, es participación activa, con todas las ventajas e inconvenientes implícitos en ello. La posición espiritual de nuestra Universidad ha sido el fermento de muchas iniciativas, mejor o peor logradas, pero que tienen todas, el mérito de la autenticidad. Así nació en 1928 el Instituto Social como vehículo de unión de la Universidad con el pueblo. Todavía no se hablaba entonces de contorno social, de medios de comunicación de masa y muy poco de extensión universitaria. Sin embargo, con esa intuición que da la participación vital, los fundadores del Instituto Social, sin haber estudiado Sociología ni Ciencias Políticas, supieron crear los organismos necesarios para que se realizase la perfecta convivencia entre el pueblo y la universidad. No se extendió la Extensión Universitaria como simple educación de las clases inferiores por una élite, sino como intercambio. La Universidad y sus miembros, no se estimaron como algo distinto y mejor sino como parte del todo nacional del que precedían y al que volvían con adquisiciones que necesitaban ser contrastadas por la realidad para reconocerlas como válidas. No podía admitirse un contorno social de la Universidad porque entre ella y su mundo no había delimitaciones diferenciadoras sino diversas formas de vida en permanente intercambio. Las Universidades Populares tuvieron las mismas características que las Facultades con una población distinta porque sus horarios nocturnos y sus planes de estudio eran más favorables para la concurrencia de los obreros. Las clases magistrales se convirtieron en charlas, diálogos, cursillos, dirigidos o dictados por quienes tenían algo que decir a los demás; para dictar una lección en la Sección Extensión Universitaria no se necesitaban títulos doctorales. Una radio, una revista, una sección de folletos, fueron medios de comunicación, así como los teatros infantil y juvenil, los títeres, los conciertos, las exposiciones y la exhibición de películas. Como un medio más para el cumplimiento de nuestros fines, se ha creado el Instituto de Cinematografía. Es posible que su nombre sea tan poco acertado como el Instituto Social; lo que interesa es que su tarea sí sea acertada. Buscamos a través de él una nueva forma de comunicación con nuestro pueblo en su dimensión real. Ni regionalismo, ni pintoresquismo, ni arte de vanguardia. Todo lo que queremos es que los alumnos del Instituto aprendan a ver y a expresar lo visto en forma tal que los espectadores de sus trabajos tengan que mirar y compartir; si además realizan algo bello tanto mejor. La publicación que ofrecemos es el resultado de una primera aproximación de los alumnos a los problemas elegidos por ellos mismos. No pretendemos presentar algo perfecto, acabado. Al llegar al público queremos simplemente saber si la marcha iniciada sigue la debida senda, y lo sabremos cuando quienes miren estas fotografías y lean estas encuestas nos digan que desean ver en una película la exposición completa del tema porque tiene realidad e interesa a todos como algo propio. Algún día el Instituto de Cinematografía podrá ofrecer a la industria cinematográfica técnicos científicamente preparados para desempeñar en las distintas etapas de la filmación y, entonces, habrá dejado de pertenecer al Instituto Social cuya finalidad no es hacer profesionales; pero si cada uno de esos futuros cineastas lleva fundido a su saber de oficio el necesario saber ético que le impida aplicar el primero a realizaciones que no estén al servicio de los valores particulares del pueblo argentino y generales del hombre, nuestra Universidad habrá dado un paso más en el cumplimiento de lo que entiende como su misión». ***Dra. Ángela Romera Vera - 31 de enero de 1958***.

No obstante, resulta prudente dejar en claro que el período comprendido entre los años 1930 y 1983 la vida política de la Universidad Nacional del Litoral sufrió los mismos avatares y retrocesos institucionales de nuestra República perdida, navegando entre esporádicas democracias y reiteradas dictaduras militares que debilitaron la generación de una cultura universitaria de excelencia. Pero desde el punto de vista académico: ¿qué cambios produjo la nueva Facultad de Ciencias Jurídicas y Sociales de la Universidad Nacional del Litoral creada sobre la base la Facultad de Derecho de la Universidad Provincial? En cien años de historia, la Facultad de Ciencias Jurídicas y Sociales de la UNL tuvo once (11) planes de estudios de la carrera de abogacía (1920, 1930, 1937, 1949, 1953, 1957, 1970, 1978, 1985, 2000 y 2018. Estadísticamente, en un período de cien años, la Facultad modificó su plan de estudios cada nueve años aproximadamente. Pero desde una mirada metodológica formativa, en cien años de historia, la Facultad no pudo evitar confundir cambios en la enseñanza del derecho con reformas de planes de estudios. Una idea equivocada que aún perdura entre los actores universitarios. Muchas veces se pueden cambiar los planes de estudios sin que ello signifique un cambio en la enseñanza del derecho. Se cambiaron las nominaciones y ubicaciones de las materias, pero quedó demostrado que las mismas no se tradujeron en un cambio en la enseñanza del derecho. Al contrario, si analizamos todos los planes de estudios, observamos que se repite sistemáticamente la misma concepción del derecho enseñado como una realidad que está ahí afuera, algo dado que se limita a un conjunto de normas y que la formación del jurista se reducía solo a conocer (descripción, explicación y sistematización). Uno de los problemas históricos más notorios es la fragmentación de las áreas jurídicas. Dicho inconveniente, lamentablemente delineó un estándar de profesor de derecho limitado solo al estudio de una determinada asignatura jurídica, impidiéndole tener una visión lo suficientemente amplia y adecuada del derecho en su conjunto. Tenemos profesores de «derecho de familia», de «derecho comercial societario», de «derecho agrario», de «derecho del trabajo», es decir, expertos de una porción del derecho pero incapaces de reflexionar sobre nuestro sistema jurídico. Profesores que no tienen en cuenta lo escrito por quienes pertenecen a otras áreas del derecho, es decir, sin pertenencia a una comunidad de profesores. Fue una enseñanza del derecho absolutamente aislada de la investigación jurídica y negada para con las demás ciencias sociales. Vivió casi todo el siglo XX solo anclado en el tecnicismo propio de la dogmática jurídica olvidando los fines políticos y morales del derecho, en relación con las demás ciencias sociales.

Fueron tiempos difíciles del país que necesitó de las Facultades de Derecho una enseñanza como instrumento para la efectivización de valores y principios propios del constitucionalismo contemporáneo. ¿Cómo hicieron los profesores para enseñar derecho constitucional en períodos de dictaduras militares? Las violaciones a los derechos humanos, las desapariciones de estudiantes, trabajadores y docentes, las cesantías, los interinatos, los «acomodos» políticos en la docencia y las intervenciones institucionales en la gestión, fueron moneda corriente. La visión tecnicista del derecho y una actitud formalista en su manejo siguió imperando en las aulas universitarias. El carácter «determinado» del derecho, sin fisura, omnicomprensivo y racional obligaba al jurista a una única respuesta correcta, excluyendo su discrecionalidad. El carácter «neutral» del derecho, despojado de consideraciones sustantivas que pudieran provenir de otras ciencias sociales como la sociología, la política, la economía, la antropología, la filosofía y la psicología. La formación en docencia universitaria continuó siendo autodidacta. Se supuso siempre que un buen profesor llegará a serlo con el paso del tiempo que acredite dominar lo profundo de la materia. Solo la materia. Básicamente el modelo de enseñanza consistió en la transmisión y memorización de una gran cantidad de información acerca de contenidos de normas, instituciones y conceptos. Describir, explicar, sistematizar y memorizar, era lo importante. La valoración, la argumentación, la creación y la imaginación no hacían falta. La tradicional práctica de invitar a dar clase al joven abogado recién recibido, continuó hasta hace poco tiempo, bajo la supuesta «tutoría» del responsable de la cátedra, a quien debía imitar todo lo concerniente a la enseñanza y concepción del derecho. En otras palabras, una docencia caracterizada por su exagerada formalidad, imitativa y heredada. Como consecuencia de ello abogados preparados con moldes rígidos, inflexibles, autómatas e incapaces de comprender que el derecho es una práctica social racional con fines morales y políticos. Si durante el transcurso del siglo XIX, la misión política esperada de las Facultades de Derecho fue que preparasen abogados para el diseño institucional del país en formación, el siglo XX dicho cometido fue literalmente opacado por los vaivenes de la vida política institucional del país que, durante más de cincuenta años (1930-1983), trajo como consecuencia una débil legitimidad política de las Facultades de Derecho que solo se limitaron a impartir una enseñanza aislada, desintegrada y sin objetivos institucionales para los duros tiempos de una república perdida.

TÍTULO TERCERO.

POLÍTICA, LITERATURA Y ENSEÑANZA DEL DERECHO EN EL SIGLO XIX

CAPÍTULO 7.

ANARQUÍA Y DESIERTO VS. ESTADO Y DERECHO

«¿Qué nombre daréis, qué nombre merece un país compuesto de doscientas mil leguas de territorio y de una población de ochocientos mil habitantes? Un desierto. ¿Qué nombre daréis a la Constitución de ese país? La constitución de un desierto. Pues bien, ese país es la República Argentina; y cualquiera que sea su Constitución no será otra cosa por muchos años que la Constitución de un desierto. Pero, ¿cuál es la Constitución que mejor conviene al desierto? La que sirve para hacerlo desaparecer».

(Juan Bautista Alberdi, 1852)

«El progreso moral, la cultura de la inteligencia descuidada en la tribu árabe o tártara, es aquí, no sólo descuidada, sino imposible. ¿Dónde colocar la escuela para que asistan a recibir lecciones los niños diseminados a diez leguas de distancia en todas las direcciones?».

(Domingo Faustino Sarmiento, 1845)

Una de las periodizaciones históricas que se hacen, es tomar un período a partir de 1810 y el otro, desde 1880. En estos setenta años que transcurre la política, se va a transformar la argentina, pero también se está transformando el mundo. Lo que representaba el mundo en el 1880 no será el mismo de aquél de 1810. Se podría estudiar a partir de los diferentes proyectos, ensayos, experiencias políticas, vida cotidiana que se desarrollaron en el país en esos setenta años, es decir, se había roto el orden virreinal, pero resultó necesario construir un nuevo orden para organizar una Nación y un Estado. Para dar cumplimiento a la tarea de formar una Nación, era imprescindible una convivencia social, con un sentido de pertenencia e identidad histórica articulada con la misión de pensar un sistema de dominación política que se va a llamar Estado. Esto recién se va a completar alrededor de 1880 con la federalización de la ciudad de Buenos Aires. Es decir, un largo período histórico que transcurre durante el siglo XIX que admite, a su vez, subdivisiones para entender con mayor precisión el desarrollo de este proceso. Reiteramos, los propósitos fueron: fundar la Nación y organizar el Estado. Un Estado para que cumpla con las tres funciones básicas: gobernabilidad, desarrollo y distribución equitativa. Reemplazar el antiguo rey colonial por un nuevo orden político; transitar del mundo antiguo a las sociedades burguesas de 1880. Fue en este año donde concluirá aquella tarea que pensaron, instituyeron e idearon los hombres de aquel mes de mayo de 1810.

La anarquía y el desierto fueron desafíos a enfrentar por parte de los dirigentes que formaron parte de la llamada «generación del 37»[114] que, con el romanticismo de una ideología y visión del mundo, fueron conscientes que una Nación no solamente se construye con un grupo de ideas iluminadas e ilustradas, sino que era necesario indagar sus tradiciones, sus leyendas, sus historias profundas, sus afectos, dando encarnadura emocional e histórica a proyectos políticos. Hubo sectores unitarios liderados por Rivadavia que lo habían previstos, pero no pudieron incluir una cantidad de problemas[115] que tenían que ver con construir una identidad histórica para afianzar una Nación. Y justamente en esta agenda del romanticismo, es donde estarán presentes los enfrentamientos, las guerras civiles y por supuesto, el desierto.

Nuestras renombradas obras del género literario del siglo XIX dieron cuenta de este complejo escenario de lo inmenso y nuevo, donde se entremezclaron los dilemas a resolver. Algunas pinceladas de sus textos nos aportan claridad para comprender mejor esos tiempos de nuestra historia.

AMALIA. Constituye la primera novela argentina. Tal afirmación admite refutación, pero no cabe duda que en estas tierras ella inauguró el género con exquisita calidad de expresión. Su autor pertenece a uno de los exponentes del romanticismo del siglo XIX como fue José Mármol quien escribió con

114 Bajo ese nombre se agrupa a un significativo núcleo de intelectuales, reunidos en el Salón Literario (clausurado por Rosas) y luego en la sociedad secreta, la Asociación de la Joven Argentina. Entre ellos Juan Bautista Alberdi, Esteban Echeverría, Juan María Gutiérrez, Vicente Fidel López y Miguel Cané.

115 Entre ellos, haberse olvidado de la realidad del país con sus peculiaridades nacionales y por conceder el derecho al voto a individuos que no se encontraban capacitados para ejercerlo.

alguna generaciones de por medio, entre él y aquellos tenebrosos tiempos de la historia del país. La acción de *Amalia* se ubica en 1840 y la crisis final del gobierno de Juan Manuel de Rosas.

«El alba del 5 de Mayo había despedido al fin aquella triste noche testigo de la ejecución de un crimen horrible y de la combinación de otros mayores. La blanca luz de esa beldad pudorosa de los cielos que asoma tierna y sonrosada en ellos para anunciar la venida del poderoso rey de la naturaleza, no podía secar, con el tiernísimo rayo de sus ojos, la sangre inocente que manchaba la orilla esmaltada de ese rio, de cuyas ondas se levantaba, cubierta con su velo de rosas, su bellísima frente de jazmines. Pero argentaba con él las torres y los chapiteles de esa ciudad a quien los poetas han llamado: «La Emperatriz del Plata; la Atenas, o la Roma del Nuevo Mundo.» Dormida sobre esa planicie inmensa en que reposa Buenos Aires, la ciudad de las propensiones aristocráticas por naturaleza, pareciera resistir las horas del movimiento y la vigilia que le anunciaba el día, y conservar su noche y su molicie por largo tiempo aún. En sus calles espaciosas y rectas, se escondía aun, bajo los cuadrados edificios, alguna de esas medias tintas del claro-oscuro de los crepúsculos, que ponen en trepidación a los ojos, y en cierto no sé qué de disgustamiento al espíritu.

Una de esas brisas del sur, siempre tan frescas y puras en las zonas meridionales de la América, purificaba a la ciudad de los vapores húmedos y espesos de la noche, que el sol no había logrado levantar aun del lodo de las calles. Porque el invierno de 1840, como si hasta la naturaleza hubiese debido contribuir en ese año a la terrible situación que comenzaba para el pueblo, había empezado sus copiosas lluvias desde los primeros días de abril. Y aquella brisa, embalsamada con las violetas y los jacintos que alfombran en esa estación las arenosas paraderas de Barracas, derramaba sobre la ciudad un ambiente perfumado y sutil que se respiraba con delicia. Todo era vaguedad y silencio, tranquilidad y armonía. Al oriente, sobre el horizonte tranquilo del gran rio el manto celestino de los cielos se tachonaba de nácares y de oro a medida que la aurora se remontaba sobre su carro de ópalo, y las últimas sombras de la noche amontonaban en el occidente los postrimeros restos de su deshecho imperio. ¡Oh! ¡porqué ese velo lúgubre y misterioso de las tinieblas no se sostenía suspendido del cielo sobre la frente de esa ciudad, de donde la mirada de Dios se había apartado! Si la maldición terrible había descendido sobre su cabeza en el rayo tremendo del enojo de la Divinidad, ¿por qué, entonces, la tierra no rodaba para ella sin sol y sin estrellas para que el escándalo y el crimen no profanasen esa luz de Mayo, cuyo rayo había templado, treinta años antes, el corazón y la espada de los regeneradores de un mundo? Pero la naturaleza parece hacer alarde de su poder rebelde a las insinuaciones humanas, cuanto más la humanidad busca en ella alguna afinidad con sus desgracias. Bajo el velo de una oscura noche, una mano regia abría una ventana de palacio y hacía, en Paris, la señal de la San Bartolomé, y al siguiente día un sol magnífico quebraba sus rayos de oro sobre las charcas de sangre de las víctimas, cuyo último gemido había demandado de Dios la venganza de tan horrible crimen. Y ante el crepúsculo de una tarde lánguida y perfumada, cuando la luna y las estrellas empezaban a rutilar su luz de plata sobre los cielos de la Italia, y la campana de vísperas llamaba al templo de Dios el alma cristiana, en las calles de Sicilia, ¡una joven dió la señal tremenda que debía fijar en un rio de sangre el recuerdo de una criminal venganza!

Como la naturaleza, la humanidad también debía aparecer indiferente a las desgracias que se acumulaban sobre la cabeza de ese pueblo inocente, que, como fue solo en las victorias y en la grandeza, solo y abandonado debía sufrir la época aciaga de su infortunio. Porque, por una extraña coincidencia de los destinos humanos, ese pueblo argentino que surgió de las florestas salvajes para dar libertad e imprimir el movimiento regenerador en diez naciones, parece destinado a ser tan grande en la victoria como en la derrota, en la virtud como en el crimen; pues que hasta los crímenes por que ha derramado un mar de lágrimas y sangre, tienen una fisonomía original e imponente, que las eleva sobre la vulgaridad de los delitos que conmueven y ensangrientan la vida civil y política de los pueblos. Solo, abandonado, él comprendía, sin embargo, cuál era su situación actual, y presagiaba por instinto, por esa voz secreta de la conciencia que se anticipa siempre a hablarnos de las desgracias que nos amenazan, que un golpe nuevo y más terrible aun que aquellos que lo habían postrado, estaba próximo a ser descargado sobre su cabeza por la mano inapiadable de la tiranía; y para contenerla él, el pueblo de Buenos Aires no tenía, ni los medios, ni siquiera el espíritu para procurarlos. El terror, — esa terrible enfermedad que postra el espíritu y embrutece la inteligencia; la más terrible de todas, porque no es la obra de Dios, sino de los hombres, según la expresión de Víctor Hugo, empezaba a introducir su influencia magnética en las familias. Los padres temblaban por los hijos. Los amigos desconfiaban de los amigos, y la conciencia individual, censurando las palabras y las acciones de cada uno, inquietaba el espíritu, y llenaba de desconfianzas el ánimo de todos. El triunfo de los libertadores era la oración que cada uno elevaba a Dios desde el santuario secreto de sus pensamientos. Pero era tal la idea que se tenía de que los últimos parasismos de la dictadura serían mortales para cuantos vivían al alcance de su temible mano, que sus más encarnizados enemigos deseaban que aquel triunfo fuese una obra pronta, instantánea, que hiriese en la cabeza al tirano, con la rapidez y prepotencia del rayo, para no dar lugar a la ejecución de las terribles venganzas que temían. Y cuando para conseguir esto se ofrecían a sus ojos los obstáculos de tiempo, de distancia y de cosas, aquellos, los más concienzudos enemigos del dictador, temblaban en secreto de la hora en que se aproximase el triunfo. ¡Tal era el primer síntoma con que se anunciaba el terror sobre el espíritu! Así era la situación moral del pueblo de Buenos Aires en los momentos en que comenzamos nuestra historia. Y en esos instantes en que el alba asomaba sobre el cielo, según el principio de este capítulo, y en que el silencio de la ciudad era apenas interrumpido por el rodar monótono de algunos carros que se dirigían al mercado; un hombre alto, flaco, no pálido, sino amarillo, y ostentando en su fisonomía unos cincuenta, o cincuenta y cinco años de edad, caminaba por la calle de la Victoria afirmándose magistralmente en su bastón; marchando con tal mesura y gravedad, que no parecía sino que había salido de su casa a esas horas para respirar el aire puro de la mañana, o para mostrar al rey del día, antes que ninguno otro porteño, el inmenso chaleco colorado con que se cubría hasta el vientre, y las divisas federales que brillaban en su pecho y en su sombrero. Este hombre, sin embargo, fuera por casualidad o intencionalmente, tenía la desgracia de que la hermosa caña de la India con puño de marfil que llevaba en su mano se le cayera dos o tres veces en cada cuadra, rodando siempre hacia tras de su persona, cuyo incidente le obligaba a retroceder un par de pasos para cogerla, y, como era natural, a echar una mirada sobre las cuadras que había andado, es decir, en dirección al campo; porque este individuo venía del lado del oeste, enfilando la calle de la Victoria, con dirección a la plaza. Al cabo de veinte o veinte y cinco caídas del bastón, se paró delante de una puerta que ya nuestros lectores conocen: era aquella por donde Daniel y su criado habían entrado algunas horas antes. El paseante se reclinó contra el poste de la vereda, quitose el sombrero y empezó a levantar los cabellos de su frente, como hacen algunos en lo más rigoroso del estío. Pero por casualidad, por distracción, o no sabemos por qué sumergió sus miradas a derecha e izquierda de la calle, y después de convencerse que no había alma viviente en una longitud de diez o doce cuadras a lo menos, se acercó a la puerta de la calle y llamó con el picaporte, desdeñando, no sabemos porqué, hacer uso de un león de bronce que servía de estrepitoso llamador»[116].

EL MATADERO. La identidad más lograda de Esteban Echeverría fue en su libro *El Matadero*, aunque él no lo publicó, sino que lo hizo posteriormente su amigo Juan María Gutiérrez. Solo es posible entender a Echeverría, como figura significativa de la historia y la literatura argentina, poniendo en escena las circunstancias políticas que le tocó vivir. Testigo de un país acababa de empezar, pero no sabía cómo ser. Al decir de su amigo Gutiérrez, liberó una gloriosa batalla, sin ruido, sin sangre en busca de una identidad literaria que el país carecía. Aquellos fueron turbulentos tiempos de anarquía, de miedos y persecuciones; de pequeñas ciudades y desérticas llanuras; de espantos y terrores; de exilio ante la interminable dictadura de don Juan Manuel y escribir, que es fundar un país, cualquiera sea.

«"Sucedió, pues, en aquel tiempo, una lluvia muy copiosa. Los caminos se anegaron; los pantanos se pusieron a nado y las calles de entrada y salida a la ciudad rebosaban en acuoso barro. Una tremenda avenida se precipitó de repente por el Riachuelo de Barracas, y se extendió majestuosamente sus turbias aguas hasta el pie de las barrancas del alto. El Plata creciendo embravecido empujó esas aguas que venían buscando su cauce y las hizo correr hinchadas por sobre campos, terraplenes, arboledas, caseríos, y extenderse como un lago inmenso por todas las bajas tierras. La ciudad circunvalada del Norte al Este por una cintura de agua y barro, y al Sud por un piélago blanquecino en cuya superficie flotaban a la ventura algunos barquichuelos y negreaban las chimeneas y las copas de los árboles,

116 MÁRMOL, José *Amalia* tomo I, capítulo VIII, página 187, Editorial de la Universidad Nacional de Mar del Plata/ EUDAM, julio 2017, Mar del Plata, Argentina.

echaba desde sus torres y barrancas atónitas miradas al horizonte como implorando misericordia al Altísimo. Parecía el amago de un nuevo diluvio. Los beatos y beatas gimoteaban haciendo novenarios y continuas plegarias. Los predicadores atronaban el templo y hacían crujir el púlpito a puñetazo. Es el día del juicio, decían, el fin del mundo está por venir. La cólera divina rebosando se derrama en inundación. ¡Ay de vosotros pecadores! ¡Ay de vosotros unitarios impíos que os mofáis de la iglesia, de los santos, y no escucháis con veneración la palabra de los ungidos del Señor! ¡Ay de vosotros si no imploráis misericordia al pie de los altares! Llegará la hora tremenda del vano crujir de dientes y de las frenéticas imprecaciones. Vuestra impiedad, vuestras herejías, vuestras blasfemias, vuestros crímenes horrendos, han traído sobre nuestra tierra las plagas del Señor. La justicia y del Dios de la Federación os declarará malditos. Las pobres mujeres salían sin aliento, anonadadas del templo, echando, como era natural, la culpa de aquella calamidad a los unitarios". "Por un lado dos muchachos se adiestraban en el manejo del cuchillo tirándose horrendos tajos y reveses; por otro cuatro y adolescentes ventilaban a cuchilladas el derecho a una tripa gorda y un mondongo que habían robado a un carnicero; y no de ellos distante, porción de perros flacos ya de la forzosa abstinencia, empleaban el mismo medio para saber quién se llevaría un hígado envuelto en barro. Simulacro en pequeño era este del modo bárbaro con que se ventilan en nuestro país las cuestiones y los derechos individuales y sociales. En fin, la escena que se representaba en el matadero era para vista no para escrita". "En aquel tiempo los carniceros degolladores del Matadero eran los apóstoles que propagaban a verga y puñal la federación Rosina, y no es difícil imaginarse que federación saldría de sus cabezas y cuchillas. Llamaban ellos salvajes unitarios, conforme a la jerga inventada por el Restaurador, patrón de la cofradía, a todo el que no era degollador, carnicero, ni salvaje, ni ladrón; a todo hombre decente y de corazón bien puesto, a todo patriota ilustrado amigo de las luces y de la libertad; y por el suceso anterior puede verse a las claras que el foco de la federación estaba en el Matadero"».

LA CAUTIVA. El conflicto de la provincia de Buenos Aires con los asentamientos indígenas fue una constante también para la época de Echeverría. Al incorporar este problema a la literatura, el mencionado autor inauguró una temática que marcó a toda la literatura argentina hasta fines del siglo XIX. La originalidad estuvo determinada por el romanticismo entre la naturaleza cósmica e inconmensurable y el indio situado en un ámbito armonioso como un elemento primitivo y bárbaro a la vez.

«Era la tarde, y la hora
en que el sol la cresta dora
de los Andes. El Desierto
inconmensurable, abierto y misterioso a sus pies
se extiende, triste el semblante,
solitario y taciturno

como el mar, cuando un instante
el crepúsculo nocturno
pone rienda a su altivez».

FACUNDO. Del apasionado y polémico Domingo Faustino Sarmiento, empeñado en resolver los dilemas que lo interpelaban en su *FACUNDO* o *Civilización y Barbarie en las Pampas Argentinas*[117]. Es decir, los dilemas del mundo de la libertad y el mundo de la necesidad; del mundo urbano que genera hábitos de convivencia y de vida civilizados —sus trajes europeos, sus modales corteses, sus leyes, las ideas de progreso, los medios de instrucción—; y el mundo rural que forja costumbres de los pueblos bárbaros, sin instrucción y sin necesitarla tampoco, sin medios de subsistencia, rechazando con desdén el lujo y el vestido del ciudadano para aferrarse a la soledad del desierto como Facundo Quiroga que lo persigue el tigre, es decir, la naturaleza.

«La inmensa extensión del país que está en sus extremos es enteramente despoblada, y ríos navegables posee que no ha surcado aún el frágil barquichuelo. El mal que aqueja a la República Argentina es la extensión: el desierto la rodea por todas partes y se la insinúa en las entrañas; la soledad, el despoblado sin una habitación humana, son, por lo general, los límites incuestionables entre unas y otras provincias. Allí la inmensidad por todas partes: inmensa la llanura, inmensos los bosques, inmensos los ríos, el horizonte siempre incierto, siempre confundiéndose con la tierra entre celajes y vapores tenues que no dejan en la lejana perspectiva señalar el punto en que el mundo acaba y principia el cielo». *—páginas 19 y 20—*.

«Las ciudades argentinas tienen la fisonomía regular de casi todas las ciudades americanas: sus calles cortadas en ángulos rectos, su población diseminada en una ancha superficie, si se exceptúa a Córdoba, que, edificada en corto y limitado recinto, tiene todas las apariencias de una ciudad europea, a que dan mayor realce la multitud de torres y cúpulas de sus numerosos y magníficos templos. La ciudad es el centro de la civilización argentina, española, europea; allí están los talleres de las artes, las tiendas del comercio, las escuelas y colegios, los juzgados, todo lo que caracteriza, en fin, a los pueblos cultos». *—página 27—*.

«¿Dónde colocar la escuela para que asistan a recibir lecciones los niños diseminados a diez leguas de distancia en todas direcciones? Así, pues, la civilización es del todo irrealizable, la barbarie es normal, y gracias si las costumbres domésticas conservan un corto depósito de moral». *—página 31—*.

MARTIN FIERRO. Habiendo transcurrido veintisiete años de la aparición del *Facundo* de Sarmiento, se publicó *Martín Fierro* de José Hernández. Aunque pasen los años en nuestro país, las antinomias persisten. Hernández[118],

117 Sarmiento, Domingo F. *Facundo o Civilización y Barbarie* Colección Ombú, editorial GRADIFCO, 1ra. ed. 1ra. reimpresión. Buenos Aires 2007.

118 José Hernández murió el 21 de octubre de 1886 en su quinta de «San José» sobre las barrancas de Belgrano, luego de librar una batalla silenciosa contra la enfermedad que

en el exilio de la derrota, escribe el poema a la vuelta de una batalla perdida contra el presidente Sarmiento. Dos escritores que se enfrentan literariamente en el siglo XIX. El reto se repetirá en el siglo XX entre Leopoldo Lugones al sentenciar que el *Martín Fierro* es el libro nacional mientras que para Jorge Luis Borges otro hubiera sido nuestro destino si el *Facundo* hubiera sido nuestro libro de cabecera. Acusación y defensa; poder y exclusión; orden y desobediencia, derechos sin democracia y democracias sin derechos, divisiones que se repetirán a lo largo de la historia argentina[119].

Luego de la muerte de su madre, José Hernández vivió con su padre en una estancia de Camarones hasta la caída de Rosas. Hay quienes sostienen que fueron estos años que siguió de cerca el trabajo de su padre en el campo para inspirarse en redactar su célebre poesía popular gauchesca, aunque del debate respecto de su origen sigue abierto aún hoy. Fue en el Hotel Argentino de la Plaza de Mayo de Buenos Aires donde escribió los 7210 versos octosílabos agrupados en sextinas. La primera parte *El gaucho Martín Fierro* publicada el 28 de noviembre de 1872. Siete años más tarde publicó la segunda parte *La vuelta de Martín Fierro*.

Los tres espacios que se describen en la primera parte de la obra son:

La Edad de Oro del Gaucho con la idea de una vida familiar en paz, el paisaje pastoril e instinto de trabajo y propiedad.

> «Y apenas la madrugada
> Empezaba a colorear
> los pájaros a cantar
> y las gallinas a apiarse
> era cosa de largarse
> Cada cual a trabajar».

El desplazamiento, y su consecuencia marginal impuesta por el gobierno que reclutaba proletarios rurales para enviarlos a pelear en la frontera.

> «Tuve en mi pago en un tiempo
> hijos, hacienda y mujer,
> pero empecé padecer,
> me echaron a la frontera
> ¡y qué iba a hallar al volver!
> tan sólo hallé la tapera».

había afectado a otros integrantes de la familia como fue la diabetes. En su entierro en el cementerio de la Recoleta, hablaron Lucio Mansilla y Luis Varela

119 Böhmer, Martín, en «Una Orestíada para la Argentina: entre la Fraternidad y el Estado de Derecho» artículo publicado en *Por qué el mal*, en Editorial Teseo, Buenos Aires, 2010.

Y el tercer espacio que ocupa el gaucho en esta primera parte es el desierto.

> «Sólo el albitrio del hombre
> puede ayudarlo a salvar;
> no hay auxilio que esperar,
> sólo Dios hay amparo:
> en el desierto es muy raro
> que uno se pueda escapar».

Ya en la segunda parte *La vuelta del Martín Fierro* aplaca las denuncias y regresa a buscar a su mujer e hijos, pero solo encuentra vacío. Corría el año 1879, Sarmiento ya no estaba en el poder y, desde el punto de vista político, algunos críticos entendieron que el autor quería hacer las paces con el nuevo gobierno.

> «¡Irse a cruzar el desierto
> lo mesmo que un forajido,
> dejando aquí en el olvido,
> como dejamos nosotros,
> su mujer en brazos de otro
> y sus hijitos perdidos!».

José Hernández fue un hombre enorme en lo físico y en su personalidad. Sostuvo una de las más altas virtudes que pueden adornar a una persona, la falta de vanidad a pesar de la fama que le otorgó su obra.

UNA EXCURSIÓN A LOS INDIOS RANQUELES. Desde su juventud y madurez, Lucio Mansilla dio de sí todo lo que habría de dar hasta el fin de su vida. Fue siempre el mismo: como soldado, como político y como publicista. Autor de una de las obras capitales de la literatura argentina *Una excursión a los indios ranqueles*, con el ropaje aparente de cartas de campamento publicadas a partir del 20 de mayo de 1870, pero con un fondo positivo de esencia humana y de significación nacional. Su excursión fue una excursión en el desierto. El mismo desierto que conoció con los ojos de su cara y con los ojos del espíritu, supo explicarlo tan a la perfección como los demás hacedores de la literatura argentina de su siglo como Echeverría, Sarmiento y Hernández.

> «Ya sabes que los indios ranqueles son esas tribus de indios araucanos, que, habiendo emigrado en distintas épocas de la falda occidental de la cordillera de los Andes a la oriental, y pasando por los ríos Negro y Colorado, han venido a establecerse entre el río Quinto y el río Colorado, al naciente del río Chalileo.

Últimamente celebré un tratado de paz con ellos, que el Presidente aprobó, con cargo de someterlo al Congreso.

Yo creía que siendo un acto administrativo no era necesario.

¿Qué sabe un pobre coronel de trotes constitucionales?

Aprobado el tratado en esa forma, surgieron ciertas dificultades relativas a su ejecución inmediata.

Esta circunstancia por un lado, por otro cierta inclinación a las correrías azarosas y lejanas; el deseo de ver con mis propios ojos ese mundo que llaman Tierra Adentro, para estudiar sus usos y costumbres, sus necesidades, sus ideas, su religión, su lengua, e inspeccionar yo mismo el terreno por donde alguna vez quizá tendrá que marchar las fuerzas que están bajo mis órdenes, he ahí lo que me decidió no ha mucho y contra el torrente de algunos hombres que se decían conocedores de los indios, a penetrar hasta sus tolderías, y a comer primero que tú en Nagüel Mapo una tortilla de huevo de avestruz.

Nuestro inolvidable amigo Emilio Quevedo, solía decirme cuando vivíamos juntos en el Paraguay, vistiendo el ligero traje de los criollos e imitándolos en cuanto nos lo permitían nuestra sencillez y facultades imitativas: - ¡Lucio, después de París, la Asunción! Yo digo: - Santiago, después de una tortilla de huevos de gallina frescos, en el Club del Progreso, una de avestruz en el toldo de mi compadre el cacique Baigorrita.

Digan lo que quieran, si la felicidad existe, si la podemos concretar y definir, ella está en los extremos. Yo comprendo las satisfacciones del rico y las del pobre; las satisfacciones del amor y las del odio; las satisfacciones de la oscuridad y las de la gloria. Pero ¿quién comprende las satisfacciones de los términos medios; las satisfacciones de la indiferencia; las satisfacciones de ser cualquier cosa?

Yo comprendo que haya quien diga: "Me gustaría ser Leonardo Pereira, potentado del dinero".

Pero que haya quien diga: "Me gustaría ser el almacenero de enfrente, D. Juan o D. Pedro, un nombre de pila cualquiera, sin apellido notorio" eso no.

Yo comprendo que haya quien diga: "Yo quisiera ser limpiabotas o vendedor de billetes de lotería".

Yo comprendo el amor de Julieta y Romeo, como comprendo el odio de Silva por Hernani, y comprendo también la grandeza del perdón.

Pero no comprendo esos sentimientos que no responden a nada enérgico, ni fuerte, a nada terrible o tierno.

"Yo quisiera ser Mitre, el hijo mimado de la fortuna y de la gloria, o sacristán de San Juan».

Pero que hay quien diga: "Yo quisiera ser el coronel Mansilla", eso no lo entiendo, porque al fin, ese mozo ¿quién es?»[120].

120 MANSILLA, Lucio V. *Una excursión a los Indios Ranqueles* tomo I, páginas 11 y 12, capítulo I, Clásicos Argentinos – Ediciones Estrada, Año 1959, Buenos Aires, Argentina.

LA GRAN ALDEA. Su autor, Lucio Vicente López, abogado, escritor agudo y sarcástico, escribió esta obra en el año 1882 en una época donde los hombres se disputaban el primer puesto ante la consideración pública. *La Gran Aldea* nos presenta un boceto de aquella Buenos Aires romántica que, poco a poco, va perdiendo aquella particular característica de mezcla de criollismo antiguo y de ingenua imitación europea.

«La batalla de Pavón había tenido lugar el 17 de septiembre de 1861, y la victoria produjo en Buenos Aires un entusiasmo indescriptible.

Desde antes que ella tuviera lugar, mi imaginación estaba convulsionada por los cuentos de los sirvientes de mi casa y por las conversaciones animadas de sobremesa que sostenía mi tía con sus relaciones. Yo no pensaba sino en soldados y batallas; tenía cierta disposición genial al dibujo y pasaba las noches dibujando el ejército y la escuadra de Buenos Aires en marcha contra Urquiza; y entre las filas de soldados, sobre un caballo trazado con el más respetuoso cuidado, diseñaba la figura de mi general, ídolo de mis sueños infantiles, especie de Cid fraguado por mi fantasía de niño, caricaturado involuntariamente por mi lápiz torpe, y destinado por la Providencia á aplastar á Urquiza, á quien yo me lo representaba vestido de indio, con plumas en la cabeza, con flechas y un gran facón en la cintura, rodeado por una tribu salvaje que constituía su ejército.

La noche en que se tuvo la noticia de la batalla, mi tía me sacó á caminar, para tomar lenguas, como ella decía.

Las calles estaban cuajadas de gente. Corrían ya los rumores precursores de la gran noticia. Algunos dispersos habían llegado al Pergamino y unos proclamaban resueltamente la victoria, otros dudaban del éxito, y los más tranquilos manifestaban la vacilación que se experimenta en esos trances.

No era entonces Buenos Aires lo que es ahora. La fisonomía de la calle Perú y la de la Victoria, han cambiado mucho en los veintidós años transcurridos: el centro comenzaba en la calle de la Piedad y terminaba en la de Potosí, donde la vanguardia sur de las tiendas estaba representada por el establecimiento del señor Bolar, local de esquina, mostrador democrático al alba, cuando cocineras y patronas madrugadoras acudían al mercado, y burgués, si no aristocrático, entre las siete de la noche y el toque de ánimas. El barrio de las tiendas de tono se prolongaba por la calle de la Victoria hasta la de Esmeralda, y aquellas cinco cuadras constituían en esa época el bulevar de la façon de la gran capital.

Las tiendas europeas de hoy, híbridas y raquíticas, en carácter local, han desterrado la tienda porteña de aquella época, de mostrador corrido y gato blanco formal sentado sobre él á guisa de esfinge. ¡Oh, qué tiendas aquellas! Me parece que veo sus puertas sin vidrieras, tapizadas con los últimos percales recibidos, cuyas piezas avanzaban dos ó tres metros al exterior sobre la pared de la calle; y entre las piezas de percal, la pieza de pekín lustroso de medio ancho, clavada también en el muro, inflándose con el viento y lista para que la mano de la marchanta conocedora apreciase la calidad del género entre el índice y el pulgar, sin obligación de penetrar á la tienda.

Aquella era buena fe comercial y no la de hoy, en que la enorme vidriera engolosina los ojos sin satisfacer las exigencias del tacto que reclamaban nuestras madres con un derecho indiscutible»[121].

Observamos que, a través de la literatura, tenemos una percepción de los problemas que están presentes en el país visto desde la ficción, aunque se sabe que la ficción no necesariamente es mentira, es imaginación y esta suele echar raíces a los problemas vitales del país. Entonces ¿cómo superar esas dificultades trascendentales de la Argentina? La Constitución Nacional de 1853 (la segunda más antigua de América y la quinta en el mundo) fue el punto de partida luego de un largo proceso político[122], aunque la materialización el poder organizado del Estado llegará en 1880. Decíamos que la Constitución fue el producto de una madurada reflexión, un acertado diagnóstico que la generación del ´37 hizo sobre los males de nuestro país durante la dictadura de Rosas[123].

Fue también una declaración de principios, una carta de navegación para orientar hacia donde se tenía que ir y cuáles eran las tareas políticas que se necesitaban desarrollar para llegar a un doble objetivo. Y uno de esos objetivos era el de la república posible, como dirá Alberdi, que se comienza a afianzar con la crisis de 1880; y el otro, el de la república verdadera, que recién se concretó en el año 1912 con la ciudadanía política como categoría fundante en la legitimidad como lo determinó la Ley n.º 8.871 más conocida como *La ley Sáenz Peña*. No obstante, decíamos que había que enfrentar los dramas de aquella época: anarquía y desierto.

Al primer problema, es decir, la existencia de muchas autoridades sin un esquema institucional colectivo, se lo enfrentó con la Constitución Nacional, mojón importante para concentrar el poder y terminar con el despotismo.

Y al segundo problema, había que enfrentarlo con la firme decisión de poblarlo y educarlo, es decir, educación e inmigración. Para ello se necesitaba la creación de un Estado Nacional que llegó en 1880 bajo el lema *orden y progreso.*

121 LOPEZ, Lucio Vicente *La Gran Aldea Costumbres Bonaerenses*, páginas 56, 57 y 58, Editor Atilio Moro, ubicación Biblioteca de la FCJS-UNL M-3595, Santa Fe, Argentina.

122 Entre los antecedentes inmediatos recordamos el Acuerdo de San Nicolás firmado por todas las provincias luego del derrocamiento de Rosas. Buenos Aires se resistía a ceder privilegios sobre la libre navegación de los ríos y a tener que compartir sus ganancias al respecto. Esas resistencias y otras contra Urquiza dieron lugar al nacimiento del Partido Liberal Porteño en 1852. Una rebelión terminó por derrocar al gobernador de Buenos Aires Vicente López y Planes, rechazar el acuerdo de San Nicolás y decidir no enviar representantes a la Convención Constituyente convocada en la ciudad de Santa Fe.

123 GARGARELLA, Roberto *La sala de máquinas de la Constitución* pág. 72, Katz Editores, 2da. reimpresión 2016, Buenos Aires, Argentina.

A Sarmiento lo desvelaba una sola cosa: educación para todos y no solo para una élite como había visto en Europa. Por esa razón, se maravilló con los Estados Unidos cuando pudo constatar que allí se impartía instrucción básica a todo nivel. Por esa razón, y al llegar a la presidencia de la Nación en el año 1868 se propuso importar docentes norteamericanos de calidad, en su mayoría mujeres —*American Teacher*— para abrir colegios nacionales y normales; como también escuelas agrícolas y técnicas. El profesor de historia institucional Rogelio Alaníz sostiene que a la Constitución Nacional la pensó Alberdi, la escribió Gutiérrez, la ajustó Mitre, la interpeló Sarmiento y la puso en práctica como efectiva realidad de poder Julio Argentino Roca. Tales afirmaciones pueden admitir matices y críticas posibles. Se aceptan sin reparos, pero convengamos que es un buen arranque para pensar las relaciones entre Constitución, Estado y Poder Político.

Alberdi ideó la Carta Magna para hacer frente a los dramas de aquella época. Desde que ganó su emancipación respecto de España, nuestro país tuvo que sufrir confrontaciones permanentes, guerras civiles, traiciones, emboscadas, fusilamientos, tumultos políticos, fracasos de proyectos constitucionales y una despiadada dictadura de Juan Manuel de Rosas. Para que tengamos una idea del estado beligerante del siglo XIX, entre los años 1820 y 1861 hubo 245 enfrentamientos militares como consecuencia de 22 batallas y 223 combates, dando como resultado 25.000 caídos en combates[124]. Es decir, que lo que había ganado en autonomía lo había perdido en convivencia pacífica de sus ciudadanos. Al drama de la anarquía había que oponerle un sistema institucional que concentrara el poder en pocas manos: la Constitución Nacional de 1853. ¿En qué se tradujo esa concentración de poder? Entre otras cosas, en un sistema presidencialista fuerte tomado del modelo chileno; en un control de constitucionalidad de los jueces tomado del modelo de los Estados Unidos; en una Corte Suprema de Justicia Federal como última voz para interpretar el texto constitucional; en habilitar la sanción de Códigos Federales (Civil y Comercial) quitándoles a las provincias la capacidad de regular derechos subjetivos; en la creación de un Congreso Bicameral con representación directa e indirecta, pero con un Senado con poder de veto respecto de la Cámara de Diputados, además de requisitos de edad y de riquezas que excluía a las mayorías. Es decir, un sistema de frenos y contrapesos entre los poderes instituidos de la república. Al drama del desierto había que oponerle un proyecto de Estado. La Constitución sancionada en 1853 fue la que permitió en 1880 fundar el Estado Nacional. Si así no hubiera sido, la Constitución no habría sido más que un texto de buenas intenciones y su valor histórico no muy diferente a las anteriores Constituciones de 1819 y 1826. Fue la consolidación del Estado lo que le otorgó legitimidad histórica a la norma escrita por los convencionales reunidos en Santa Fe tres décadas

124 Dichos datos yacen en dos placas de mármol ubicadas en el piso de una de las distintas salas del Museo de la Constitución Nacional en la ciudad de Santa Fe.

antes. Decimos consolidación, porque un Estado no se convierte en tal categoría de un día para el otro, sino que se va formando a lo largo de un proceso constitutivo, permitiendo el desarrollo de un conjunto de atributos como la organización del poder y el ejercicio de la dominación política. En otras palabras, el Estado es una relación social y aparato institucional[125]. Es decir, la ruptura con el poder imperial no significó el traspaso automático del Estado colonial al Estado nacional. Los débiles y escasos aparatos estatales del período independentista se reducían a instituciones administrativas y judiciales de carácter municipal como fueron las juntas, triunviratos, directorios, entre otros. La precariedad de las economías regionales, la extensión territorial, las dificultades de comunicación y transporte con las prolongadas luchas civiles, demoraron por muchos años el momento para que los factores constitutivos del Estado nacional se amalgamaran. Cuando eso sucedió, tener un Estado organizado tuvo una enorme significación ya que se tradujo en asegurar un orden jurídico e institucional indispensable para cumplir con el programa alberdiano: atraer a la población europea y capitales extranjeros; insertar a la Argentina en la división internacional del trabajo; constituir un mercado interno; aprovechar las ventajas comparativas de lo nuevo y poner en marcha un modelo agro-exportador que, para finales de la primera década del siglo XX, colocará a la Argentina entre los seis o siete países más avanzados del mundo. La realización de ese proyecto no fue para nada fácil, como quien se atreve a caminar por un extenso desierto asediado por la muerte, pero esta vez con un mapa consensuado que servirá de guía para arribar a destino. No es cierto que aquel modelo agro-exportador pensado por Alberdi se haya formado por generación espontánea por parte de los capitales extranjeros. Todo lo contrario, fue consecuencia de una decisión política de insertar al país en el mundo ante una sociedad que, en muchos casos, era reacia a los cambios y una clase dominante-dirigente muy homogénea en sus visiones e intereses contrarios a pensar la Nación en términos de un programa a realizar. La Constitución Nacional, por lo tanto, debe pensarse en tres dimensiones alberdiana: como un proyecto jurídico que establece libertades personales, derechos y garantías de los ciudadanos; como un proyecto económico para dar garantías a los capitales nacionales y extranjeros; y como un proyecto político que establece quién manda y quién obedece, dejando en claro cuáles son los límites de cada uno. Respecto de esto último, el reconocido historiador Tulio Halperin Donghi definió al programa alberdiano como un modelo de «autoritarismo progresista», una «mezcla de rigor político y activismo económico»[126]. Agregamos la existencia de otro drama a resolver, aunque de menor gravedad y que persiste en nuestros días, y es aquél que pretende impugnar por foránea a la Constitución Nacional diciendo que fue una copia de constituciones ajenas. Es verdad que Alberdi miró y admiró la Constitución

125 Oszlak, Oscar, *La formación del Estado argentino*, 3ra. ed. Buenos Aires: Ariel, 2006.

126 Citado por Roberto Gargarella en su libro *La sala de máquinas de la Constitución* pág. 75, publicado por Katz Editores, 2da. reimpresión, 2016, Buenos Aires, Argentina.

de 1776 de los EE. UU, pero de sus escritos y sus debates surgen la necesidad de hacer algo más que copiar textualmente otra constitución. Sería un error creer que ese modelo fue copiado ingenuamente tratando de imitar procesos ajenos al nuestro e importarlos sin más. Alberdi era consciente que había que hacer algo diferente no por capricho intelectual sino porque el programa político, jurídico y económico que había pensado para el país reclamaba originalidad. Muchas veces desde las aulas universitarias de derecho subestimamos este rasgo distintivo de la originalidad, como así también de la belleza y precisión que Alberdi le imprimió a nuestra Constitución con su impronta de futuro. Sostener que nuestra Constitución es una copia exacta de la norteamericana es un error. Mientras la Constitución de los Estados Unidos es un resultado, una llegada, la nuestra es un punto de partida; mientras la norteamericana es la consecuencia de un proceso histórico, la nuestra es la causa para iniciar uno; y mientras la norteamericana es proteccionista, la nuestra es aperturista.

Alberdi buscó la construcción de un orden necesario para resolver con espíritu federalista la relación Nación-Provincias y un precepto indispensable para que todos los hombres y mujeres que quieran habitar en el suelo argentino sean considerados iguales ante la ley obedeciéndola. Quedó demostrado que lo de Alberdi fue un acto de creación para hacer frente a los dramas de su época. Ese fue su gran legado, fortalecer las instituciones que fecundan la prosperidad colectiva.

Breve reflexión:

¿Puede la literatura ayudarnos a comprender el origen de nuestro sistema político y jurídico? ¿Qué rol cumplieron los hombres de derecho de esa época? El siglo XIX, pese a sus dramas, fue un período de ascenso. Desde 1810 y hasta 1910 el antiguo imperio colonial poco a poco se fue transformando en una nación próspera, con apetencias de crecer e integrarse al mundo. En esos cien años, los hombres del derecho cumplieron con una misión muy importante como fue darle forma jurídica, incorporando cultura jurídica a determinadas decisiones políticas que se fueron tomando. Esto sucedió en 1810 en el Cabildo Abierto de 22 de mayo y el rol que desempañaron Juan José Pazo y Juan José Antonio Castelli como abogados de la revolución; también en la Asamblea General Constituyente y Soberana del año XIII, donde los únicos letrados, por lo general fueron los abogados de entonces que, junto con los sacerdotes, intervinieron en el debate público; asimismo en el Congreso de Tucumán de 1816; de igual manera en los proyectos Constitucionales de 1819 y 1826. Los caudillos de aquellos tiempos estuvieron rodeados de abogados, incorporando una tradición jurídica universal para darle legitimidad intelectual a sus proyectos y decretos. Fueron una especie de asesores políticos del príncipe, en términos Maquiavélicos. Decimos que los propios caudillos estuvieron rodeados de hombres letrados. Caudillos como Estanislao López en Santa Fe; Facundo Quiroga en La Rioja; Justo José de Urquiza en Entre Ríos; Juan Bautista Bustos en Córdoba; el propio Juan Manuel de Rosas en Buenos Aires y su relación con el redactor del Código Civil Argentino de 1871 Dalmacio Vélez Sarsfield quien elaboró, al pedido del dictador, dictámenes jurídicos en dos delicados problemas a resolver: uno eclesiástico y el otro de límites con Chile en tierras patagónicas; el mismo Manuel Belgrano que además de sus convicciones y destrezas militares, también ponía en práctica sus conocimientos jurídicos cada vez que tenía que emprender misiones diplomáticas ante el gobierno español de Fernando VII para obtener el reconocimiento de la independencia política de este continente o al menos la libertad civil de estas Provincias. El economista y sociólogo alemán Werner Sombart alguna vez escribió con cierto toque irónico que, desde los inicios de la modernidad, cada generación se sintió autorizada a afirmar que los tiempos que le tocaron vivir fueron los más desgraciados. Nuestra historia nacional es maestra en los más diversos y sombríos pesimismos.

- Mariano Moreno marchando a un exilio que le costará la vida.
- Juan José Castelli advirtiendo a su interlocutor que «si ves el futuro dile que no venga».
- Sucre y Monteagudo fueron asesinados.
- Manuel Belgrano, ante la muerte, hundido en la soledad y la pobreza.
- Bernardino Rivadavia refugiado en Cádiz negándose a que le nombren a un país ingrato.
- José de San Martín marchando a un exilio hasta su muerte con la única compañía de su hija.
- Juan Manuel de Rosas escribiendo cartas desde Inglaterra para condenar la ingratitud de sus socios y compañeros de causa.
- Esteban Echeverría esperando la muerte en soledad y depresivo.
- Juan Bautista Alberdi agonizando en Francia mientras borronea en un cuaderno viejo los más diversos disparates.
- Leandro N. Alem descerrajándose un tiro en las puertas del Club el Progreso de Buenos Aires, después de admitir que no pudo derrotar a la Montaña.
- Lucio López, nieto del autor del himno nacional e hijo del historiador, muerto en un duelo desgraciado a manos de un militar corrupto.

Y podemos recordar también a Leopoldo Lugones, Lisandro de la Torre y a Horacio Quiroga. Pesimismo de la inteligencia y optimismo de la voluntad.

¿Cuál es el momento de la historia argentina que nos toca vivir? ¿Cuáles serían los aportes de mujeres y hombres del derecho ante los dramas a resolver en nuestra época? Hoy en día, sabemos que nuestros «desiertos» a atravesar y nuestras «anarquías» a solucionar tienen muchos nombres. Dependerá de una decisión colectiva para comenzar a resolver las actuales tensiones con sabiduría literaria, con cierto pesimismo en la política y con optimismo en el derecho: ¿democracia liberal vs autocracia populista? ¿Transparencia vs corrupción? ¿Educación vs ignorancia? ¿Bienestar vs pobreza? ¿Privilegios vs igualdad? ¿Estado vs mercado? ¿Concentración vs distribución equitativa de riquezas? ¿Centralismo vs federalismo? ¿Observancia legal vs anomia ciudadana? ¿Acuerdos institucionales vs polarización extrema? En esta breve reflexión, nuestro humilde reconocimiento y homenaje a aquellos hombres del derecho, de la literatura y de la política de nuestro antepasado que han hecho de nosotros lo que somos. Ellos se atrevieron a enfrentar los grandes dramas de su época con aciertos y desaciertos, pero con ideas, ficciones y visión de futuro, para que las generaciones venideras prosigan con aquella tarea de seguir construyendo el viejo edificio institucional de *transición y creación,* pero de sólidos cimientos republicanos. Como lo han proclamado las democracias en el mundo, el triunfo sólo está en el trabajo. Sintamos el regocijo de los éxitos del pasado sin olvidar que el futuro se agita siempre en nuestras verdades y sueños. En la humildad de espíritu que campea en nuestro accionar universitario proclamamos una mejor vinculación de nuestra enseñanza del derecho con la democracia constitucional.

CAPÍTULO 8.

LA GÉNESIS DEL SISTEMA JURÍDICO ARGENTINO: COHERENCIA VS. INCOHERENCIA

«A mí no se me ha encargado el panegírico del Código ni de su autor. De consiguiente, no tengo por qué decir si el Código figura entre los mejores del mundo, ni si el doctor Vélez ha sido y es una lumbrera del derecho (...) Con relación a su época y a las restantes circunstancias —sobre todo la de ser fruto de pocos años de labor y la de ser obra exclusiva de un solo hombre— fue un Código y hasta un gran Código, por su métodos, por su riqueza institucional y de principios, por el acierto y la previsión de muchas de sus disposiciones (...) No vengo, pues, a hacer apología (...) La Facultad es una institución científica y no un templo. En todo caso, en su ara no se quema incienso ni se atribuye importancia a las liturgias tan externas y suntuosas de las fórmulas rituales».

(Extracto del discurso pronunciado en la UBA por el prof. Alfredo Colmo en el año 1921, con motivo del 50 aniversario de la entrada en vigencia del Código de Vélez)

En el presente capítulo, proponemos el ejercicio de confrontar tensiones referidas a los orígenes de nuestro sistema jurídico: ¿coherencia o incoherencia? Trataremos de encontrar respuestas a este interrogante acudiendo al análisis de las tradiciones jurídicas que dieron origen a nuestro sistema jurídico argentino: constitucional y continental.

¿Cuál de las dos tradiciones tuvo mayor injerencia en nuestra cultura jurídica?

Para ello, partiremos del análisis de dos textos titulados *«Constituciones y Códigos: Un matrimonio difícil»* y *«Supremacía Constitucional y Derecho Privado»,* cuya autoría pertenece al profesor Roberto Saba[127].

127 Abogado graduado en la Universidad de Buenos Aires, Master en Derecho de Universidad de Yale (EE. UU) y Doctor en Derecho en esta misma universidad. Profesor de Derecho Constitucional y Derechos Humanos en la UBA y la Universidad de Palermo.

El sistema político argentino, ¿fue pensado para la democracia deliberativa o para la eficacia ejecutiva?

Para responder a este segundo interrogante, proponemos el análisis de un tercer texto titulado *División de poderes a la argentina: democracia en las formas, monarquía en el fondo* cuya autoría pertenece al profesor Martín Böhmer[128].

Los tres textos mencionados, oficiarán de disparadores de ideas con el propósito de encontrar buenos argumentos a la hora de considerar sus influencias en nuestra formación profesional. Comencemos el análisis en el orden propuesto. El reconocido constitucionalista de la Universidad de Buenos Aires y de la Universidad de Palermo, nos plantea el interesante debate acerca de la extraña confluencia de nuestra tradición constitucional de raíz norteamericana y la tradición *ius* privatista de raíz continental europea, constituyendo ambas tradiciones el germen de nuestro *híbrido* sistema jurídico argentino. La convivencia entre Constitución y Código Civil no ha sido pacífica en nuestro sistema jurídico. Más bien fue un *matrimonio* de tensiones insoslayables a lo largo del tiempo, habiendo comenzado sus vidas juntas en el siglo XIX —1853 y 1871 respectivamente— y nadie advirtió que dicho acuerdo no sería fácil.

En el trasfondo de ambos textos, el profesor Saba sugiere la siguiente hipótesis: *¿Será posible encontrar en la tradición continental, en sus presupuestos acerca de lo que la democracia y el derecho son, y en las instituciones y prácticas de los actores del sistema jurídico que ella genera, algunas de las causas más relevantes por las que la Constitución no logra echar raíces?* Nuestra observación se centrará, básicamente, en repasar nuevamente esos presupuestos —*concepción del derecho, función judicial y responsabilidad del legislador*— que la tradición continental generó en nuestra cultura jurídica y cómo, con el correr de los años, predominó en distintas áreas del sistema jurídico respecto de una cultura jurídica constitucional. Agregaremos a dicho examen el estudio de nuestra temática, es decir, en demostrar el predominio de la primera tradición sobre la segunda en lo que atañe a la concepción del derecho, el diseño de los planes de estudios y la enseñanza llevada a cabo en las Facultades de Derecho del país.

Nos recuerda Saba que el sistema jurídico argentino combina el constitucionalismo de raíz estadounidense[129] con la tradición civilista francesa[130] mediante la composición de tres elementos:

a) La adopción de un Código Civil entendido como ley suprema entre todas las leyes y con aspiración de inmutabilidad.

128 Abogado graduado de la Universidad de Buenos Aires. Master en Derecho (L.L.M.) en la Universidad de Yale y Doctor en Derecho (J.S.D.) en la misma Universidad. Profesor de Derecho en la Universidad de San Andrés y Profesor de Filosofía del Derecho de la Facultad de Derecho de la Universidad de Buenos Aires.

129 Juan Bautista Alberdi, padre fundador del constitucionalismo argentino, miró hacia los Estados Unidos, pero le imprimió originalidad a la Constitución Nacional.

130 Dalmacio Vélez Sarsfield, padre fundador de nuestro sistema jurídico continental y redactor del Código Civil, miró hacia Francia y el derecho canónico.

b) Una Constitución escrita y rígida acompañada de un sistema de control judicial de constitucionalidad131.

c) El rechazo, a causa de la fuerza de la tradición continental, del caso precedente.

La tradición continental parte de determinados presupuestos que el primer trabajo sintetiza en dos grandes ítems:

- El legislador/codificador, puede prever todas las futuras situaciones de la vida de las personas sujetas a la ley, dando una respuesta anticipada a todos los conflictos que entre ellas pudieran surgir. Es decir, el valor justicia es decidido por el legislador de antemano y en abstracto, antes de que tengan lugar los hechos del caso.
- El derecho —el Código— se expresa a través de un texto claro, completo e inmutable, y debe ser aplicado por los jueces a los casos que se les presenten con estricto cumplimiento a la voluntad del legislador que «previó» todos los casos. La tarea interpretativa del Código por parte de quienes deben aplicarlo no sólo no es necesaria, sino que, además, es no deseable.

Por su parte, la historia constitucional argentina no ha sido ni larga ni pacífica. Desde 1860 a 1912 el fraude electoral era moneda corriente. Solo los sectores oligárquicos ejercían el derecho de voto. Recién en 1912 con el voto secreto, universal y obligatorio logró —las mujeres lamentablemente excluidas de legitimidad ciudadana— que las grandes mayorías populares y la clase media se incorporaran al sistema político. Desde 1930 y hasta 1983 las tensiones entre Constitución y Democracia como categoría política, se agudizaron y en tradujeron en reiterados golpes de estado; fraude electoral y corrupción; proscripciones de los partidos políticos; violaciones a los derechos humanos fundamentales como la vida, la libertad y la libre expresión de ideas; declaraciones de estado de sitio de dudosa constitucionalidad; reformas constitucionales totalmente derogada —1949— por un gobierno de facto aduciendo que no se habían respetado los procedimientos constitucionales; reformas constitucionales —1957— llevadas a cabo en pleno gobierno militar y con la proscripción del peronismo como partido político. Es decir, que todas estas causas, entre muchas otras, han impedido el desarrollo de una cultura política-jurídica sustentada en la Constitución Nacional como eje fundamental del sistema republicano y federal de gobierno. Al contrario, el rol que el sistema político-jurídico de nuestro país le asignó a la Constitución, dista mucho con la tradición constitucionalista que le sirvió de inspiración.

131 El 22 de septiembre de 1887 la C.S.J.N. decidió el caso Sojo como primer caso de control de constitucionalidad como lo había hecho la Corte Suprema de los Estados Unidos en el caso Marbury v. Madison en el año 1803.

La pregunta a formularnos entonces es ¿en cuanto a influido la tradición continental que señala a la Constitución como ley suprema del sistema jurídico argentino? Estas silenciosas luchas entre ambas tradiciones se vieron reflejadas en términos de «victorias» y «derrotas»; «avances» y «retrocesos», que a continuación señalamos.

En primer lugar, repasaremos los *puntos en común* que ambas tradiciones tuvieron, es decir, en qué se asemejaron:

- ambas se enmarcan en la agenda de la modernidad.
- ambas parten de la idea de soberanía popular y aceptan que la legitimidad de la autoridad reside en la voluntad autónoma de los individuos.
- sus *corpus iuris* emblemáticos, la Constitución Nacional y el Código Civil, nacieron en estas tierras promediando el siglo XIX con una diferencia de dieciocho años, pero en un contexto afín;
- la decisión de tener una Constitución Nacional y la de promulgar un Código Civil es de naturaleza política-valorativa para estructurar un territorio, disciplinar a la sociedad y establecer un sistema de ordenamiento intergeneracional.
- la decisión política de tener una Constitución y un Código obedeció al firme objetivo de poner fin a dos males de los que ya hemos hablado: la anarquía y la pobreza.
- ambos, desde sus orígenes, se plantearon perpetuarse en el tiempo, que en cierta forma lo lograron. Repasemos lo que ocurrió con ambos textos: desde su aprobación el 1.° de mayo de 1853 la Constitución Nacional se modificó solo seis veces -1860, 1866, 1898, 1949132, 1957 y 1994; por su parte, y desde su entrada en vigencia el 1.° de enero de 1871, el Código Civil se modificó parcialmente en 1968133, es decir, luego de noventa y siete años; y en forma sustancial en 2015, es decir, ciento cuarenta y cuatro años después.
- ambos proyectos —Constitución y Código— fueron escritos en soledad por sus ideólogos. Alberdi desde su exilio en Chile, más precisamente desde el puerto de Valparaíso escribió Bases y punto de partida para la organización política de la República Argentina inclu-

132 Caber recordar que la reforma constitucional de 1949 fue derogada totalmente por el gobierno militar que llevó a cabo el golpe de 1955.

133 El decreto-ley 17711 del 22 de abril de 1968 reformó aproximadamente unos doscientos (200) artículos de los 4051 del código civil de Vélez, es decir, que la misma significó un 4.93 %, por esa razón sostenemos su impronta parcial.

yendo en dicha obra lo que sería la futura Constitución; y por su parte, Dalmacio Vélez Sarsfield escribió su proyecto de Código Civil por pedido de Mitre, aunque su promulgación se produjo bajo la presidencia Sarmiento.

- en términos generales, podríamos decir que para ambos autores no fueron decisivas las tradiciones, usos, costumbres y el valor justicia de estas tierras desoladas, sino más bien fueron influenciados por modelos de países extranjeros.

Alberdi buscó en los Estados Unidos las mejores reglas; y lo propio hizo Vélez Sarsfield quien buscó de Francia el modelo a seguir a través del Código de Napoleón de 1804; ambas tradiciones se plantearon cada una por su lado, el objetivo de ser la ley por excelencia, de tal manera de controlar al otro en caso de caer en contradicción. En segundo lugar, señalamos algunas diferencias entre ambas tradiciones. Para la tradición continental, las nociones de certidumbre y previsibilidad están determinadas por el Código Civil, quien debe imponer límites a la arbitrariedad de la autoridad que detenta el poder. Por esta razón, el Código Civil debe perpetuarse en el tiempo más allá del cambio de las voluntades populares por venir. En términos políticos, el Código Civil de Francia de 1804, a pesar de haber sido aprobado por el Parlamento, se impuso como garantía de estabilidad del Estado frente a la inestabilidad de las constituciones jacobinas postrevolucionarias. Por eso es que, para los franceses de aquellos tiempos, la Constitución era sinónimo de incertidumbre frente al petrificado Código, mientras que para los estadounidenses la Constitución era sinónimo de certeza, previsibilidad y garantía frente a las cambiantes y disímiles pasiones del pueblo expresadas en el Parlamento.

Para la tradición continental, el poder del pueblo radica en el Parlamento, ya que es el legislador/codificador quien puede decidir anticipadamente y en abstracto el valor justicia al prever todas las situaciones posibles de las personas antes que los hechos sucedan. En cambio, para la tradición constitucional, el poder del pueblo radica en la Constitucional quien define las reglas de juego, poniendo en cabeza de cualquier juez del país, la facultad de declarar inconstitucional cualquier ley que sancione el legislador, aún las propias normas del Código Civil[134].

Para la tradición continental, el derecho se concibe como sinónimo de la ley y esta es el Código. En cambio, para la tradición constitucional el derecho está en el sistema político-jurídico que necesita ser interpretado.

Para la tradición continental, los jueces son imaginados como agentes cuya única función es la de aplicar esos códigos, como si fueran «la boca

134 En 1986 la C.S.J.N. en el caso «Sejean» declaró inconstitucional la Ley de Matrimonio Civil que se consideraba parte del Código Civil Argentino.

de la ley» al decir de Montesquieu; el juez es un funcionario burocrático entrenado para una actividad de naturaleza técnica. La tradición constitucional, en cambio, parte de la concepción de la Constitución como práctica social que involucra a todos los actores del sistema político-jurídico, en la que todos tienen la responsabilidad derivada de pertenecer a esa comunidad de intérpretes —jueces, fiscales, defensores, abogados, constituyentes, académicos, legisladores, empresarios, periodistas especializados en temas de justicia— entre otros.

Para la tradición continental, la Constitución debe ser entendida como un programa político-moral, una guía de gobierno, una carta de navegación pero que bajo ningún concepto debería ser entendida como ley en sentido estricto, en el sentido operativo que expresa el Código que es la Ley. De hecho, en ninguno de los 4.051 artículos que tenía el Código de Vélez se menciona a la Constitución Nacional. Además, esta forma de concebir a la Constitución es coherente en un sistema que no contemple el control judicial de constitucionalidad. En cambio, para la tradición constitucional, la Constitución debe ser concebida como derecho puro y aplicable, como un cuerpo de reglas y principios que tienen operatividad y autoridad regulatoria suficiente como para invalidar al Código Civil.

Para la tradición continental, es preciso la identificación y separación de dos campos jurídicos distintos e independientes entre sí: el mundo de «lo público» (organización de los poderes del Estado) regulado por la Constitución; y el mundo de «lo privado» (relaciones entre los particulares) regulado por el Código Civil. Sin dudas que esta separación de ámbitos promovida durante varias décadas por parte de la tradición continental ha favorecido a una aspiración de autonomía y de supremacía del Código Civil[135] respecto de otras leyes del sistema jurídico. En cambio, para la tradición constitucional, el rasgo que define a una Constitución es su supremacía tanto en lo público como en lo privado, marcando la relación que existe entre ella y las decisiones que toma el Estado —gobierno— a través de sus órganos legislativo, ejecutivo y judicial, en representación del pueblo de acuerdo al mandato que éste les otorgó a sus representantes por medio de la misma Constitución.

Y, en tercer lugar, veremos seguidamente cómo fueron los resultados de las silenciosas disputas libradas en el campo jurídico. Desde sus orígenes y hasta nuestros días, las contiendas entre ambas tradiciones tuvieron distintos escenarios dentro del sistema jurídico argentino. Desde entonces fueron disímiles las interpretaciones que los creadores, aplicadores y educadores concibieron y conciben a la Constitución y al Código Civil respectivamente.

135 «Estaba tentado en decir que el Código Civil era más importante que la Constitución Nacional misma» palabras de Guillermo Borda, en *diario La Nación* del 24 de abril de 1968, citado por Martín Böhmer en su tesis doctoral titulada *Imagining the State: The Politics of Legal Education In Argentina*, USA and Chile, Yale Law School, 2012.

Desde el punto de vista del sistema jurídico, podemos mencionar como «victoria» de la tradición constitucionalista, en que ambas Constituciones —Estados Unidos y Argentina— tienen enormes similitudes. La Ley de Organización de la Justicia de 1789 del país del norte es casi idéntica a su par Argentina la Ley n.° 48. El caso *Marbury v. Madison* fue fuente de inspiración en materia de control de constitucionalidad para el caso *Sojo* en argentina.

A su vez, indicamos como «victoria» de la tradición continental el no desarrollo del precedente judicial, que tiene su centralidad en la tradición constitucionalista y en el *common law.* No obstante, se podría contabilizar como una especie de *victoria* de la tradición constitucionalista en nuestro país sobre la tradición continental, el hecho de publicar los precedentes de la Corte Suprema que estuvo presente en nuestro país desde 1864.

Desde el punto de vista de la selección y remoción de los jueces, ambas tradiciones tienen características diametralmente opuestas. En Argentina, conforme el texto constitucional siguiendo el modelo de los Estados Unidos, el procedimiento de nominación de los jueces la realiza el presidente de la Nación con acuerdo del Senado. Es un procedimiento con una fuerte impronta política propio del constitucionalismo norteamericano muy diferente a la tradición continental que opta por el modelo de selección técnica. No obstante, y a partir de la última reforma constitucional de 1994 en nuestro país, se incorporó al texto constitucional la figura del Consejo de la Magistratura encargado de la preselección mediante un comité de expertos —abogados, jueces, académicos, representantes de los poderes del ejecutivo y legislativo— reconociendo de esta manera una «victoria parcial» —ya que no se aplica a todos los jueces porque quedan exceptuados los de la C.S.J.N.— de la tradición continental.

Desde el punto de vista de la enseñanza que imparten las Facultades de Derecho en el país, como institución encargada de la formación jurídica de los abogados, jueces y académicos, resultan muy evidentes las diferentes «victorias» de la tradición continental por sobre la tradición constitucional. Una enseñanza basada en el aprendizaje dogmático, memorístico, aislado y acrítico del Código Civil y del Código de Comercio; la presencia de seis asignaturas del derecho civil que determinaron durante décadas la duración de las carreras de abogacía (parte general, obligaciones, contratos, derechos reales, derecho de familia y derecho sucesorio) contempladas en la mayoría de los planes de estudio y sus reformas, más la presencia de tres asignaturas del derecho comercial (empresas, sociedades y quiebras) contra la solitaria presencia de una única asignatura de derecho constitucional; la ausencia del estudio constitucional en las clases de derecho privado (civil y comercial); la ausencia de estudio del método de casos; la ausencia de la enseñanza de habilidades argumentativas e interpretativas de los futuros abogados; la sobreabundante bibliografía, revistas especializadas, carreras de especialización en el posgrado, congresos, jornadas y seminarios académicos referidos al derecho privado más que el derecho constitucional, denotan una clara «victoria» de la tradición civilista sobre la tradición constitucional en el ámbito universitario.

Procedamos al análisis de dos planes de estudios de la FCJS-UNL (1985 y 2000), a los fines de constatar si la preeminencia *ius privatista* por sobre la *tradición constitucional* fue real o aparente. Como bien se ha mencionado en las variadas bibliografías que refieren a la historia de la Universidad Pública, retornada la democracia al país en 1983, se inició el proceso de normalización de las Universidades Nacionales, entre ellas la del Litoral. Las autoridades designadas por el Ejecutivo Nacional pusieron en vigencia el Estatuto de la UNL, llevando a cabo en forma inmediata los concursos docentes y los distintos estamentos universitarios (docentes, estudiantes, graduados y no docentes) fueron eligiendo democráticamente sus respectivos representantes para integrar los órganos de gobierno de las facultades, del consejo superior y de la asamblea universitaria.

Durante estos primeros años de democracia universitaria, la Facultad de Ciencias Jurídicas y Sociales de la UNL modificó su Plan de Estudios en el año 1985. Fue el noveno plan en su historia, pero la primera modificación desde la recuperación de la actual democracia constitucional de derecho. Su estructura formal fue la siguiente:

Plan de Estudios año 1985:

Primer año

- Introducción a la filosofía
- Introducción al Derecho
- Historia Institucional Argentina
- Ciencia Política
- Derecho Civil I
- Preseminario

Segundo año

- Introducción a la Sociología
- Derecho Civil II
- Derecho Constitucional
- Derecho Penal I
- Economía Política

Tercer año

- Filosofía del Derecho
- Derecho Civil III
- Derecho Penal II
- Derecho Internacional Público
- Derecho Comercial I (Parte General)

Cuarto año

- Derecho Civil IV
- Derecho Comercial II (Sociedades)
- Derecho Administrativo
- Derecho Tributario, Financiero y Aduanero
- Derecho Procesal I (Civil)

Quinto año

- Derecho Civil V
- Derecho Comercial III (Quiebras)
- Derecho Agrario
- Derecho de Minería y de la Energía
- Derecho del Trabajo

Sexto año

- Derecho Civil VI
- Derecho Procesal II (Penal)
- Derecho de la Navegación
- Derecho Internacional Privado
- Derecho de la Seguridad Social
- Seminario

En términos de tradiciones jurídicas (continental y constitucional), sostenemos que dicho plan no varió de los anteriores ya que replicó la misma concepción del derecho y el método de enseñanza. En cuanto a su diseño, continuó replicando los mismos esquemas anteriores utilizados: aumentando el número de materias y modificando sus nominaciones. Agregó tres (3) asignaturas más, ascendiendo a un total de treinta y dos (32) materias de la carrera de abogacía con una carga horaria de ocho horas semanales; las materias pasaron a tener una duración cuatrimestral sin variar los contenidos con excepción de Derecho Procesal I y II de cursado obligatorio y anual; se suprimió la asignatura Fundamentos de Contabilidad y se incorporaron materias como Preseminario, Seminario, Derecho Comercial III y se dividió en dos la asignatura Derecho del Trabajo y Derecho de la Seguridad Social; se mantuvo los seis (6) años de duración de la misma; el régimen de enseñanza continuó siendo el mismo mediante la modalidad de alumnos libres y regulares; el régimen de correlatividades con se ajustó a la organización por años; y el derecho privado (civil y comercial) siguió siendo el área disciplinar preponderante con mayor número de materias y carga horaria en todo el plan de estudios. Por su parte, el área del derecho público siguió diagramado en menor medida como en los anteriores planes y desarticulado de la perspectiva constitucional. A su vez, el área de las ciencias sociales continuó aislada del derecho, que seguía empeñado en su aislamiento científico. La carga horaria total del plan de estudios era de 1.536 horas aproximadamente, con 8 horas semanales previstas para cada asignatura. Es decir, que, en una semana, 72 horas se destinaban a la enseñanza del derecho privado —derecho civil, derecho comercial y derecho internacional privado— mientras que, en la misma semana, 16 horas estaban reservadas a la enseñanza del derecho constitucional e internacional público. Resulta evidente la marcada orientación del perfil ius privatista que se persiguió en la formación de abogados y abogadas que proponía el plan de estudios 1985. Tanto fue así que, por aquellos años, por el obrar de los mitos y de leyendas no escritas pero latentes en los pasillos universitarios del litoral, la materia derecho civil III (contratos) se consideró bisagra del plan al permitir sentirse «medio» abogado para quien la aprobara, o para huir a otra Facultad de Derecho cercana, para quien fallara en los reiterados intentos. El propio sistema de correlatividades del plan estaba diseñado para que todos los caminos conduzcan a «contratos». Mientras tanto, el Derecho Constitucional seguía confinado como asignatura auxiliar del plan de estudios, por un lado; y la democracia con sus categorías de derechos humanos, ciudadanía y libertad estuvieron ausentes en la enseñanza áulica, por el otro.

Luego de transcurrido quince años desde aquella reforma, en el año 2000 y por Resolución del Consejo Directivo n.° 228 y modificatoria a través de la resolución n.° 519, la FCJS-UNL modificó por décima vez el Plan de Estudios de la carrera de abogacía. Su estructura formal fue la siguiente:

Plan de Estudios año 2000:

Ciclo Inicial

1. Introducción al Derecho
2. Historia Institucional Argentina

3. Introducción a la Filosofía
4. Ciencia Política
5. Derecho Civil I
6. Introducción a la Sociología
7. Derecho Constitucional
8. Derecho Civil II
9. Derecho Penal I
10. Economía Política

Ciclo Superior

11. Derecho Civil III
12. Derecho Internacional Público
13. Derecho Penal II
14. Derecho Comercial II
15. Filosofía del Derecho
16. Derecho Comercial I
17. Derecho Civil IV
18. Derecho Procesal I
19. Derecho Tributario, Financiero y Aduanero
20. Derecho Administrativo
21. Derecho Civil V
22. Derecho del Trabajo
23. Derecho Agrario
24. Derecho Comercial III
25. Derecho Procesal II y Ética Profesional
26. Derecho Civil VI
27. Derecho Internacional Privado

28. Derecho de la Seguridad Social
29. Derecho Público Provincial y Municipal
30. Derechos Humanos y Garantías
31. Derecho Procesal III
32. Taller de Práctica Profesional Final

Optativas (el Plan exigía aprobar dos)

- Derecho de la Minería y de la Energía
- Derecho de la Navegación
- Derecho de la Extranjería
- Historia del Derecho
- Sociología Jurídica
- Derecho y Tecnología de la Información
- Criminología
- Derecho de la Integración
- Derecho Ambiental
- Derecho de Daños
- Derecho de los Consumidores
- Mercado de Capitales
- Elementos de la Mediación
- Teorías de la Argumentación
- La Unión Europea en el Siglo XXI
- Partidos Políticos y Sistemas Electorales
- Capacitación Judicial, Selección y Remoción de Magistrados
- Globalización y Desarrollo
- Derecho de Tránsito
- Derecho Parlamentario – Técnica Legislativa
- Gobierno y Administración Pública

Electivas (Se dictan en otras U.A. de la UNL. El Plan exigía aprobar una)

- Salud Pública

- Extensión Universitaria
- Universidad Argentina: Historia de la Universidad Nacional del Litoral
- Iniciación al Ajedrez
- El hábitat desde una perspectiva interdisciplinaria
- La Producción de Discapacidad. Conceptos. Políticas.
- Libre Pensamiento
- Pueblos Originarios en Diálogo Interdisciplinario
- Género y Derecho
- Seminario II, cuestión social, política social y ciudadanía
- Las Políticas Públicas como Intervenciones Sociales

Idioma Extranjero (Se exige acreditar uno solo)

- Inglés
- Portugués
- Alemán

En el mismo sentido que los anteriores planes, corresponde formular algunas consideraciones y cambios que introduce el Plan de Estudios del año 2000. Debemos remarcar que, por primera vez, este nuevo plan de estudios devino como consecuencia esperada de un proceso de autoevaluación institucional que permitió contar con conclusiones previas y necesarias para la toma de decisiones a la hora de su diseño. Recordemos que en el año 1994 se creó en el ámbito de la UNL la Unidad de Apoyo Técnico (UNAPE) cuya creación había previsto el proceso de Planeamiento Estratégico y Evaluación Institucional. Para el año 2000, el ingreso a la carrera de abogacía se había estabilizado en 1500 estudiantes aproximadamente. La planta docente de la FCJS en relación a las demás Facultades de Derecho del país tenía uno de los mayores porcentajes de docentes ordinarios, es decir, que habían accedido a las cátedras a través del sistema de concursos de antecedentes y oposición. No obstante, dentro de la propia UNL, nuestra Facultad poseía el mayor porcentaje de docentes con dedicación simple (82,69 %) constituyendo uno de los principales problemas de la enseñanza del derecho. El proceso de transformación curricular abarcó dos cuestiones centrales:

- La Reforma del Plan de Estudios en tres Ciclos (Básico, Superior y Final); incorporó contenidos sobre temáticas ausentes (derecho municipal, derecho de la integración, derecho del consumo, derecho informático, derecho ambiental); estableció un nuevo régimen de correlatividades entre asignaturas y ciclos; y flexibilizó el plan combinando asignaturas obligatorias con optativas y/o electivas permitiendo la interdisciplinariedad con otras áreas del conocimiento.

- El proceso de Enseñanza-Aprendizaje incorporando nuevas técnicas pedagógicas semipresencial y tutoriales tendientes a mejorar la relación entre hacer y saber hacer, poniendo énfasis en la formación práctica con la incorporación de una nueva asignatura de Derecho Procesal y el Taller de Práctica Profesional Final.

Por primera vez se planteó la necesidad de introducir en el ciclo inicial la formación en habilidades y/o destrezas como objetivos a alcanzar, consistentes en la autonomía en el estudio, el dominio pluridisciplinar; aprender a ejercer, asesorar, desempeñar e intervenir en toda actividad que se requiera conocimiento del derecho. Se mantuvo una duración de seis (6) años, con una carga horaria total de 3200 horas, de las cuales 2848 horas correspondían a asignaturas de cursado obligatorio. El resto de la carga horaria se completaba con las materias optativas y electivas que el estudiante debía aprobar obligatoriamente. Todas las materias del plan de estudios (obligatorias y optativas) tenían una duración cuatrimestral, con la única excepción de Derecho Procesal I que era anual. Cada asignatura podía tener una carga horaria semanal de 4 horas o de 6 horas. Conforme la carga horaria cuatrimestral, el área del derecho privado (civil, comercial e internacional) contemplaba el 33,70 % del total de la carga horaria obligatoria del plan (2848) contra un 12,35 % prevista para el área del Derecho Público (derecho constitucional, derecho internacional público, derechos humanos y garantías y derecho municipal y provincial). Acorde con este último dato, nos permite corroborar nuevamente la supremacía *ius privatista* proveniente de la tradición continental por sobre la tradición constitucional reflejada en los planes de estudios, a pesar de haber transcurrido diecisiete años del retorno de la democracia constitucional al país.

Indaguemos ahora el segundo interrogante inicialmente planteado. A menudo, nuestro sistema político es objeto de críticas por no ser lo suficientemente democrático y no ser suficientemente efectivo. Pero en sus orígenes ¿fue pensado para satisfacer ideales democráticos y deliberación popular? El reconocido profesor de filosofía del derecho de la Universidad de Buenos Aires y de la Universidad de San Andrés, sostiene que el sistema político argentino fue pensado para concentrar poder, crear Estado y desarrollar una economía capitalista. Y nuestro actual sistema político, más allá de ciertas modificaciones, sigue respondiendo a un proyecto intencional para dar respuestas a los problemas del siglo XIX. Es decir, para la eficacia. Ahora bien, ¿la sociedad argentina de hoy es la misma de aquél entonces? El sistema político argentino tomó partes tanto de la tradición continental como de la tradición norteamericana, con el objeto de llevar adelante un proyecto político propio y manifiesto.

Decíamos anteriormente que, en Argentina, el inicio del siglo XIX estuvo signado por permanentes enfrentamientos: guerra de la independencia, guerra civil, anarquía y dictadura de Juan Manuel de Rosas. A esos problemas se le sumaban otros dos: pobreza y desierto. Para enfrentar todos esos problemas había que crear un Estado que concentrara poder para terminar con la anarquía y que permitiera gobernar, que no era otra cosa que poblar el desierto a través de la inmigración y combatir la pobreza a través de la educación.

Entre 1850 y 1870 se armó un tejido institucional que concentró poder liderado por un grupo de dirigentes —Urquiza, Alberdi, Mitre, Sarmiento, Vélez Sarsfield— encargados de homogeneizar política y jurídicamente estas tierras a través del siguiente programa:

- Concentrar el poder
- Asumir el monopolio de la fuerza en todo el territorio
- Asegurar el pleno ejercicio de los derechos de la ciudadanía (comercio, industria, propiedad y culto) para dar seguridad jurídica.
- Fomentar la inmigración de Europa.

Quedaba una reforma estratégica más por hacer: la formación de los operadores del derecho. Así fue como en el año 1872 se cierra la Academia de Jurisprudencia, y con ella el requisito de la pasantía práctica en un estudio jurídico, previo al ejercicio profesional. De esta manera, en nuestra opinión, se produce un cambio regresivo en la enseñanza del derecho: de una formación teórica-práctica, a una formación extremadamente teórica que propuso conocer el derecho tan solo repitiendo de memoria textos jurídicos. De esta manera, el formalismo continental entró «triunfante» por la puerta a las aulas de las Facultades de Derecho y se quedó por mucho tiempo.

Breve Reflexión:

¿Fue coherente el sistema jurídico argentino conforme las *tradiciones* que adoptó? De acuerdo con los dos primeros textos analizados, podríamos arribar a la conclusión que tanto la Constitución Nacional como el Código Civil Velezano generaron *tradiciones jurídicas* en nuestro país con diferencias sustanciales en la manera de concebir al derecho; el rol que se le atribuyeron a los jueces; y el poder del pueblo a la hora de depositar su voluntad. Sin dudas fue un matrimonio de difícil convivencia. Sus orígenes fueron distintos y ese dato quedó claramente evidenciado. Pero convengamos que estuvieron juntos por más de cien años hasta que la democracia constitucional *—fallo «Sejean» de la CSJN 1986—* los hizo entrar en tensión. Enhorabuena la Constitución fue puesta en un plano superior jerárquico por parte de los jueces del máximo Tribunal. En tal sentido, resulta oportuno formular algunas reflexiones que nos permiten revisar aquella tesis de «aparente» contradicciones, para demostrar que ambos cuerpos jurídicos —Constitución y Código— fueron recíprocamente funcionales. ¿Intencionalidad o ingenuidad? Del tercer texto surge claramente que Constitución y Código fuero pensados por sus autores para un objetivo en común y no de manera azarosa. Y es en esta dirección, donde encontramos *coherente relación* de las tradiciones continental y norteamericana en consonancia con el diseño del sistema político argentino. Fue muy claro Alberdi cuando señaló que «Hay constituciones de transición y de creación, y constituciones definitivas y de conservación. Las que hoy pide América del Sur son de la primera especie, son de tiempos excepcionales». Transcurridos ciento sesenta y ocho años, ¿hemos logramos entender esa elemental diferencia? La Constitución de 1853 cumplió con las premisas básicas del programa que reclamaba esa época: pacificar, poblar, educar y concentrar. Y el Código Civil ayudó eficazmente en este cometido. Dicho de otra manera, estuvo en la misma sintonía. ¿El sistema dio sus frutos? Creemos que sí. A comienzos del siglo XX la mitad de la población argentina era extranjera; la ley 1420 homogeneizó la educación pública en todo el país tanto para nativos como para inmigrantes; se expandieron las fronteras agropecuarias; se concentró el poder en Buenos Aires, la Argentina se colocó entre las primeras potencias económicas mundiales y, desde entonces, los abogados se formaron bajo una concepción del derecho dogmático, memorístico y acrítico que caracterizó su impronta «profesionalista». ¿Hubo excluidos del sistema? Los hubo y, en muchos casos, reprimidos violentamente. Cada uno desde su visión, reclamaron participar del aparato de poder: Ricardo López Jordán, José Hernández, Felipe Varela, Vicente «Chacho» Peñaloza y Leandro N. Alem. Lo cierto es que el sistema nunca fue pensado para la democracia. Es decir, Constitución y Democracia nunca entraron en tensión ya que ambas no fueron pensadas para ello. El sistema fue pensado para la eficacia y no para la deliberación. Por esa razón, el sistema originalmente pensado debió, con el paso del tiempo, ser transformado para convertirlo en una democracia plena, dialógica y participativa de todos los actores sociales necesarios para sentirse parte en la toma de decisión de las reglas de juego. Con reglas claras, solo podremos imaginar cuales son los acuerdos sociales necesarios y sostenibles en el tiempo, para garantizar la plena convivencia entre Democracia, Constitución y República.

CAPÍTULO 9.

PARTICULARIDADES DEL PENSAMIENTO JURÍDICO EN DIFERENTES PERÍODOS HISTÓRICOS

¿Qué tiempo pasado ha parido este tiempo presente?

(E. Galeano, Memorias de fuego, Buenos Aires 1986)

En nuestro país, entre los siglos XIX y XXI, podemos identificar características peculiares en diferentes períodos históricos del pensamiento jurídico. A los fines de su estudio, proponemos dividir dichos períodos en *clásico*, *social* y *constitucional*.

En este capítulo seguiremos analizando, como en el anterior, nuestro *híbrido* sistema jurídico argentino determinado por la difícil convivencia entre el Código Civil y la Constitución Nacional, tratando de aportar mayores elementos de estudio que reafirman el predominio de una tradición (Continental y Constitucional) sobre la otra en cada uno de estos períodos. El profesor de la Universidad de San Andrés Eduardo Zimmermann, en su artículo titulado *Un espíritu nuevo: la cuestión social y el Derecho en la Argentina (1890-1930)*[136] identifica distintos aspectos en la evolución del pensamiento jurídico *clásico* a otro con orientación *social*. El cambio de siglo, las transformaciones institucionales y los cambios conceptuales favorecidos por parte de juristas de reconocida trayectoria, constituyeron denominadores comunes para el paso de un pensamiento jurídico a otro. No fueron cambios de un día para otro, como una especie de frontera nítida que marque un antes y un después, sino un proceso gradual que con el correr de los años iba poniendo énfasis en algo distinto pero que cambiaba la idea acerca de lo que el derecho es o debía ser. Los autores que han trabajado esta temática con rigor científico coinciden que entre los años 1862 y 1900 aproximadamente tuvo vigencia con impronta expansiva en nuestro país, el llamado pensamiento jurídico *clásico*. El mismo coincidió con la difusión de la filosofía liberal de las ideas de la Ilustración plasmada en los códigos modernos del siglo XIX como el código civil francés de 1804 y el códi-

136 Publicado en Revista de Indias, 2013, vol. LXXIII, n.° 257. Págs. 81-106, ISSN: 0034-8341.

go civil alemán de 1874, que fueron la máxima expresión de los principios de la autonomía personal, la libertad de contratar y la propiedad privada, con sus limitaciones y contradicciones propios de la época. Dichas ideas propugnaban la estricta separación entre el derecho y la política, imponiendo una concepción formalista del derecho y una clara distinción entre el derecho público y el derecho privado, de contenido fuertemente individualista[137].

¿Fue siempre neutro el pensamiento jurídico en términos políticos? Tenemos nuestras serias dudas al respecto. Por tal motivo, propiciamos la necesidad de continuar investigando acerca de cuáles fueron las ideas políticas que reinaban en cada período y que influyeron en la formación de los abogados. Tanto fue así, que no tenemos dudas que cada etapa tuvo su principio rector ideológico y que tenía bien en claro los objetivos a alcanzar en las distintas esferas institucionales de los tres poderes de estado (Ejecutivo, Legislativo y Judicial) así como también el rol asignado a las Facultades de Derecho existentes en el país, encargadas de la formación de los abogados. El pensamiento *clásico* propugnaba contar con jueces técnicos y políticamente neutros[138] que aplicaran la ley sin involucrar decisiones valorativas; proponía además que la enseñanza del derecho estuviera fuertemente centralizada en el aprendizaje memorístico y acrítico de los códigos de la época donde las habilidades interpretativas, argumentativas y análisis de casos eran inexistentes. En este pensamiento jurídico *clásico,* la regla del estado de *laissez faire* fue la que campeó en todo el texto del Código Civil de Vélez y en su innegable espíritu filosófico a partir del año 1871[139]. El Código Civil Argentino del siglo XIX expresó la aspiración de un comienzo de posguerra de la independencia y de conflictos armados internos que habían culminado con la sanción de la Constitución Nacional de 1853. Desde entonces consolidó la supremacía de la escuela de la exégesis francesa, que dominó por décadas la formación de abogados. No fue la expresión de usos y costumbres de estas latitudes las que se tuvieron en cuenta en ambos textos, sino más bien un conjunto de reglas acordes con el mejor estado del arte del saber jurídico de su época. El Código Civil de Vélez fue concebido como una especie de súper ley con aspiración de inmutabilidad, una ley entre leyes con marcadas ideas individualistas orientadas hacia una autonomía que sostiene que cada uno debe cuidar de sí mismo, sin importar «el otro». Esto se ve claramente en la libertad individual basada en la idea de autonomía individual[140]; la inviolabili-

137 Zimmermann, Eduardo en artículo citado, pág. 82.

138 Saba, Roberto: «Como resulta comprensible, si el derecho era entendido como la manifestación "positivizada" de la voluntad popular, entonces los jueces debían aplicarlo sin agregar contenido o significado al hacer su trabajo» en su texto titulado «Supremacía Constitucional y Derecho Privado».

139 El Código Civil fue sancionado a libro cerrado, es decir, sin debate alguno por parte del Congreso Nacional quien sancionó la Ley n.° 340, el 25 de septiembre de 1869 para regir a partir del 1.° de enero de 1871.

140 El artículo 1197 del Código Civil Argentino señalaba «Las convenciones hechas en los

dad del derecho de propiedad[141]; el contrato entre iguales como acto jurídico por excelencia[142]; y la responsabilidad individual por culpa[143], constituyeron los principios reinantes del sistema civilista, tal como los concibió Vélez en *su* obra maestra. Uno de los especialistas del Código Civil como fue el destacado profesor de la Facultad de Derecho de la Universidad de Buenos Aires Alfredo Colmo dirá en 1921 que *«el código adolecía de un individualismo llevado al pináculo»* y que la noción misma del contrato era *«rudimentariamente romanista».* Sin dudas que el pensamiento jurídico *clásico* reposaba en la concepción *metafísica* del derecho subjetivo, donde la persona no era definida sino como un *ente* sin cuerpo y alma, tan solo por su voluntad para adquirir derechos o contraer obligaciones. Este pensamiento sostendrá que el derecho está en el Código, y detrás de este, subyace una concepción del derecho como texto omnicomprensivo que determina el modo en que se desenvuelven los actores del sistema jurídico y político; detrás del mismo, también está la idea estereotipada del juez-mecanizado «con voz, pero sin celebro» que aplica el derecho autoevidente y unívoco; y el pueblo, a través del Congreso (el legislador), es la única fuente de autoridad normativa. Bajo el predominio de este pensamiento, se concebió una enseñanza del derecho marcadamente *formalista* caracterizada por algunos rasgos salientes como:

- la promoción de un conocimiento acabado y minucioso del articulado del código en un sentido dogmático y acrítico, cuya memorización era la máxima expresión de su conocimiento;
- el impulso hacia la *especialización* en un área particular del derecho (civil, comercial, penal, administrativo, tributario) como de ramas de una ciencia con secretos y particularidades, que necesita de «expertos» que sólo pueden entender, aplicar o enseñar;
- la falta de apertura e interacción con las demás ciencias sociales;
- una consideración marginal para con el estudio del derecho constitucional y el sentido que la Constitución tiene como Ley Suprema.

Resultan interesantes las anécdotas que menciona Zimmermann en su artículo antes citado, como manera de demostrar esta concepción del código de Vélez como un «texto intocable y sacramental». Como la que ocurrió en el año 1902 cuando Rodolfo Rivarola intentó modificar el programa de derecho

contratos forman para las partes una regla a la cual deben someterse como la ley misma».

141 El artículo 2513 del Código de Vélez, derogado en 1968 por la ley 17.711, prescribía: «Es inherente a la propiedad, el derecho de poseer la cosa, de disponer o de servirse de ella, de usarla y gozarla según la voluntad del propietario. Él puede desnaturalizarla, degradarla o destruirla; ...». En concordancia con lo que Vélez pensaba sobre el dominio sobre las cosas y su carácter exclusivo ver artículos 2506 y 2508 del Código Civil modificado.

142 Recordemos que, de los 4051 artículos, el Código de Vélez dedicó aproximadamente 1350 artículos a regular los contratos, lo que equivalía un 33,3 % del total.

143 Recordemos los artículos 1066, 1067, 1069 y 512 del viejo código Velezano.

civil al hacerse cargo de un curso como profesor suplente, lo que provocó un serio conflicto que tras sucesivos intercambios de notas con las autoridades de la Facultad de Derecho de la Universidad de Buenos Aires[144], terminó con la separación de Rivarola del curso. Unos años después, Baldomero Llerena haría una enérgica defensa del Código de Vélez, declarándolo en 1910 como «el más científico que se conoce». Como se puede apreciar, imperaba un espíritu que sacralizaba el texto de Vélez, como la herencia intocable de la codificación liberal europea. La otra anécdota había sucedido en el año 1896 en ocasión de una conferencia de clausura de su curso de Derecho Civil en la misma Facultad, Carlos Rodríguez Larreta pronosticaba apocalípticamente que «se cierne sobre el derecho civil el peligro de una gran revolución» como consecuencia del «vínculo que liga al positivismo con la reforma social (...) ambas tendencias están aliadas para demoler esta organización moderna que se ha levantado sobre las bases de la filosofía individualista y liberal», lo que hacía del socialismo «un adversario irreconciliable del derecho civil». Lo cierto que ambos textos, Código Civil y Constitución nacieron juntos durante este período al que denominamos pensamiento jurídico *clásico*. Desde que aparecieron, hubo una marcada separación de ámbitos de aparente contradicción: el mundo de «lo público» estaría regido por la Constitución; y el mundo de «lo privado», estaría regido por el Código Civil sin interacción alguna. Sin lugar a dudas que esta errónea separación muchas veces escuchadas en las aulas de las Facultades, de que la Constitución rige solo el mundo de lo público mientras el Código Civil rige el mundo de lo privado como una especie de manual de conducta de los ciudadanos, ha sido funcional a la aspiración de la tradición continental de mantenerse al margen de los dictados constitucionales, no porque los considerara equivocados, sino porque los considera ajenos a sus dominios.[145] No obstante, nuevos vientos de frescura para el pensamiento jurídico llegaron de varias direcciones que *—actores y acontecimientos políticos-jurídicos; internos y externos—* ayudaron a poner el acento en lo *social* ante un pensamiento jurídico *clásico* que cada día era criticado por lo que decía, por lo que mal decía y por lo que dejaba de decir. Así fue como un nuevo espíritu renovador en la formación de abogados, comenzó a sentirse tras la huelga de estudiantes de 1903, que paralizó la Facultad de Derecho de la Universidad de Buenos Aires y que culminó en propuestas de reformas del plan de estudios. Asimismo, en dichos reclamos también yacía la necesidad de mejorar la enseñanza del derecho con el fin de que la Facultad pudiera proveer de hombres aptos para la administración de los poderes del estado[146]. Mientras tanto, en otras latitudes, la Revolución Rusa de 1905 iba a constituirse en el punto de partida de los cambios que

144 Por entonces el Decano era el Dr. Juan José Montes de Oca y el Rector Basabilbaso.

145 SABA, Roberto: «Supremacía constitucional y derecho privado», en María Isabel BENAVENTE y Félix Alberto TRIGO REPRESAS (eds.), *Tratado de Daños Personales*, Editorial La Ley, 2014.

146 ZIMMERMANN, Eduardo, artículo citado.

culminaron en 1917 con la revolución de los bolcheviques, constituyendo uno de los fenómenos de mayor gravitación cultural del siglo XX. El declinar del capitalismo y la autocracia zarista que encubrió una clase obrera agraria empobrecida y estancada, oficiaron de causa-efecto de las transformaciones políticas, económicas y sociales que vendrían. De un imperio autócrata se pasó a una república federal socialista; de una sociedad de campesinos explotados se pasó a una gran potencia industrial; y fundamentalmente, de un poder político concentrado en pocos se pasó a un poder constitucional social, dándose su carta magna en 1918, consagrando de esta forma los derechos del pueblo trabajador y explotado. Mientras tanto, en nuestro país la doctrina civilística de la UBA con uno de sus referentes más destacado como fue Alfredo Colmo, que, en la conferencia inaugural de su curso en el año 1909, se refirió a los caracteres del derecho civil contemporáneo[147], presagiando sin titubeos una verdadera revolución de nuevos criterios, de aspiraciones bien hondas que amenazaban el edificio normativo de Vélez[148], pero, sobre todo, el pensamiento jurídico del siglo anterior que quedó atrás.

El industrialismo moderno a gran escala trajo consigo la necesidad de reglamentar el contrato de trabajo, los derechos del obrero, la responsabilidad patronal por accidente de trabajo basada en el concepto de riesgo profesional, el sindicalismo proletario y patronal, contratos colectivos, toda una serie de instituciones nuevas que no se amoldaban a las tradicionales ideas velezanas, pronunciaba Colmo. Repasando algunos párrafos arbitrariamente seleccionados de diferentes temas del derecho civil, pero que de alguna forma dan cuenta de una considerable y atendible crítica a institutos jurídicos tradicionales que necesitaban ser reformulados.

Por ejemplo, en materia de *derecho de familia* Colmo señaló «En el régimen del matrimonio, la mujer es poco menos que lo que era en el derecho romano: un cero jurídico. Muchas legislaciones van acordándole, sobre todo económicamente, derechos en forma gradual».

En materia de *derecho sucesorio* indicó «El régimen de las sucesiones continúa siendo en la mayoría de las legislaciones el del derecho romano. Se hereda a una persona cuya personalidad jurídica se continúa. En Roma, el concepto era perfectamente atendible, sobre todo por razones religiosas, como puede verse en Fustel de Coulanges y en Ihering. Pero ese concepto religio-

147 Revista de la Facultad de Derecho y Ciencias Sociales. Biblioteca de la Facultad de Derecho – UBA.

148 Colmo, Alfredo: «Con relación a su época y a las restantes circunstancias —sobre todo la de ser fruto de pocos años de labor y la de ser obra exclusiva de un solo hombre— fue un buen Código y hasta un gran Código, por sus métodos, por su riqueza institucional y de principios, por el acierto y la previsión de muchas de sus disposiciones (...) No vengo, pues, a hacer una apología. (...) La Facultad es una institución científica y no un templo. En todo caso, en su ara no se quema incienso ni se atribuye importancia a las liturgias tan externas y suntuosas de las fórmulas rituales».

so-social debe ser sustituido por el actual que es intensamente económico, en relación a los bienes y no a la persona. Y la función social debe hacerse sentir con más intensidad al respecto, limitando el grado hereditario y gravando con impuestos más o menos fuertes y progresivos a los favorecidos».

En materia de *derecho de las obligaciones* dijo «En materia de obligaciones, aparte de detalles como los relativos a los caracteres anacrónicos de contratos como la sociedad civil, el mutuo, el depósito, el concordato, etc. impónese una reacción fundamental. El principio imperante es el de la autonomía de la voluntad, el del completo arbitrio individual, que tiene toda la fuerza de una disposición legal. De modo que en los casos en que una parte abuse de la otra, por su habilidad, por su poder, por su mayor libertad, etc., la sociedad tiene que prestar su sanción al pacto, afirmando así palmarias injusticias, salvo el caso, bien poco posible, de que se caiga en una de las circunstancias tradicionales del error, el dolo o la violencia. Es literalmente, el caso del obrero angustiado por necesidades de todo orden, de su persona y de las de su familia, que contrata con el patrón, tranquilo, despreocupado, sin apremio alguno, disponiendo del doble poder del tiempo y del dinero. Faltan así garantías sociales para evitar explotaciones inicuas. Hay que poner una cortapisa a esa autonomía. Hay que hacer intervenir más intensamente el elemento social en casos tales, mediante restricciones legales, consagración de derechos irrenunciables a favor del débil, etcétera».

Colmo consideró al derecho como una ciencia social y, por lo tanto, le son aplicables los principios de las mismas, es decir, que el contenido jurídico o estudio del derecho debe determinarse dentro del sistema de tales ciencias. La doctrina tradicional y metafísica del derecho como producto de la razón, debe dar paso a los criterios positivos actuales. Y por fin sentenció: «Resulta, pues, de lo expuesto, el carácter sociológico del derecho, de dos diferentes puntos de vistas: en cuanto es ciencia eminentemente social, y en cuanto característica saliente de la vida moderna es la solidaridad, la socialidad. Esta es la realidad de las cosas. Cuando digo socialidad no digo propiamente socialismo. Lo primero es una manifestación inconsciente de la colectividad. Lo segundo es un credo, una religión y por tanto un partido de acción y de unilateralidad congénita como la de todo ismo. La realidad actual, decía, es esa socialidad que está sucediendo a la individualidad que nos trajo sobre todo la enciclopedia francesa, como esa individualidad había destronado al estatismo despótico y absorbente de los tiempos antiguos».

Por entonces, en el año 1911, el distinguido profesor de la Facultad de Derecho de la Universidad de Burdeos, León Duguit visitó nuestro país. Ocasión que permitió que fuera invitado a la Facultad de Derecho de la UBA para dar una serie de conferencias que en total fueron seis. Los temas de las mismas refirieron: «La autonomía de la voluntad»; «El acto jurídico»; «El contrato y la responsabilidad»; «El derecho subjetivo y la función social»; «La nueva concepción de la libertad»; y «La propiedad como función social». En dichas reuniones académicas León Duguit no dudó nunca en criticar con extrema dureza los cuatro principios constitutivos del sistema civilista clásico, a saber: la libertad individual basada en la idea de autonomía individual; la inviolabilidad del derecho de propiedad; el contrato como acto jurídico por excelencia; y la responsabilidad civil por culpa[149]. No quedaron dudas acerca del pensamiento jurídico social en el que también estaba enrolado el destacado jurista francés.

Para 1912, los cambios políticos en la Argentina fueron cada vez más visibles. La llamada «Ley Sáenz Peña» constituyó la expresión jurídica de esos cambios que eran inevitables ante el lujo de las clases altas porteñas en contraste con la miseria de los conventillos. Las reuniones en el Jockey Club, las funciones de gala en el Colón, los paseos por Florida y Palermo, las visitas a los cascos de estancias tuvieron su contrapunto en los bajos salarios, las enfermedades sociales y las huelgas obreras[150]. También hizo lo suyo, en términos de influencia para un nuevo pensamiento jurídico social, la visita del filósofo español José Ortega y Gasset quien viajó por primera vez a Buenos Aires en el año 1916, proponiendo desde su filosofía que «no se puede entender al hombre de una forma abstracta (como lo había interpretado la filosofía idealista de Kant y Hegel) sino que hay que pensar al hombre junto a otros, teniendo en cuenta el medio ambiente, el contexto social y la política» decía Ortega citado por el especialista profesor de Historia del pensamiento político de la Universidad Complutense de Madrid, Zamora Bonilla.

> «"Una conciencia social, donde el estado tiene que tener una actuación en favor de los más desfavorecidos" sostenía el filósofo español. El profesor madrileño sostuvo que "el Ortega de esos años era más próximo al socialismo que el Ortega conservador de los años 40, pero siempre fue liberal y demócrata"».

También la Constitución mejicana de 1917 tuvo mucho que ver como aporte al constitucionalismo universal al ser la primera Constitución en incluir los denominados derechos sociales. La misma debe entenderse como un documento de transición entre el sistema clásico individualista y liberal del siglo XIX y un sistema socializador del nuevo siglo XX que iniciaba, consagrando los derechos de los trabajadores y de los campesinos. Esta ley fundamental azteca tuvo una definida cosmovisión de los derechos sociales cuyos ideales sirvieron de base para el reflejo normativo en gran parte de las constituciones latinoamericanas, entre las cuales se encuentra la de nuestro país.

Asimismo, influyó en la instalación del pensamiento jurídico social el último enfrentamiento que en estas tierras se dio contra la dominación monástica: La Reforma Universitaria de 1918. En el siglo XX hubo muchas rebeliones

149 ZIMMERMANN, Eduardo: artículo citado., pág. 90.

150 ALANIZ, Rogelio: en artículo «La Reforma Universitaria» publicada en la *Revista de la Facultad de Ciencias Jurídicas y Sociales* UNL, número 6 – *Nueva Época*, pág. 49, 2008, Santa Fe, Argentina.

universitarias, antes y después de 1918, sin embargo, la que trascendió en la historia fue la del 15 de junio de 1918. Se dijo con acierto que la gran diferencia que tuvo la reforma universitaria con cualquier otra estudiantina fue su capacidad de fundar instituciones: la autonomía, el co-gobierno, y la cátedra abierta. Sus objetivos fueron la investigación, la formación de recursos humanos y la construcción de saberes, para su aprovechamiento por parte de todo el tejido social del país y Latinoamérica.

La Reforma Universitaria reclamó el pleno ejercicio de la libertad y la rebeldía, pero por sobre todas las cosas, instaló como valor virtuoso a la juventud, que, en nuestro país, caminó asociada al saber. Estalló en Córdoba y no podría haberlo hecho en otro lugar. En el año 1845 Sarmiento dijo de la ciudad de Córdoba que *«Es un claustro encerrado entre barrancas. El paseo es un claustro con verjas de fierro; cada manzana tiene un claustro con monjes y frailes; los colegios son claustros; toda la ciencia escolástica de la Edad Media es un claustro en que se encierra y parapeta la inteligencia contra todo lo que salga del texto. Córdoba no sabe que existe en la Tierra otra cosa que no sea Córdoba».* Sarmiento pudo haber dicho eso mismo también en la Córdoba 1918, sencillamente porque nada había cambiado. Recordemos que, para ese año, funcionaban en nuestro país tan solo dos universidades nacionales: Buenos Aires y Córdoba. Y tres universidades provinciales: Santa Fe, La Plata y Tucumán. Los estudiantes universitarios no eran muchos. En 1918 las estadísticas decían que no llegaban a 10.000 en todo el país. En Córdoba no superaban los 1.500 estudiantes.

Uno de los dirigentes reformista por entonces, Luis Alberto Sánchez, describía la situación del régimen diciendo «Los profesores lo eran casi por derecho divino. No había apellidos heterodoxos. La colonia presidía vigilante las ubicaciones. Los hijos solían heredar las cátedras de sus padres. Un profesor lo era de por vida. Nadie turbaba sus derechos. Ni siquiera repetir un texto de memoria año tras año». A su vez, el líder reformista Deodoro Roca, también opinaría con justas y sabias palabras «La Universidad debe trascender sus fines profesionalistas. Una formación profesionalista limita el proceso educativo». A cien años de librado este debate acerca de la formación profesionalista por parte de los reformistas, sin dudas que fueron derrotados, ya que dicha formación continúa hoy en día con plena vigencia.

Y como una de las últimas influencias en favor del pensamiento jurídico *social* producida durante las primeras décadas del siglo XX, mencionaremos la que llegó de la mano de la Constitución de Weimar o Constitución social, apareciendo como consecuencia de un resultado expresivo-ideológico de la socialdemocracia alemana, que se instauró en la Asamblea Constituyente en el año 1919, con posterioridad a la Primera Guerra Mundial (1914-1918), estableciendo en sus artículos los derechos fundamentales que debe proteger el Estado, así como disposiciones referidas a los derechos sociales entre los cuales se incluye a la seguridad social y los derechos asistenciales prestacionales como la salud. Hasta aquí, en ambas corrientes de pensamientos jurídicos *clásico y social* el Código Civil y la Constitución continuaron sus vidas en forma paralela y aislada, a pesar de los acontecimientos políticos-sociales y reclamos doctrinarios señalados.

Será recién en la Europa de mediados del siglo XX, donde se inició el tránsito del Estado de Derecho Legal al Estado de Derecho Constitucional; o sea, el paso (al decir del jurista italiano Luigi Ferrajoli) del Estado de Derecho «débil» al Estado de Derecho «fuerte», constituyendo el origen del llamado pensamiento jurídico *constitucional*. ¿Qué hechos políticos jurídicos nos llevan a pensar que estamos transitando en nuestro tiempo un nuevo pensamiento jurídico? ¿Qué ha cambiado en nuestro país para sostener dicha tesis? A nuestro entender, la política y los operadores jurídicos fueron los principales responsables en equilibrar la balanza en favor de la tradición constitucional por sobre la tradición continental. El retorno de la democracia, la reforma constitucional, los aportes de la doctrina y de la jurisprudencia, constituyeron piezas claves para el desarrollo del pensamiento jurídico *constitucional*. A continuación, analizaremos cada uno de ellos. El *primer acontecimiento,* y en orden de importancia política e institucional, fue el retorno de la Democracia como sistema político al país, a partir del 10 de diciembre de 1983. La mencionada fecha, tuvo una doble significación tanto en términos institucionales para resolver nuestros conflictos de manera pacífica entre ciudadanos libres e iguales; como también de protección de los derechos en perspectiva constitucional. Recordemos que el Dr. Raúl Alfonsín, quien fuera el primer presidente electo en esta última etapa de democracia recuperada, cerraba sus enérgicos discursos de campaña electoral por todo el país aludiendo al preámbulo de la Constitución Nacional con lo que se llamó «el rezo laico», señalando la imperiosa necesidad de *«... afianzar la justicia, consolidar la paz interior, proveer a la defensa común, promover el bienestar general y asegurar los beneficios de la libertad...»* Ya electo presidente, y en su primer mensaje pronunciado el 10 de diciembre de 1983 ante el Congreso de la Nación, el presidente Alfonsín mencionó veintinueve (29) veces la palabra democracia con sus variantes —democrático, democrática, democratización— y trece (13) veces se refirió a la Constitución Nacional con los términos —Constitución, Constitucional y Ley Fundamental— señalando el imperioso rumbo que debía tomar la Argentina de la mano de la Constitución y de la Democracia.

> «El presidente Alfonsín marcó una bisagra no sólo en la historia de nuestro país, sino que cambió el mapa político de todo el continente. Nos habló de un mundo venidero, de una República soñada, combinando conceptos de Platón, citando a Lincoln y enarbolando el pensamiento de Montesquieu»[151].

Sin lugar a dudas, aquello no sólo fue un discurso de fuerte contenido político-institucional, sino que también fue una extraordinaria *clase magistral*

151 Palabras de Jimmy Carter, quien fuera presidente de los Estados Unidos de América entre 1977 y 1981.

para cualquier estudiante de derecho acerca del significado político-jurídico del sistema democrático y constitucional de derecho. Aunque los años transcurran, su contenido tiene una gran riqueza jurídica que siempre merece su análisis en nuestras aulas. Aquí, tan solo nos detendremos en señalar dos párrafos y que tienen que ver con nuestra temática en estudio.

El primero de ellos cuando señala que: *«La democracia será desde el primer momento, una fuerza movilizadora. La democracia moviliza siempre, mientras que el régimen desmoviliza. El régimen se ocupa de la desmovilización de la juventud. Se ocupa, por ejemplo, de transformar las universidades en enseñaderos. La democracia atiende a la movilización de la juventud en torno de los problemas generales y de sus problemas específicos»*. Alfonsín advirtió claramente la necesidad de un cambio profundo que debía darse en la enseñanza universitaria como motor movilizante en la nueva vida institucional que se reiniciaba.

Y el segundo párrafo cuando prescribe que: *«Mucha gente no sabe qué significa vivir bajo el imperio de la Constitución y la ley, pero ya todos saben qué significa vivir fuera del marco de la Constitución y la ley»*. Fundamental diferencia entre autoritarismo y democracia, que no es otra cosa que remarcar la profunda diferencia que existe entre vivir subordinado a la autoridad de una persona y vivir subordinado a la autoridad de la ley. Sin lugar a dudas, esa reconversión de la vida institucional del país, vino acompañado de una serie de acertadas decisiones políticas del gobierno nacional para poner al derecho, esta vez, en el centro de la escena.

- La anulación del decreto de autoamnistía de la dictadura, ya que la misma no tenía la misma legitimidad jurídica que las normas democráticas por carecer de la presunción de legitimidad moral que la deliberación democrática otorga a sus decisiones.
- La creación de la Comisión Nacional sobre la Desaparición de Personas (CO.NA.DE. P.) con el objetivo de aclarar e investigar la desaparición de personas producidas durante la dictadura militar en el país, dando origen al Informe «Nunca Más» publicado en septiembre de 1984.El juicio y condenas a los integrantes de la Junta Militar y demás responsables de las violaciones a los derechos humanos en la última dictadura.
- La internacionalización de las demandas y la firma de Tratados Internacionales de Derechos Humanos, aumentando no solo la lista de derechos disponibles en el sistema jurídico argentino sino también ampliando las jurisdicciones ante las cuales reclamar por las violaciones a los mismos.
- La ratificación de la jurisdicción de la Comisión y de la Corte Interamericana de Derechos Humanos.

- Los lazos políticos, económicos y jurídicos con los países vecinos de Brasil, Uruguay y Paraguay a través del MERCOSUR.
- La firma del Tratado de Paz y Amistad con otro vecino como Chile, para resolver de manera pacífica el problema limítrofe con las islas del canal del Beagle.
- La ley de Divorcio Vincular, para contemplar la situación de tres millones de argentinos y argentinas separadas de hecho e inhabilitadas para volver a contraer matrimonio.
- La Patria Potestad compartida para reestablecer la igualdad de la mujer con el hombre respecto del poder de decisión sobre sus hijos.

A partir de esa fecha y hasta hoy la llamamos democracia estable y paradojal al mismo tiempo. Lo primero, porque durante más de cuarenta con aciertos y desaciertos, se reafirmó el principio de legitimidad democrática. Y lo segundo porque, a pesar de las buenas intenciones de todo el espectro político, lamentablemente no se logró consolidar instituciones republicanas que fueran capaces de terminar con las profundas desigualdades sociales que reinaban por entonces pero que, con el correr de los años, han ido socavando los cimientos de una cultura democrática y constitucional a la que el presidente Alfonsín anhelaba construir. Lo cierto es que, como nunca antes había sucedido, estamos viviendo el período más largo de democracia argentina sin interrupciones militares, logrando alcanzar un claro objetivo diseñado en 1983: la estabilidad democrática y el estado constitucional de derecho.

Párrafo especial merece el retorno de la democracia a las Universidades Públicas y con ella, la vigencia de los postulados reformistas como la libertad académica, la autonomía, el cogobierno, el estudio no arancelado, el ingreso irrestricto y su misión extensionista, tan necesarios para robustecer desde la educación superior al sistema democrático de gobierno. En el difícil arte de la periodización, como sostiene el cientista político y profesor Hugo Quiroga[152], se podrían establecer tres momentos diferentes en este último período de democracia estable: El primero comprendido entre los años 1983-1987, el de la política participativa activa de los ciudadanos en los partidos políticos, las deliberaciones entre gobernantes y gobernados y el Congreso de la Nación. El segundo comprendido entre los años 1988-2001, el de la política representativa que muestra signos de desmovilización ciudadana y, al mismo tiempo, un aumento del poder de las corporaciones económicas y sindicales, y el desprestigio de la dirigencia política a través de la anti política. Y el tercero comprendido entre los años 2001-2017, el de la desconfianza de la política, quien ha perdido legitimidad, produciendo una enorme grieta entre

152 Director de la Licenciatura en Ciencia Política, carrera compartida por las Facultades de Ciencias Jurídicas y Sociales y Humanidades y Ciencias de la Universidad Nacional del Litoral.

los ciudadanos y sus gobernantes. Los partidos van perdiendo cada vez más su forma de organización política para transformarse en «expresiones electorales» organizados en torno a líderes mediáticos. En estos últimos años, los cambios fueron profundos a la hora de entender y ejercer la política, en cuanto a la participación ciudadana, en cuanto al funcionamiento de las estructuras partidarias y en cuanto a las formas de representación de la democracia de hoy. Hemos consolidado la democracia electoral, pero estamos lejos de fortalecer una democracia republicana, deliberativa, dialógica y constitucional que respete la imprescindible división de los tres poderes. No obstante, lo ocurrido en estos treinta y seis años de democracia, estamos convencido que no es suficiente tiempo como para construir instituciones realmente sólidas, quedando en claro que nuestra historia constitucional argentina, como lo habíamos dicho en otro pasaje, no ha sido ni larga ni pacífica. El proceso de consolidación institucional continúa siendo una deuda pendiente, habida cuenta que la democracia como categoría política, es un sistema de consensos y disensos; de compromisos y de acuerdos; de unidad y de diferencias a la vez.

El *segundo acontecimiento* lo constituyó la Reforma Constitucional de 1994 llevada a cabo en Santa Fe, la misma ciudad que vio nacer a la Constitución Nacional en el año 1853. Por ello, decimos y afirmamos con orgullo de santafesinos y reformistas universitarios que aquí, en este lugar, nació la República bajo el amparo de la Ley más importante que desde entonces nos dimos los argentinos. Desde aquél momento y hasta nuestros días, esta ciudad ha sido sede de casi todas[153] las Convenciones Constituyentes: la de 1860 que le permitió a Buenos Aires entrar definitivamente a la Confederación y, a la Nación, a una era de progreso con las 14 provincias cobijadas bajo el celeste y blanco de su bandera; la de 1866 que permitió resolver la última cuestión que quedaba pendiente de la anterior convención, referida a los derechos de importación y exportación que entrarían a formar parte definitivamente del tesoro nacional; la de 1957 llevada a cabo en el ámbito de la manzana histórica de la Universidad Nacional del Litoral, Convención que incorporó el artículo 14 bis dándole rango constitucional a los derechos sociales o de segunda generación, destacando el rol importante que por entonces tuvo el Instituto del Derecho del Trabajo de esta Facultad de Ciencias Jurídicas y Sociales. Fueron en estas aulas donde se escribió que el trabajo gozará de la protección de las leyes, la garantía del salario mínimo vital y móvil, la norma de igual retribución por igual tarea, la garantía de protección contra el despido arbitrario, la estabilidad del empleo público, la garantía de una organización sindical libre y democrática, la inclusión del derecho de huelga, la referencia a la conciliación y al arbitraje, las garantías de estabilidad para

153 La única Convención Constituyente que no se celebró en la ciudad de Santa Fe, fue la del año 1898 llevada a cabo en la ciudad de Buenos Aires que modificó el cambio de la base de elección de Diputados y aumentó el número de ministerios.

los representantes gremiales, la referencia a un sistema de seguridad social integral otorgada por el Estado, el seguro social, las pensiones móviles, el bien de familia, la compensación económica familiar y la garantía de acceso a una vivienda digna; y modificó, también dicha convención, el artículo 67 inciso 11 referido a las funciones del Congreso, con el fin de incluir entre sus tareas la sanción de un código del trabajo y seguridad social.

La Convención Constituyente de 1994 también llevada a cabo en el ámbito del Paraninfo de la UNL y de la Facultad de Ciencias Jurídicas y Sociales, incorporó a la Carta Magna a la Auditoría General, el Consejo de la Magistratura, el tercer Senador por la minoría, la Jefatura de Gabinete de Ministros, el pleno ejercicio de los derechos políticos, los partidos políticos como instituciones fundamentales del sistema democrático, el resguardo de la fuente periodística, el mecanismo de democracia semi-indirecta, la defensa de los consumidores y usuarios de bienes y servicios, el ambiente sano y equilibrado, la protección de los datos personales, el defensor del pueblo, los derechos de incidencia colectiva, el reconocimiento y protección de los pueblos indígenas, la protección de la salud, seguridad e intereses económicos, el patrimonio natural y cultural y la incorporación de los tratados internacionales como fuente normativa, entre otros. En definitiva, con la última reforma constitucional los derechos se multiplicaron; los canales de deliberación judicial se ampliaron para hacerse más efectivos; y el paradigma de los procesos individuales cedió paso al paradigma de los procesos colectivos, iniciados por actores colectivos para provocar sentencias colectivas. El edificio de la Universidad Nacional del Litoral fue testigo directo de esta última Convención que reunió al más completo y extenso arco político que se recuerde. Numerosos sectores políticos hicieron oír su voz. Se discutió con destacado fervor. Las posturas fueron defendidas y argumentadas con vehemencia, pero siempre en un marco de respeto recíproco por las opiniones ajenas. Sin dudas que la reforma de 1994 articuló con lenguaje explícito los acuerdos de una década de vida democrática. En un país como el nuestro que en los años '70 había vivido la tragedia de la violencia política, promediando los '90 encontró un marco de disputa racional en el debate de ideas, constituyendo un extraordinario avance para con nuestra joven democracia constitucional.

El *tercer acontecimiento* estuvo determinado por los sucesivos fallos de la Corte Suprema de Justicia de la Nación de la democracia; por los aportes de la doctrina jurídica argentina; y por el nuevo Código Civil y Comercial de la Nación. Fueron los tribunales los que marcaron paulatinamente el eje constitucional a la hora de resolver los problemas sociales, imprimiendo un antes y un después en nuestra historia democrática. El derecho a ejercer la docencia a toda persona sin que su contextura física se lo impida —*Arezón* 1984— ya que «Nadie es más alto que la Constitución». El derecho a volver a casarse a toda persona divorciada —*Sejean* 1986—. El derecho a decidir en forma autónoma el consumo de estupefacientes —*Bazterrica* 1986—. El derecho a negarse a cumplir con el servicio militar obligatorio basado en la libertad de conciencia —*Portillo* 1989—. «Ekmekdjian - 1992»; «Asociación Benghalensis - 2000»; «Verbitsky - 2005»; «Simón - 2005»; «Arancibia Clavel - 2005»; «Mendoza - 2006»; «Mujeres por la vida - 2006»; «Mosca - 2007»; «Halabi - 2009»; «Rodríguez - 2012»; «Padec - 2013»; «Rizzo - 2013» entre otros, para destacar algunas sentencias del máximo tribunal que, durante el transcurso de todos estos años, fueron fortaleciendo la perspectiva constitucional en nuestras vidas. Es decir, el derecho reconfigurado por la democracia constitucional. El lenguaje de la constitución y el lenguaje del ciudadano de a pie, comenzaron a identificarse. De esta forma, la democracia y la constitución empezaron a reconocerse mutuamente demarcando enhorabuena un nuevo pensamiento jurídico capaz de superar viejas y falsas dicotomías en el campo jurídico entre «lo público y lo privado»; «lo individual y lo colectivo» y «lo subjetivo y lo difuso». También fue muy importante en esta dirección, los aportes doctrinales y la aparición de material bibliográfico con perspectiva constitucional que aportó la escuela jurídica santafesina:

- *Las normas fundamentales de derecho privado* de Ricardo Lorenzetti en el año 1995154, proponiendo un nuevo significado jurídico-político del proceso llamado constitucionalización del derecho privado, reconociendo no solo la incorporación derechos privados al texto constitucional, sino fundamentalmente el reconocimiento de la Constitución como fuente normativa y jerárquica de todo el ordenamiento jurídico.
- *Derecho Civil Constitucional*, de Jorge Mosset Iturraspe en 2011155.
- *El Código Civil y Comercial desde el Derecho Constitucional*, de Horacio Rosatti en 2016156.

Konrad Hesse[157], en sus estudios sobre *Derecho Constitucional y Derecho Privado*[158] sostiene que «ambos aparecen como partes necesarias de un orden jurídico unitario, que recíprocamente se complementan, se apoyan y se condicionan. En tal ordenamiento integrado, el Derecho Constitucional resulta de importancia decisiva para el Derecho Privado y, el Derecho Privado de importancia decisiva para el Derecho Constitucional». Por su parte, el distinguido profesor Honoris Causa de la UNL Jorge Mosset Iturraspe[159], destacó tres aspectos sobresalientes del derecho civil constitucional o derecho constitucional civilizado, a saber:

- su tarea en orden a precisar los derechos fundamentales;
- su función promotora de la transformación de las instituciones tradicionales del derecho civil;

154 Publicado por Rubinzal-Culzoni editores.

155 Publicado por Rubinzal-Culzoni editores.

156 Publicado por Rubinzal-Culzoni editores.

157 Catedrático emérito de Derecho Público y Eclesiástico en la Universidad de Frigurgo. Magistrado del Tribunal Constitucional Alemán entre 1975 y 1987.

158 Hesse, K.: *Derecho Constitucional y Derecho Privado*, Cuadernos Civistas, Madrid 2001.

159 Mosset Iturraspe, J.: «La difusa frontera entre lo público y lo privado» en *revista de la Facultad de Ciencias Jurídicas y Sociales* – UNL, año 2002, número 2, Santa Fe, Argentina.

- su lucha por la eficacia directa, derogatoria, invalidatoria e informadora de la norma constitucional.

Después de ciento cuarenta y cuatro años, y de varios de intentos fallidos para reformar el Código Civil Argentino de 1871[160], el 1.º de agosto de 2015 comenzó a regir en nuestro país el nuevo Código Civil y Comercial de la Nación unificado bajo una serie de principios rectores que gobiernan todo su articulado, marcando una impronta ideológica muy dispar con respecto al viejo Código de Vélez. El nuevo Código Civil y Comercial de la Nación no pertenece a ningún partido político ni a ningún gobierno: es hijo de la democracia argentina en su conjunto[161]. Constituyó una importante pieza jurídica al no perseguir instituir una nueva sociedad, sino a contribuir a desarrollar la misma en dirección constitucional proponiendo una relectura del derecho privado argentino. Por lo tanto, resultan erróneas las opiniones doctrinarias que persisten y que consideran al nuevo código como una mera transición, un mero ajuste de un texto a otro, ya que el mismo debe ser entendido como una radical reconfiguración de lo que entendemos por derecho desde el retorno de la democracia en 1983[162].

- Es el código que distingue entre reglas y principios, para alinearse con la filosofía que, a finales del siglo pasado, rompió con las tradiciones del positivismo de comienzo y mediados del siglo XX.
- Es el código que coloca a la persona en el centro del derecho.
- Es el código de la pluralidad de fuentes, de la razonabilidad de las sentencias del juez y del rol del intérprete del texto conforme los tratados sobre derechos humanos y los principios jurídicos de todo el ordenamiento.
- Es el código de la igualdad real y no abstracta, ya que busca desarrollar una serie de normas orientadas a plasmar una verdadera ética de los vulnerables.
- Es el código de la no discriminación, porque no tolera las segregaciones basadas en el sexo, la religión, el origen o la riqueza.
- Es el código que supera el modelo «único» de familia, para proponer el derecho de las familias.

---

160 Entre los intentos de reforma del código civil mencionamos los siguientes: el proyecto de 1936, el proyecto de 1954, el proyecto de 1987, el proyecto de 1992, el proyecto de 1993 y el proyecto de 1998.

161 Domínguez, Julián Andrés, presidente de la Honorable Cámara de Diputados de la Nación, año 2015.

162 Böhmer, Martín, «De la codificación a la Constitución. Un código en tiempos de democracia» publicado en *Derecho de familia. Revista interdisciplinaria de doctrina y jurisprudencia*, n.º 69, mayo de 2015.

- Es el código para una sociedad multicultural, porque respeta las opciones de vida propias de una sociedad plural, abierta, inclusiva y diversa.
- Es el código con identidad cultural latinoamericana que, por primera vez, tiene algo que decir al mundo, orientado a integrar el bloque cultural de los pueblos comunes a la región.
- Es el Código de los derechos individuales y colectivos, en consonancia con la Constitución Nacional, planteando un nuevo modo de relacionamiento con los recursos naturales.
- Es el código que se propone prevenir los daños, además de resarcirlos.
- Es el código para la seguridad jurídica en las transacciones comerciales, regulando contratos de distribución, contratos bancarios, financieros, fideicomisos, régimen contable de los comerciantes, entre otros temas.
- Es el código que previno la virtualización de nuestras vidas al contemplar la firma, los contratos a distancia, las reuniones societarias virtuales, y la protección de la privacidad.
- Es el Código de los aportes colectivos, ya que más de cien juristas —mujeres y hombres— de todo el país participaron en el debate, la elaboración y proposición del texto final.

Y, por fin, es el código que en su primer artículo[163] reconoce su subordinación a la Constitución Nacional al prescribir que: *«Los casos que este Código rige deben ser resueltos según las leyes que resulten aplicables, conforme con la Constitución Nacional y los tratados de derechos humanos en los que la República sea parte...»*[164]. Sin dudas, y como lo suscribió uno de los tres integrantes encargados de reformar el Código como fue Ricardo Lorenzetti «el nuevo Código miró para atrás pero fundamentalmente miró hacia el futuro tratando de dar respuestas a distintos frentes como el social, el ambiental y el económico, debiendo interpretarse y enseñarse sistémicamente y en coherencia con la Constitución Nacional y los tratados internacionales»[165]. Así,

163 Recordemos que en todo el articulado del viejo Código de Vélez no se menciona nunca a la Constitución Nacional; y su primer artículo decía: «Las leyes son obligatorias para todos los que habitan el territorio de la República, sean ciudadanos o extranjeros, domiciliados o transeúntes».

164 El decreto 191/2011 del PEN, creó la Comisión de Reunificación y de Reformas del Código Civil y Comercial de la Nación, integrada por los doctores Ricardo Lorenzetti, Elena Highton de Nolasco y Aída Kemelmajer. Tuvieron que pasar 144 años para que el viejo Código Velezano fuera modificado.

165 Palabras pronunciadas por R. Lorenzetti en el acto de apertura del año académico de la Facultad de Ciencias Jurídicas y Sociales de la UNL, Aula Alberdi, marzo de 2016.

este Código ya no es el Código decimonónico de la era de la codificación. Es el Código de la democracia constitucional, que se sabe autoridad jurídica como fruto de la deliberación y la decisión mayoritarias pero que también recoge la autoridad y el trabajo de décadas de la doctrina y jurisprudencia. Sin embargo, acepta no ser autoridad excluyente, ya que honra a la Constitución Nacional y al sistema internacional de los derechos humanos, aceptando los usos, prácticas y costumbres de los individuos y grupos que pueblan el territorio nacional[166] .

¿Cuál sería entonces la contribución de las Facultades de Derecho en este nuevo pensamiento jurídico constitucional? Necesitamos imperiosamente generar una cultura jurídica capaz de aportar soluciones a los grandes problemas por los que atraviesa el país. En tan sentido, hace unos años atrás, con motivo del acto académico de clausura de las jornadas en homenaje a los 25.° de la Revista de Derecho Privado y Comunitario de Rubinzal-Culzoni editores, el por entonces presidente de la CSJN Ricardo Lorenzetti, en su conferencia llevada a cabo en el Paraninfo de la UNL, remarcó «el rol fundamental de las escuelas de derecho es el de trabajar por una necesaria e inminente cultura jurídica». Estamos convencidos que la formación profesional de los abogados tiene mucho que ver con el desarrollo de una cultura jurídica que conciba a la Constitución como práctica social. Para ello será necesario que los profesores de las Facultades de Derecho, lleguemos a considerar al aula como espacio constitucional para la enseñanza del mismo. Como señala el distinguido profesor Honoris Causa de la UNL y de Yale Law School Owen Fiss «El aula es un taller del que surge nuestro trabajo académico y al que luego regresa… La experiencia educativa consiste en un intercambio de ideas entre el alumno y los profesores, y el carácter y calidad de ese intercambio dependen de lo que cada participante tenga que decir… Los estudiantes aprenden del amor que aporta el profesor a su materia y de la clase de curiosidad que ese amor engendra»[167]. ¿Pero de qué manera? Suponemos que de varias. Primero, decidir si estamos dispuestos a poner en crisis al tradicional sistema de enseñanza del derecho heredada del pensamiento jurídico *clásico* y que aún persiste en nuestras aulas: memorística, repetitiva, acrítica, monologa y excesivamente teórica. Será necesario entonces cambiar por una concepción del derecho como práctica social de los operadores jurídicos de la democracia constitucional llamados a la tarea de enseñar con una mirada crítica, creativa y sustentada en el desarrollo de destrezas necesarias para el ejercicio profesional. Debemos enseñar a interpretar de lo que nos quieren decir las normas y los hechos sociales a los que pretenden dar respuestas. Debemos señalar la necesidad de sumar más intérpretes del texto constitucional, para hacer de esta, una práctica social constante. Debemos enseñar a nuestros estudiantes a resolver casos con destreza argumentativa, de tal for-

166 BÖHMER, Martín, en artículo citado.
167 FISS, Owen: «El derecho según Yale», en BÖHMER, ob. cit.

ma que le permita poder comprender el derecho, para qué sirve, cómo funciona y cómo debería funcionar. Para ello, debemos dotarlos de capacidades argumentativas que les permitan defender sus posturas frente a otras normas vigentes pero inválidas o que les permitan también colmar las «lagunas» del ordenamiento considerado en conjunto. Para cumplir con esos objetivos, será necesario revisar nuestra concepción del derecho, modificar los planes de estudios, los recorridos curriculares, los contenidos de las asignaturas y la forma de enseñarlo, para decidir dónde ponemos el acento priorizando lo que un estudiante deba aprender necesariamente durante sus años en la Facultad. El profesor Rodolfo Vigo[168], hace unos años nos advertía acerca de la devaluación que padecían en las facultades de derecho, determinadas ramas fundamentales como el derecho constitucional: *«El derecho constitucional en la formación tradicional de nuestros estudiantes de abogacía es una rama más, incluso no es de aquellas de las que goza del mayor prestigio, pues entre éstas habitualmente se cuenta el Derecho Privado».*

Por este y muchos motivos más, el rol de las Facultades de Derecho en la preparación de abogados y abogadas es clave a la hora de enseñar a interpretar a la Constitución Nacional como práctica social racional, que junto a otros actores del sistema político y jurídico —jueces, empresarios, legisladores, periodistas especializados en temas de justicia, dirigentes políticos— se constituyan en sus intérpretes y artífices directos en la consolidación del pensamiento jurídico *constitucional.*

Breve reflexión:

¿Se reconfiguró al derecho argentino a partir del retorno de la democracia? Estamos convencidos que, a partir de 1983, la nueva democracia argentina reconfiguró al derecho en el país, inaugurando el paradigma constitucional en el pensamiento jurídico. De la misma forma que la política del siglo XIX decidió una Constitución para la eficacia, justo es reconocer que la política de finales de los años ´80 del siglo XX, resolvió una Constitución para la democracia deliberativa que garantice el pleno ejercicio de los derechos ciudadanos. Y desde esta lógica, podríamos comprender mejor las tensiones que durante las últimas décadas surgieron entre ambas. Los operadores políticos/jurídicos —no todos— supieron entender este paradigmático cambio que ubicó al Derecho por sobre la Política en el escenario de nuestras vidas, invirtiendo de esta manera este tradicional binomio. Solo así podemos, y con el prisma de la tradición constitucional, comprender la Reforma de 1994; los aportes de la doctrina; los fallos mencionados del máximo Tribunal de Justicia; y el nuevo Código Civil y Comercial de la Nación. ¿El retorno de la democracia al país, significó un aumento del bienestar general? «Con la democracia no solo se vota, sino también se come, se educa y se cura». Es de-

168 VIGO, Rodolfo: en artículo «Constitucionalización y neoconstitucionalismo: algunos riesgos y algunas prevenciones» publicado en *Revista de la Facultad de Ciencias Jurídicas y Sociales – Nueva Época*, UNL – número 7 año 2009, pág. 280, Santa Fe, Argentina.

cir, bienestar general, tal como lo afirmó el presidente Alfonsín al convertirse en el primer mandatario democrático desde 1983. Tiempo después nuestro escenario social, marcado por crisis económicas, pobreza en aumento, inflación constante, corrupción en las estructuras del Estado, descreimiento en las instituciones y mala calidad de los dirigentes políticos, lamentablemente transitó por el ser. Todas esas deudas acumuladas en democracia derivaron en un desencanto social. Aunque cabe aclarar que esa aguda desilusión apunta más a la dirigencia política que a la democracia en sí misma. En 1983 la pobreza en Argentina era del 16 %. En 2021 alcanzó 42 %. Actualmente, un alto porcentaje de la sociedad descree en las instituciones como la Justicia, el Poder Legislativo, los Sindicatos, entre otras. El cortoplacismo, los cambios bruscos de rumbo y la falta de una política económica coherente y creíble explican en gran parte nuestro fracaso. Las estadísticas demuestran que cada crisis arrastra, como un tsunami, a miles de personas a la pobreza. Y con ella, se van sumando varias generaciones de pobres. En este sentido, sí podemos considerar que la pobreza perjudica a la democracia desde un punto de vista ético y moral. No obstante, los trabajos de los cientistas políticos de prestigio exhiben que las frustraciones se vuelcan sobre la clase política y no sobre el régimen democrático como un todo. Si el descontento es con la política y no con la democracia, será necesario entonces un acuerdo social a corto plazo, pero sostenible en el tiempo para superar los históricos desencuentros que han dividido a la Argentina. La pandemia provocada por el covid-19 puso en evidencia el fracaso de todas nuestras políticas, por lo que tal cometido se presenta con premura.

¿El retorno de la democracia al país, reconfiguró la enseñanza del derecho? Nuestra respuesta es negativa. Hace mucho tiempo que nuestra enseñanza del derecho se encuentra en una encrucijada sin saber a dónde ir. Ya lo decía el filósofo y político de la antigua Roma Lucio Séneca: *«No hay viento favorable para el que no sabe dónde va».* Creemos que la democracia recuperada constituyó un viento a favor para la enseñanza del derecho, marcando un claro rumbo a seguir. Sin embargo, todo indica que, por el momento, a nuestra actual enseñanza le cuesta mucho darse cuenta. Vive su momento Gramsciano, en el sentido que lo viejo se está muriendo y lo nuevo logra nacer. Llegó la hora para que las Facultades de Derecho se resistan a seguir preparando abogados para el Estado de Derecho Legal del siglo XX, y comiencen a formar abogados para el Estado de Derecho Constitucional del siglo XXI.

Este es el gran cambio paradigmático que proponemos. Para ello, debemos ponernos de acuerdo entre los actores interesados y responsables en cambiar nuestra actual enseñanza del derecho. No hay soluciones mágicas de la noche a la mañana. Todas las reformas (pequeñas o grandes) pero que se realicen con un propósito u objetivo claro, resultará importe en la compleja tarea de superar brechas existentes entre enseñanza del derecho y democracia constitucional.

TÍTULO CUARTO.

LOS DESAFÍOS DE LA ENSEÑANZA DEL DERECHO EN EL SIGLO XX

CAPÍTULO 10.

DEL ESTADO LEGAL AL ESTADO CONSTITUCIONAL DE DERECHO

«En mi larga vida he visto que la humanidad a veces parece retroceder, pero la curva es de progreso. Evolucionamos, no estamos en la Edad Media».

(Isabel Allende)

¿A qué nos referimos cuando hablamos de Estado de Derecho Constitucional? ¿Cuáles serían sus implicancias respecto de la enseñanza del derecho? ¿Por qué deberíamos tenerlo presente?

Dedicaremos este capítulo a repensar algunos argumentos que intentan explicar acerca de lo que se entiende por Estado de Derecho Constitucional y su incidencia en la educación jurídica. Para ello, acudiremos al análisis del rol desempeñado por el Estado en su sucesión histórica, no como una simple curiosidad del pasado, sino para saber cómo y por qué el Estado en sus distintas formas, fue evolucionando gradualmente hacia el «Estado Constitucional» como resultado de una progresiva superación. En la historia jurídica y política de occidente, podemos identificar tres grandes paradigmas que explican la evolución de las Monarquías Absolutistas al Estado Legal y Constitucional:

- *Monarquía Absolutista*.
- *Estado de Derecho Legal*.
- *Estado de Derecho Constitucional*.

Realizaremos un breve análisis de cada uno en orden cronológico.

Monarquía Absolutista: el período histórico de la Edad Media abarcó varios siglos. El paradigma de «Dios» con su intenso deísmo marcó un orden político y social durante cientos de años. Iglesia y corona, es decir, la cruz y la espada constituyeron los símbolos de unidad de las dos entidades, sosteniendo la sociedad, legitimando los cargos en el poder, el ejercicio de la autoridad, el lugar del hombre por sobre la mujer, la explotación del trabajo, y, sobre todo, el lugar en el estrato social en que se había nacido. La insubordinación al rey era considerada una desobediencia a dios, pagando con la propia vida dicha actitud. No había dudas de que el poder radicaba en las grandes catedrales.

Las extensas crisis económicas de la Europa de los siglos XIV y XV pusieron en crisis la producción económica y el sistema político feudal de finales de la época medieval. En el transcurso del siglo XVI apareció en Occidente el Estado Absolutista. Fueron monarquías centralizadas como la de Francia con Luis XI llamado «el prudente»; en Inglaterra con Enrique VII «primer rey Tudor»; en España con Fernando II de Aragón e Isabel I de Castilla apodados «Los reyes católicos»; y en Austria con Maximiliano I «Emperador del Sacro Imperio Romano Germánico», representaron una ruptura concluyente con las sociedades fragmentadas medievales propias de los sistemas de feudos. Monarcas «hereditarios» de la gracia de Dios, encabezaban las jerarquías de nobles terratenientes. Para la clase feudal dominante, la llegada de las Monarquías Absolutistas no fue un proceso de evolución pacífica, sino marcado por conflictos, traiciones y tensiones extremas en el seno de la misma.

¿Qué fue la Monarquía Absolutista? Fue esencialmente un aparto reorganizado y potenciado de dominación feudal, destinado a mantener a las masas campesinas en su posición social tradicional, a pesar y en contra de las mejoras que habían conquistado por medio de la amplia conmutación de las cargas. Constituyó un nuevo caparazón político de una nobleza amenazada y no un árbitro entre la aristocracia y la burguesía como sostenían Engels y Marx.[169] Y, fundamentalmente, fue una estructura pensada para la guerra. El historiador británico Christopher Hill[170] dijo al respecto *«La monarquía absoluta fue una forma diferente de monarquía feudal, distinta de la monarquía de estamentos feudales que la precedió, pero la clase dominante continuó siendo la misma, exactamente igual que una república, una monarquía constitucional y una dictadura fascista pueden ser todas ellas formas de dominación de la burguesía».*

¿Cómo se definía lo que por entonces fue el feudalismo? El feudalismo originariamente fue una unidad orgánica de economía y política, distribuida en una cadena de soberanías fragmentadas a lo largo de toda la formación

169 ANDERSON, Perry; *El estado absolutista*, Capítulo I, pág. 136, editorial Siglo XXI, México año 1987.

170 Citado por Perry Anderson en el capítulo de su autoría sobre *El estado absolutista*.

social: servidumbre como mecanismos de extracción de la aldea; explotación económica; y coerción política-legal del campesinado. Para el «caballero» era indispensable poseer una gran propiedad para trabajar la tierra. Su condición de «noble» o «hidalgo» fue necesaria no solo para gozar de privilegios sociales y políticos sino también su único camino para acceder a los altos puestos de la Monarquía. A su vez, el señor feudal tenía que reconocer la propiedad escalonada, es decir, rendir tributo y prestar servicio de caballería a un señor supremo que reclamaba el dominio último de la tierra. La guerra era el modo más rápido y eficiente que en el feudalismo disponía la clase dominante para expandir su territorio.

La guerra ante todo. Por esa razón, la guerra no era el «deporte» de los príncipes sino su destino. El propio Nicolás Maquiavelo en su tratado político[171] del siglo XVI dirá al respecto *«Un príncipe, pues, no debe tener otro objeto ni otro pensamiento, ni cultivar otro arte más que la guerra, el orden y la disciplina de los ejércitos, porque éste es el único arte que se espera ver ejercido por el que manda».*

Ese sistema económico feudal tan característico de la baja edad media, con el correr de los años se iba convirtiendo cada vez más obsoleto. Dicha explotación y aumento de gastos en favor de las estructuras políticas-sociales piramidales en toda Europa, provocó hacia el 1780 una «reacción feudal» que precipitando la revolución. El historiador y ensayista político inglés Perry Anderson[172] nos recuerda que el período transcurrido entre 1450 y 1500 que presenciaron las primeras monarquías absolutas unificadas de Occidente, fueron también los años que superaron la crisis de la tradicional economía feudal con la aparición de los avances tecnológicos específicamente urbanos. Un conjunto de inventos cambió el rumbo de la historia. Entre ellos, el proceso de *seiger* o fundición metalúrgica para separar la plata del mineral de cobre provocó un nuevo flujo de metales en la economía internacional; la producción monetaria de Europa central; el desarrollo de los cañones de bronce convirtió a la pólvora en el arma de guerra decisiva para derrumbar las defensas de los castillos señoriales; la llegada de la imprenta; la construcción de galeones de tres mástiles y con timón a popa provocó la conquista de los mares desconocidos hasta entonces. Todas estas invenciones sentaron las bases para el Renacimiento europeo de la segunda mitad del siglo XV y el fin de la crisis agrícola.

¿Qué sucedió con el derecho y los juristas durante este largo período? Cabe recordar que el conocimiento de la jurisprudencia romana data ya desde la Baja Edad Media. Fue en la ciudad de Bolonia de la región de la Emilia Romana de la Italia del siglo XII donde se comenzó con el estudio sistematizado de las codificaciones romanas del emperador Justiniano. En tal sentido,

171 *El Príncipe* de Nicolás Maquiavelo fue editado por primera vez en el año 1532.
172 *El estado absolutista*, editorial siglo XXI, página 138, capítulo I, año 1987, México.

fue muy importante la escuela de los glosadores quienes reconstruyeron y clasificaron metodológicamente el legado de los antiguos juristas romanos, cuyo trabajo lo continuaron los comentaristas durante los siglos XIV y XV preocupados por adaptar el viejo derecho romano a las condiciones de su tiempo. Pero la recepción decisiva del derecho romano ocurrió en la Europa renacentista. Así fue como el derecho civil clásico romano favoreció el desarrollo del capital tanto en la ciudad como en el campo, bajo la concepción de la propiedad privada *absoluta e incondicional* para dejar de lado la propiedad *quiritaria*[173].

Por su parte, el derecho mercantil y el derecho marítimo comenzaron a expandirse rápidamente por las ciudades. Desde el punto de vista político, el resurgir del derecho romano trajo como consecuencia un incremento de los poderes centrales por parte de los gobiernos monárquicos. La máxima de Ulpiano «la voluntad del príncipe tiene fuerza de ley» se convirtió rápidamente en un ideal constitucional de las monarquías absolutistas. Es decir, el derecho civil que regulaba las relaciones entre privados —*ius*— pronto encontró su límite en el derecho público a través del poder discrecional del monarca —*lex*— que regulaba las relaciones entre el Estado y sus súbditos. Durante los siglos XII y XIII la Europa feudal utilizó la jurisprudencia romana con la codificación del derecho canónico. De esta forma, el poder eclesiástico con su máxima autoridad Papal, amplió sus controles administrativos sobre la Iglesia y sobre los monarcas a través de los abogados canonistas que, por entonces, se habían constituidos en verdaderos burócratas semi profesionales enseñados en el derecho romano. Los *letrados* en España; los *maítres des requétes* en Francia, los *doctores* en Alemania, bajo una formación romanizada del derecho, fueron quienes infundieron por toda Europa las doctrinas de la autoridad del príncipe para decretar y las normas legales unitarias para regular. Volvamos a la concepción del Estado. Las monarquías absolutistas fueron diseñadas para el campo de batalla, es decir, verdaderas maquinarias pensadas para la guerra. A lo largo de los siglos XVI y XVII los enfrentamientos militares fueron innumerables e interminables. Podría decirse que la guerra fue la regla y la paz la excepción. Se calcula que dos tercios de lo que recaudaba el Monarca lo destinaba a las fuerzas militares, y con todo ello, el dinero recaudado no alcanzaba. Las erogaciones del Estado aumentaban y con ellas los impuestos que recaían en los más pobres. El trágico final es conocido: el estallido de una cadena de rebeliones campesinas contra los impuestos monárquicos en toda Europa.

173 En Roma, la única propiedad conocida por los romanos era la propiedad quiritaria que se le denominaba, «dominium ex iure quiritium», por estar sancionada por el derecho civil, requiriéndose para ser propietario: que se tratara de una cosa mancipi; que el propietario fura ciudadano romano; y que el dominio se hubiera adquirido por «mancipatio» o por «in jure cesio».

Por su carácter extremadamente belicista, la Monarquía Absolutista tuvo una marcada naturaleza *mercantilista* que se tradujo en una fuerte intervención tanto en la política y como en la economía. En cambio, la doctrina del *laissez faire* fue propia del Estado capitalista burgués que propició una rigurosa separación formal de los sistemas políticos y económicos, en un marco de pacificación entre las naciones. Por último, debemos señalar que unos de los grandes inventos también del Estado absolutista en Occidente fue la creación de la diplomacia[174]. Dicha Institución que había nacido en Italia, pronto se expandió por otros países como Francia, España, Inglaterra y toda Europa en el siglo XVI. La diplomacia como la búsqueda de entendimientos pacíficos entre las naciones fue, sin dudas, la marca registrada para el nacimiento del Estado Renacentista.

En resumen, las Monarquías absolutistas se caracterizaron por la dominación de la nobleza feudal que depositó el poder en la monarquía y permitió el enriquecimiento de su clase a merced de la explotación de las masas rurales y urbanas. Rey y Estado se fusionaron en una misma persona: «L´État, c´est moi»[175]. Para ello se valió de un ejército, burocracia, diplomacia y dinastía. Su final estuvo marcado por la crisis del poder de esta clase, el estallido de las revoluciones burguesas y la aparición del Estado capitalista.

Estado de Derecho Legal. También conocido como Estado liberal de Derecho fue la forma de los Estado nacionales desarrollados entre los siglos XIX y XX. Podríamos afirmar que su origen fue literalmente revolucionario. Nace de una de las revoluciones más importante de la historia del mundo occidental: la Revolución Francesa de 1789[176]. Se sabe que no fue un hecho aislado sino la consecuencia de muchos años de opresión y explotación de las monarquías absolutistas y los privilegios de la nobleza sobre otras clases sociales. El campesinado vulnerable, que padeció incesantes explotaciones económicas, impuestos y malas cosechas, se fue empobreciendo más y más con el transcurso del tiempo. Por su parte, los obreros urbanos padecieron el coste de vida elevado, el hambre y las injusticias sociales. ¿Por qué razón fue la revolución más poderosa de su época?

174 La diplomacia tuvo su origen en la llamada Paz de Lodi, en la Italia del siglo XV. Ante la caída de Constantinopla en el año 1453, y ante el temor de una invasión otomana sobre Italia, las ciudades de Venecia, Milán y Florencia firman este acuerdo para poner fin a las guerras en ese territorio. Así nació la «Santa Lega» para hacer frente al imperio otomano.

175 Se le atribuye esta expresión a Luis XIV Rey de Francia, pronunciada en el año 1655.

176 «Un inglés que no esté lleno de estima y admiración por la sublime manera en que una de las más IMPORTANTES REVOLUCIONES que el mundo ha conocido se está ahora efectuando, debe de estar muerto para todo sentimiento de virtud y libertad; ninguno de mis compatriotas que haya tenido la buena fortuna de presenciar las transacciones de los últimos tres días en esta ciudad, testificará que mi lenguaje es hiperbólico» Del *Morning Post* (21 de julio de 1789, sobre la toma de la Bastilla)

Los legados de la Revolución Francesa fueron tres: libertad, igualdad y fraternidad. De los tres legados, a nuestro entender la Revolución Francesa dejó uno concluso y los otros dos inconclusos. Efectivamente, dejó el legado de la libertad, pero inconcluso el legado de la igualdad[177] y la fraternidad[178]. Pero hubo otras razones que la hicieron una revolución peculiar ya que sucedió en el más poderoso y populoso de la Europa de aquél entonces; porque fue la única revolución social en masas; porque fue la única ecuménica, ya que proyectó sus ideas sobre toda Europa y en muchos países del mundo, entre ellos el levantamiento para la liberación de los países latinoamericanos después de 1808. Si la economía del mundo del siglo XIX se formó principalmente bajo la influencia de la revolución industrial inglesa, su política e ideología se formaron especialmente bajo la influencia de la revolución francesa[179].

De esta manera, Francia proporcionó al mundo un modelo de Estado con su organización política, científica y técnica, además de programas para los partidos políticos liberales, radicales y democráticos de muchos países. Pero quizás el concepto político más revolucionario de la proclama burgués-liberal fue la idea de «pueblo» identificado con la nación.

En 1789, el pueblo de Francia puso fin a la monarquía absoluta de Luis XVI y no lo hizo un partido político ni un líder de clase identificado, sino un grupo social coherente con sus ideas del liberalismo clásico: *la burguesía.* Los hechos históricos nos recuerdan que las peticiones del burgués de 1789, fueron aprobadas por la Asamblea Nacional Constituyente del 26 de agosto de ese año, conocidas como la *Déclaration des Droits de l'Homme et du Citoyen* constituyéndose un documento contra la sociedad jerárquica y los privilegios de los nobles, pero no en favor de una sociedad más igualitaria o democrática. *«Los hombres han nacido, y continúan siendo, libres e iguales en cuanto a sus derechos»* comienza el artículo 1.° pero seguidamente acepta que *«... las distinciones civiles sólo podrán fundarse en la utilidad pública».* La propiedad privada era un *«derecho natural e imprescriptible del hombre»* (artículo 2.°) *y* la fuente de toda soberanía reside *«esencialmente en la nación»* (artículo 3.°) y no en Dios. Vemos entonces que de sus tres primeros artículos, surge claramente la visión del hombre que es la propia del individualismo en abstracto y no en contexto, reivindicando su condición de libre e igual en derechos y sin intermediación alguna entre el individuo y el Estado.

El clásico liberal burgués de 1789 no era un demócrata sino un creyente en el constitucionalismo y en un Estado secular con libertades civiles que garantiza la iniciativa privada, gobernado por contribuyentes y propietarios. No

177 La revolución rusa se propuso concretar la igualdad a costa de miles de vidas humanas y una permanente tensión con el ideario de la libertad.

178 Se ha dicho con acierto que el tercer legado incluso de la fraternidad fue puesto en evidencia por la pandemia del COVID-19.

179 Hobsbawm, Erica *La era de la Revolución 1789-1848*, editorial Crítica, 1ra. edición, C.AB.A. año 2020, Argentina.

obstante, resulta oportuno destacar de aquel período a la Constitución jacobina de 1791 como verdadero documento que ofrecía al pueblo la abolición de todos los derechos feudales sin indemnización alguna; el sufragio universal; el derecho de insurrección; trabajo; alimento; el bien común como toda finalidad del gobierno y que los derechos del pueblo no serían meramente posibles sino operantes. Fue sin dudas, la primera y genuina Constitución democrática promulgada por un Estado moderno. Algunas de las características más sobresalientes de este período que va desde 1789 hasta mediados del siglo XX, son las que a continuación se detallan. Para ello, acudimos a un resumen que muy bien formulara en su libro sobre *El Estado de Derecho Constitucional y Democrático* el profesor de la Universidad Nacional del Litoral Dr. Rodolfo Vigo[180].

La visión de la sociedad en el Estado de Derecho Legal es la «sociedad homogénea», es decir, la suma de los individuos que alcanzan el bienestar general solo cuando cada uno (autonomía) consiguen sus bienes individuales (unilateralidad) desde la libertad sin intervención alguna: *laissez faire – laissez passer.* El Estado de Derecho Legal o también llamado Estado Legislativo de Derecho, se caracterizó ante todo por la centralidad de la ley, máxima expresión de la soberanía del Estado, y por eso mismo máxima fuente del derecho, y a la vez, como consecuencia, también modo principal y privilegiado de garantía de los derechos[181]. Por esa razón, uno de los signos más distintivos de este período, es aquél que señala la confusión entre Derecho y Ley. ¿En qué se tradujo esta confusión? En que los códigos sistematizan todo el derecho. Dicho de otra manera, no hay derecho fuera, ni antes ni superior al de la ley. Todas las situaciones de la vida de una persona pueden ser prevista y solucionadas de antemano por el código que es sinónimo de ley. El código o la ley era absolutamente clara para su comprensión y aplicación en tanto contenía normas que definía un supuesto fáctico genérico al que se le atribuían determinadas consecuencias jurídicas para la hipótesis que ocurriera. Desentrañar el sentido de la ley es encontrar «una» respuesta oculta en la misma. *«Yo no conozco el derecho civil, solo enseño el Código de Napoléon»* proclamaba en las aulas de la Sorbona, el representante de la escuela de la exegesis Profesor Juan José Bugnet. En el Estado de Derecho Legal, el poder jurídico reside en el Poder Legislativo, es decir, el legislador (codificador) es el encargado de «hacer derecho». Por esa razón se lo suele denominar también como «Estado Legislativo de Derecho». El Poder Ejecutivo, es decir, el administrador es el encargado de «ejecutar» el derecho sin alterar su espíritu; y el Poder Judicial, es decir, el juez actúa como si fuera la «boca de la ley» teniendo el deber de «aplicar» en derecho sin valorar alguna. En el Estado de

180 Vigo, Rodolfo: *El Estado de Derecho Constitucional y Democrático*, editorial CEP Corporación de Estudios y Publicaciones, páginas 1 a 25, Año 2016, Quito, Ecuador.

181 Fioravanti, Maurizio, *Los derechos fundamentales* Editorial Trotta, séptima edición 2016, pág. 131, Madrid, España.

Derecho Legal las fuentes del derecho son jerárquicas, exhaustiva y estatista. La ley, la costumbre y la jurisprudencia constituyen una nómina cerrada y excluyente ya que no hay derecho sin la intervención del Estado que ostenta el poder exclusivo para ello. En la misma dirección, en este modelo de Estado el sistema jurídico es completo en el sentido que consagra como permitido todo lo que no está prohibido; y coherente con forma piramidal kelseniana de manera que en la base están las normas individuales y en la cúspide la más general de todas. En el Estado de Derecho Legal, la seguridad jurídica y, por ende, su previsión está basada en los apotegmas latinos: «dura lex, sed lex» y «jure et de jure». Traducido significa que «la ley es dura, pero es la ley»; y «la presunción que no admite prueba en contrario». Es decir, el conocimiento o la ignorancia tienen mayor preeminencia que el valor equidad, en el sentido de búsqueda de lo que es justo en el caso.

Durante todo el siglo XIX se consolidaron los Estados nacionales tanto en Europa como en América, y para tal cometido, resultó imprescindible el concepto de soberanía de los mismos en tanto significaba un poder concentrado sobre todo el territorio y el desconocimiento de todo poder que, por arriba del Estado, pretendía imponer alguna norma jurídica. Cuando se habla de derechos humanos en el Estado de Derecho Legal, se los entiende como resultado de una concesión del Estado, en el sentido de abstención o limitación del mismo en orden a asegurar la libertad individual, renunciando a entrometerse en la vida de los ciudadanos. De la misma manera que cuando se habla de democracia en el Estado de Derecho Legal, alude a su significado procedimental donde todas las cuestiones de interés para la vida social y política quedan sujetas a la imposición de reglas de la mayoría sin limitación alguna para con las minorías. Y cuando se habla de Constitución en el Estado de Derecho Legal, se apunta a un programa político y no como fuente inmediata operativa del derecho que era la ley. De ahí que, para esta concepción, lo importante de una Constitución reside en su parte orgánica encargada de distribuir y organizar el poder del Estado, restándole atención a la parte dogmática y buscando un punto de equilibrio entre monarquías y parlamento con la excepción de Francia donde había una República. Maurizio Fioravanti en su libro sobre *Los derechos fundamentales*, nos recuerda que hay un texto que expresa bien la relación que existía entre Constitución y Ley en el Estado Legal de Derecho. Se trata del Estatuto Albertino de 1909, es decir, la Carta vigente en Italia antes de la actual Constitución republicana, donde redacta la siguiente idea: *«Nuestro Estatuto no concede derechos al individuo, sino simple presunción de derechos: mientras la existencia jurídica y el verdadero contenido de los derechos subjetivos individuales dependen de las leyes que específicamente los tratan, y es en estas donde hay que buscarlos»*[182]. Es decir, en este período, las Cartas constitucionales en materia de

182 Fioravanti, Maurizio, *Los derechos fundamentales* Editorial Trotta, séptima edición 2016, pág. 131, Madrid, España.

derechos contienen pocas disposiciones y con frecuencia actúan como mera remisión a la ley. Los derechos existen en sentido jurídico porque la ley los prevé. En otras palabras, los derechos residen en la órbita del legislador que actúa con amplísima discrecionalidad a la hora de tratarlos.

El derecho civil es la rama del derecho más relevante en el Estado de Derecho Legal, con su sesgo ius privatista patrimonial propio de la Revolución Francesa y su famoso Código de 1804 que sirvió de modelo para Europa y Latinoamérica. Los códigos otorgaban carta de legitimidad académica a las asignaturas a la hora de diseñar los planes de estudios de las carreras de abogacía. La formación de abogados estaba señalada por el derecho privado, resultando muy difícil en el ámbito universitario cambiar esta pretensión. Esa forma de concebir y conocer al derecho le dio la característica de normativista, formalista, enciclopedista, legalista y textualista que, por décadas, lo alejaron del derecho vivo cargado de principios y valores, abierto a las diversas situaciones de la vida social, inclusivo, complejo y plural.

Por su parte, el derecho procesal estaba centrado en una visión individualista y privatista (actor-demandado) cuyos actores acuden ante un juez a los fines que este reconozca o rechace un derecho subjetivo en discusión. La errónea enseñanza en las aulas universitarias de que la verdad procesal (lo que no está en el expediente no está en el mundo) importa más que la verdad real. La responsabilidad civil consagrada por el Código Civil francés de 1804 sentó el sistema basado en la culpa de aquel que obraba antijurídicamente y que al hacerlo causaba un daño. Este sistema ponía la lupa sobre la persona de dañador y no en la víctima del daño. El derecho procesal penal del Estado de Derecho Legal es el inquisitivo, a cargo de un juez encargado de la etapa de investigación y con amplios poderes en el marco de un procedimiento secreto, formal, escrito y de escasa inmediación. Ese mismo juez, oportunamente dictará sentencia. Desde el punto de vista de la metodología de la enseñanza, en el Estado de Derecho Legal, la memoria era la capacidad más importante para conocer la ley y repetirla en las instancias evaluativas. El estudio desarticulado de las distintas ramas del derecho es acorde con una formación extremadamente teórica, acrítica e irreal. Los métodos interpretativos son los que la escuela exegética básicamente pregonó tratando de alcanzar el «sentido» de la ley. Entre ellos, el gramatical (el diccionario otorga el significado de las palabras de la ley); y el lógico (indagar lo que quiso decir el legislador recurriendo al debate parlamentario, y a las notas a pie de los artículos). No hay una mirada sistémica del derecho. Por el contrario, la ley es considerada en soledad a la hora de resolver problemas.

La labor del juez en el Estado de Derecho Legal es la subsunción del caso a la ley a través de un silogismo deductivo, y para ello, basta conocer las reglas que estos regulan, prescindiendo de valoraciones al respecto. Esto era posible en la concepción de que la ley era siempre «clara, justa y sin lagunas». El derecho, en el Estado de Derecho Legal, se demanda como una especie de isla epistémica en la que solo encontramos normas jurídicas dadas y despojadas de dimensiones políticas, sociológicas, económicas y éticas. Dicha concepción fue reforzada por la Teoría pura del Derecho que en el año 1936 publicó Hans Kelsen. El derecho sólo para juristas «capacitados» para entender un lenguaje jurídico encriptado y no pensado para sus destinatarios.

En definitiva, en el Estado de Derecho Legal se necesitó de una teoría filosófica ius positivista para dar sustento a la idea central de que no había más derecho que el puesto como tal. Sus consecuencias no deseadas para la humanidad determinaron, hacia mediados del siglo XX, el final del Estado de Derecho Legal para dar lugar a una nueva forma paradigmática y superadora de Estado de Derecho.

Estado de Derecho Constitucional. De la mera garantía legislativa a la inviolabilidad de los derechos del hombre, marcó el paso histórico del Estado Legal de Derecho al Estado Constitucional de Derecho. Dos conceptos claves en esta forma de Estado: inviolabilidad y emancipación. Inviolabilidad de los derechos fundamentales de la persona y emancipación de las garantías de los derechos del mero dato formal de la ley para ser elevado mediante previsión constitucional al rango de principio fundamental colocado en el vértice de la escala jerárquica de las fuentes del derecho. Fueron razones más que suficientes para la toma de conciencia internacional ante las terribles tragedias humanas producidas durante la primera mitad de siglo XX: dos guerras mundiales, más de cien millones de muertos, tres genocidios[183], nuevos experimentos totalitarios, políticas de exterminio y una depresión económica global que provocó miseria y hambre a la humanidad[184]. Ahora bien ¿Nadie vio venir a los grandes criminales de la historia del siglo XX? ¿Nadie pudo evitar tremendas atrocidades contra la humanidad? ¿Qué cuota de responsabilidad les toca a los intérpretes del derecho? Al decir del filósofo Alemán Theodor Adorno *«Después de Auschwitz escribir poesía es un acto de barbarie».*

En 1951 la reconocida ensayista política Hanna Arendt escribió *Los orígenes del totalitarismo* impregnado por el horror del régimen nacionalsocialista y el apogeo del estalinismo soviético. En este libro la escritora alemana estableció una precisa distinción entre regímenes autoritarios y totalitarios. El primero restringía la libertad y mientras que el segundo la suprimía. Asimismo, en otro de sus libros *La condición humana H.* Arendt escribió «El totalitarismo no es la dominación despótica sobre las personas sino un sistema donde las

183 El genocidio cometido por el gobierno de los Jóvenes Turcos contra el pueblo armenio (1915-1918); el genocidio Ruso contra el pueblo ucraniano (1932-1933) y el genocidio cometido por la Alemania nazi contra el pueblo judío (1941-1945).

184 Durante el siglo XX, hubo dos desastres que estremecieron a toda Europa que desde siempre me han intrigado por saber más acerca de esos dos tristes acontecimientos. Uno fue el ataque aéreo a Guernica (España) ocurrido el 26 de abril de 1937, y el otro fue el accidente de Chernóbil (Ucrania) también ocurrido un 26 de abril, pero del año 1986.

personas son superfluas». Los ejemplos de regímenes totalitarios del siglo XX fueron el de la Unión Soviética de 1929 a 1956; la Alemania nazi de 1934-1938 a 1945; la China de 1949 hasta la muerte de Mao Zedong en 1976; el régimen genocida de Pol Pot en Camboya y el régimen norcoreano de la dinastía Kim. Tras el mal absoluto sin precedentes en la historia, la humanidad fue capaz de detenerse a reflexionar sobre su propio futuro. Todo cambió con el paso hacia el nuevo Estado de Derecho Constitucional del siglo XX. Significó una nueva reconfiguración del derecho a escala internacional y el epicentro de una nueva categoría universal, imprescriptible, irrenunciable e inalienable: los derechos humanos. Para ello, necesitó una nueva redefinición de democracia y constitución en el plano estatal. Un nuevo paradigma diseñado en el trienio 1945-1948: la Carta de la Organización de las Naciones Unidas y la Declaración Universal de los Derechos Humanos.

> «Nosotros los pueblos de la Naciones Unidas resueltos a preservar a las generaciones venideras del flagelo de la guerra que dos veces durante nuestra vida ha infligido a la Humanidad sufrimientos indecibles, a reafirmar la fe en los derechos fundamentales del hombre (...) hemos decidido aunar nuestros esfuerzos para realizar estos designios»[185]. «La Asamblea General, Proclama la presente Declaración Universal de los Derechos Humanos como ideal común por el que todos los pueblos y naciones deben esforzarse, a fin de que tanto los individuos como las instituciones, inspirándose constantemente en ella, promuevan, mediante la enseñanza y la educación, el respeto a estos derechos y libertades, y aseguren, por medidas progresivas de carácter nacional e internacional, su reconocimiento y aplicación universales y efectivos, tanto entre los pueblos de los Estados Miembros como entre los de los territorios colocados bajo su jurisdicción»[186].

Antes de 1948 no existía una Carta internacional de los derechos humanos[187]. Por esa razón fue un consenso inédito equivalente a nuestro *Nunca Más* entre las naciones luego de la finalización de la segunda guerra mundial, para poner fin a los horrores del pasado, a las sangrientas dictaduras y totalitarismos considerados, por entonces, como fuente de legitimación de los sistemas políticos. Los juicios de Núremberg iniciados el 20 de noviembre de 1945 contra los responsables del nazismo, fue una bisagra que hizo saber al mundo acerca de la maldad que había sido capaz de llevar a cabo el odio del hombre. Fue así como Constituciones sólidas positivizaron el principio de paz; separación de los poderes; igualdad de todos los

185 Preámbulo de la Carta de la Organización de las Naciones Unidas firmada el 26 de junio de 1945 en San Francisco.

186 Preámbulo de la *Declaración Universal de los Derechos Humanos*, aprobada en París – Francia el 10 de diciembre de 1948.

187 La proclamación de los derechos humanos en las cartas constitucionales se remonta a las Declaraciones revolucionarias del siglo XVIII y luego a las Constituciones y a los Estados decimonónicos.

hombres y mujeres del mundo; y la garantía de sus derechos fundamentales. Entre ellas, la Constitución japonesa de 1946; la Constitución italiana de 1948; la Ley fundamental de la República Federal Alemana de 1949; la Constitución portuguesa de 1976; la Constitución española de 1978 y las nuevas constituciones latinoamericanas de los derechos humanos de últimos treinta años, entre ellas, Colombia de 1991, Argentina de 1994, Venezuela de 1999, Ecuador de 2008, Bolivia de 2009 y Méjico de 2011. El constitucionalismo fue, sin dudas, la conquista más importante del siglo XX para evitar repetir los errores del pasado. Pero también se pensó como un programa para el futuro en términos de civilización. Desde entonces, derecho y democracia se articularon y evolucionaron hacia un constitucionalismo social; hacia un constitucionalismo de derecho privado; hacia un constitucionalismo internacional; y hacia un constitucionalismo ambiental global. Para mencionar algunos de los efectos de este cambio de paradigma, nos abocamos al análisis de algunos autores. Entre ellos, el texto titulado «El constitucionalismo y su futuro» del jurista italiano Luigi Ferrajoli presentado para su publicación con motivo de recibir el título de *Doctor Honoris Causa* de la Universidad Nacional del Litoral, el 18 de mayo de 2010. En él, sostiene que el primero e importante de los efectos, es la inversión de la vieja relación entre política y derecho. En el Estado de Derecho Legal, el derecho era concebido como un producto de la legislación y, por lo tanto, de la política. Es decir, un derecho positivo, puesto y producido por el poder político. Su legitimación, era la potestad legislativa como expresión, en democracia, de la soberanía popular. La política como poder supremo y el derecho como instrumento suyo de actuación. Con el advenimiento del Estado de Derecho Constitucional, el poder político no es más ilimitado, sino que encuentra límites en los principios constitucionales plasmados en las Constituciones sólidas. El derecho deja de estar subordinado a la política, sino que la política se vuelve instrumento de actuación del derecho a través de sus principios. La *ley de la razón* ahora en forma de principios y derechos fundamentales plasmados en las Constituciones pone límite a la *ley de la voluntad*. En segundo lugar, en el Estado de Derecho Constitucional también cambió sustancialmente la concepción de la democracia como categoría política. Esta ya no será concebida como la supremacía de la mayoría legitimada por la voluntad popular. No más aquello de «para la mayoría todo, para las minorías nada». Ahora en la dimensión sustancial de la democracia constitucional que establecen sus principios y los derechos fundamentales, se traduce en *qué* cosa ninguna mayoría puede decidir en garantía de los derechos de libertad de la minoría; y en *qué* cosa toda mayoría debe decidir, en garantía de los derechos sociales sin exclusión alguna. En otras palabras, en los Estados Constitucionales de Derecho, las constituciones no se limitan a dictar las condiciones formales, sino sobre *qué* no puede decidir el Estado Liberal de Derecho, o sobre *qué* no puede dejar de decidir el Estado Social de Derecho (salud, educación, políticas de redistribución de la riqueza)[188].La historia del constitucionalismo es la historia de movimientos revolucionarios para ampliar la esfera de los derechos. Por esa razón, está impregnado de naturaleza política y social de ideas liberales, socialistas, pueblos originarios, feministas, ambientalistas, de orientación sexual libre y pacifista. Según Ferrajoli, la primera expansión del paradigma constitucional está en la dirección de *garantizar los derechos sociales*. La satisfacción del derecho a la salud, alimentación de base, acceso a la vivienda digna, educación de calidad, constituye el presupuesto no sólo de supervivencia individual, sino del desarrollo económico de la sociedad en su conjunto. Según el informe de organismos internacionales millones de personas mueren por año ante el padecimiento de enfermedades, mala alimentación de base y falta de agua potable para el consumo. La segunda expansión del constitucionalismo va en dirección del *derecho privado.* En el paradigma del Estado Legal de Derecho, la tradición liberal ha ignorado que la relación derecho —poder de la propiedad y de los derechos civiles de autonomía no sólo se da en la relación vertical estado—ciudadano o poderes públicos-derechos privados, sino que dichas relaciones verticales también se instauran en la sociedad entre poderes privados y libertades individuales. La historia de la propiedad privada, del contrato, de la empresa, del derecho del trabajo y del derecho de familia es la historia de limitaciones de las potestades privadas en protección de los derechos fundamentales, que ahora sí se garantizan o debieran garantizarse en un estado constitucional de derecho. Esto se ve claramente en el área de los contratos de consumo, donde en el Estado de Derecho Constitucional se pone en el centro de la escena contractual a la persona del consumidor frente a las grandes empresas que suelen manipular económicamente muy bien al mercado como un enorme Goliat frente a un frágil David. La tercera expansión del paradigma constitucional y garantista refiere al *derecho internacional.* La democracia constitucional sugiere imperiosamente una reconfiguración de la esfera pública tanto nacional como internacional. Ha quedado demostrado que en la era de la globalización, la brecha entre países pobres y países ricos se ensanchó en términos impensables. Los primeros, cada vez menos dependen de sus políticas internas y cada vez más de decisiones externas adoptadas por las mayores potencias mundiales, organismos supraestatales y por empresas multinacionales. Para mencionar algunos como el Banco Mundial; el Fondo Monetario Internacional; el Club de París; la Organización Mundial del Comercio; la Organización Mundial de la Salud; el G8 o el G20 o G4; y el Consejo de Seguridad de la ONU. Sin dudas, este nuevo escenario global puso en crisis tanto a la teoría de la democracia y como a la teoría del estado de derecho. ¿Resultan suficientes las actuales nociones de Estado/ Nación? ¿Es posible pensar en un proceso de reconfiguración de concep-

188 Serrano Moreno, José Luis *Sistemas jurídicos Líneas básicas para una teoría general.* Editor Leandro Ríos, Universidad Nacional del Litoral y Universidad de Granada, junio de 2022, Santa Fe, Argentina.

tos, de modo de ponerlos a la altura de una política mundial? Los nuevos poderes transnacionales vaciaron de contenido al derecho público estatal al traspasar límites, violar reglas, imponer mercados, controlar finanzas. Los Estados se encuentran en una gran crisis que se agrava cada día más ante el crecimiento exponencial de las desigualdades sociales, particularmente, en los países de Latinoamérica. Con acierto se ha dicho que, desde el punto de vista jurídico, los hombres y mujeres son incomparablemente más iguales que en cualquier otra época en la historia de la humanidad gracias a las declaraciones, constituciones y convenciones de derechos humanos, pero al mismo tiempo, de hecho, son también incomparablemente más desiguales en concreto.

Actualmente nos encontramos ante un gran dilema (tensión) a resolver en el plano internacional: promesas normativas vs interdependencias globales. Sumado a ello, la aparición de las autocracias populistas de corte verticalistas al frente de los gobiernos, por un lado; y la concentración-confusión entre poderes políticos y económicos, por el otro. Para ello, propone Ferrajoli, una refundación de la democracia constitucional. No se trata de crear un súper estado mundial sino en introducir técnicas, funciones e instituciones de garantía adecuadas. ¿De qué manera? El jurista florentino, parte de la distinción entre *instituciones de gobierno* e *instituciones de garantía*. Las instituciones de gobierno, legitimadas por la representatividad política, deberán seguir perteneciendo a la competencia de los Estados nacionales en el marco de la llamada «esfera de lo decidible» y no solo en referencia a las funciones legislativas. En cambio, las instituciones de garantía, legitimadas en función a la sujeción a la ley y la universalidad de los derechos fundamentales, en particular, del principio de paz y derechos humanos, en garantía de la «esfera de lo indecibible». Ante todo, funciones jurisdiccional y administrativa que garanticen los derechos sociales, educación, alimentación, vivienda digna y salud. Son estas funciones las que resulta necesario desarrollar a nivel global en aplicación del paradigma constitucional. Ante problemas globales como el ambiente, la explotación de los bienes comunes, la criminalidad transnacional, guerras, terrorismo, el hambre, las miserias y pandemias, se requieren respuestas globales que sólo instituciones globales son capaces de dar. La perspectiva de la construcción de una esfera mundial no está solo determinada por el diseño normativo de la Carta de la ONU y las Declaraciones y Convenciones de los derechos humanos. Como universitarios que estudian e investigan formamos parte de este mundo y, por ende, responsables de cómo es y de cómo queremos que sea.

La cuarta expansión del paradigma constitucional está determinado, a nuestro entender, por la problemática *ambiental global*. Pertenecemos a la generación que en los últimos cincuenta años ha provocado daños irreversibles en el ambiente. Una destrucción a nivel planetario como nunca había sucedido, como consecuencia de un desarrollo capitalista desenfrenado. Se han extinguido especies de animales, vegetales, consumido gran parte de nuestros recursos energéticos, contaminado el mar y el aire, aumentado la temperatura de la tierra, desforestados extensas superficies boscosas, se han cementado millones de hectáreas de tierra. Y son, justamente, las poblaciones de los países pobres los que terminan soportando las terribles consecuencias ambientales: desiertos, inundaciones y sequías. Si la racionalidad jurídica y política puso límites a las catástrofes humanas más terribles (guerras mundiales, dictaduras, genocidios), por qué no pensar en nuevos pactos constitucionales a escala global para poner freno a la catástrofe ecológica que en gran medida ya resulta irremediable. ¿Existe la posibilidad de un constitucionalismo supraestatal en materia ambiental? ¿Será necesaria una Carta Internacional para la protección y el cuidado de los Bienes Fundamentales?

Los bienes fundamentales como el aire, el buen uso de la tierra, los equilibrios climáticos, el agua, la integridad ambiental, las especies, necesitan de una dimensión democrática y constitucional para su protección. Para ello, y desde nuestra mirada del derecho, tenemos que reformular nuestras tradicionales categorías jurídicas de tal manera que los derechos de la naturaleza puedan convivir junto a los derechos liberales individuales bajo el prisma del constitucionalismo. La aparición del carácter colectivo de los derechos y garantías; la función socio ecológica de la propiedad; las obligaciones ambientales de naturaleza *propter rem*; la inversión de la carga probatoria por aplicación del principio de precaución en materia ambiental; el daño ambiental; los intereses colectivos y difusos; los delitos ecológicos; la prevención como principio de la responsabilidad civil; los nuevos bienes tutelados por el derecho como la biodiversidad, el agua, los bosques nativos, entre otros. Es decir, una nueva redefinición de los derechos liberales propios del Estado de Derecho Legal en función al desarrollo y el principio de sustentabilidad del Estado de Derecho Constitucional. En esta dirección, resulta interesante el trabajo publicado por el profesor Gonzalo Sozzo referido a un constitucionalismo ambiental sudamericano[189]. No es nuestra intención detenernos a analizar el mismo, pero sí rescatar algunas ideas para repensar alternativas posibles para una mirada global o regional sobre los temas ambientales. El profesor Sozzo[190] sostiene la tesis que alude al paradigma del modelo constitucional ambiental sudamericano compuesto de dos modelos: «el buen vivir» y «el desarrollo perdurable». Señala que, en las constituciones de Sudamérica del siglo XIX, primó el paradigma del Estado Liberal de Derecho que consideró a la naturaleza como recurso cuya utilización por los individuos impulsaría el progreso. Fue un período conocido

189 Sozzo, Cósimo Gonzalo, «Derecho Privado Ambiental. El giro ecológico del derecho privado» (capitulo IV El paradigma ambiental sudamericano (O el proyecto de ultrapasar el concepto de «medio ambiente sano» como un derecho subjetivo individual) editorial Rubinzal-Culzoni, Año 2019 Santa Fe, Argentina.

190 Doctor en Derecho. Profesor Titular por concurso de la asignatura Derecho de los Contratos en la Facultad de Ciencias Jurídicas y Sociales de la Universidad Nacional del Litoral.

como «constitucionalismo fundacional» para establecer un orden político, jurídico, económico y social. Hoy en día, en América del Sur el movimiento hacia el Estado ecológico de Derecho está protagonizado por dos modelos emergentes: el modelo del «buen vivir» y el modelo del «desarrollo perdurable» para las generaciones futuras. El primer modelo es producto del nuevo constitucionalismo sudamericano, es decir, del movimiento sanción de nuevas Constituciones sudamericanas como Venezuela (1999), Ecuador (2008) y Bolivia (2009) que fueron el resultado de procesos de aprobación mediante referéndums populares; efectuaron una enorme ampliación del catálogo de derechos; establecieron la elección democrática de los miembros del Tribunal Constitucional y fijaron mecanismos variados de democracia directa y participativa. Particularmente se destacan las constituciones de Bolivia y Ecuador que dieron una respuesta legal y constitucional basada en la lucha de colectivos sociales proponiendo un nuevo juego de derechos. El segundo modelo es producto de Constituciones que fueron sancionadas o reformadas luego de los períodos dictatoriales de los años ´70 y ´80 del siglo XX, y que en el campo ambiental siguen mucho más un modelo constitucional europeo pero con una notable presencia de elementos propios del Derecho sudamericano, tributario de las concepciones indígenas, verbigracia: en cuanto conciben al ambiente como un bien común o colectivo precedente a los bienes individuales, que constituye un patrimonio a transmitir a las generaciones futuras. En este modelo, resulta importante destacar el rol de las Cortes Supremas de Justicia (Argentina, Brasil y Colombia) como el principal constructor del «desarrollo perdurable» tratando de balancear los derechos liberales con otras generaciones de derechos como el derecho a la cultura y al ambiente. Sus fallos resultaron un mecanismo de efectivización de normas y principios a la hora de proteger el ambiente. En nuestro país, recordamos casos emblemáticos en materia ambiental resueltos por la CSJN como fueron «Mendoza» (2008), «Salas» (2008) y «Atuel» (2017). En ambos modelos, se parte de la idea de subsistencia de los ecosistemas y el de la des-mercantilización de los recursos naturales. Por último, Sozzo plantea para el debate la idea de la «humanización de la naturaleza» como un proceso jurídico en marcha que tiene el carácter de una «tendencia» y por el cual se intenta tutelar los bienes naturales empleando extensivamente los derechos humanos. Se suele explicar que, aunque los paradigmas de los derechos humanos y de los derechos ambientales tienen orígenes históricos diferentes, ha habido entre ellos un proceso de progresivo acercamiento y de sinergia en los últimos tiempos sobre la base de que existe un punto común entre ambos sectores: el convencimiento de que proteger la dignidad humana y proteger la naturaleza se basan en la misma idea acerca de proteger la naturaleza es indispensable. Como bien subraya Bosselman, este acercamiento implica un giro en la racionalidad subyacente de los derechos humanos que se mueven de su racionalidad originaria *—«economic rationality of human rights»—*, hacia una racionalidad liberal *—«ecological rationality»—*. Para mencionar las principales características del Estado de

Derecho Constitucional decimos que, en este paradigma, las sociedades se perciben complejas, plurales, diversas y multiculturales. El constitucionalismo rompe con la confusión entre Derecho y Ley. Fue precisamente la Ley Fundamental de la República Federal Alemana de 1949 donde se marcó la diferencia sustancial entre derecho y ley justificando la condena a los jerarcas nazis que habían cumplido con la ley de dicho país, pero violado el derecho contenido en principios que, según Alexy, tienen contenido moral y constituyen mandatos de optimización en cuanto reclaman la mejor conducta según las posibilidades fácticas y jurídicas implicadas. En el Estado de Derecho Constitucional las fuentes del derecho se conciben plurales, superando aquella idea de que una regla aislada debe descartar a otra igual de solitaria en razón del tiempo y de la jerarquía, para la subsunción el caso. Nuestro entramado sistema jurídico debe ser interpretado para resolver problemas complejos. Para tal cometido, resulta necesario recurrir al diálogo de fuentes, para hacer jugar de la mejor manera posible a las reglas y los principios, a los valores axiológicos, a la constitución, y a los tratados internacionales sobre derechos humanos. La misión de los jueces de una democracia constitucional es que prevalezcan los derechos humanos a partir de su humanización no sólo en relación al Estado, sino en relación a cualquier otro poder en las relaciones privadas. En este paradigma de Estado, la Constitución es fuente principal del derecho, de tal manera que ninguna ley, código, reglamento quede al margen de la referencia a sus valores y principios. Nuestro nuevo Código Civil y Comercial de la Nación se inscribe en este modelo de Estado desde el inicio de su articulado al prescribir que *«Los casos que este Código rige deben ser resueltos según las leyes que resulten aplicables, conforme con la Constitución Nacional y los tratados de derechos humanos en los que la República sea parte».* Por esta y muchas razones más, es que la teoría de la argumentación jurídica adquiere enorme trascendencia en la tarea judicial, ya que supone elegir entre todas las respuestas posibles y disponibles en el sistema jurídico para una tutela judicial efectiva tratando de superar la tradicional distinción procesal entre la *cuestio facti y la cuestio iuri,* para centrarse en la verdad de los hechos como condición indispensable para hacer justicia.

¿Bajo el paradigma de qué Estado de Derecho fueron diseñado los planes de estudios en nuestras Facultades? Como reza el dicho popular: «Empecemos por casa».

El «plan centenario» de la carrera de abogacía de la Facultad de Ciencias Jurídicas y Sociales, entró en vigencia en 2019, año en que la Universidad Nacional del Litoral celebró sus primeros 100 años de vida institucional[191].

191 La ley 10.861 del Congreso de la Nación que creó la Universidad Nacional del Litoral, fue promulgada por el presidente H. Yrigoyen el 17 de octubre de 1919.

Su estructura formal es la siguiente:

Plan de Estudios año 2019

Ciclo inicial:

	Primer año	**Carga horaria**
1.	Teoría del Derecho	90 horas
2.	Historia Institucional Argentina	60 horas
3.	Constitucional I. (Teoría e historia de las Constituciones. Sistemas jurídicos constitucionales Comparados)	90 horas
4.	Ciencias Políticas	60 horas
5.	Problemática del conocimiento	60 horas
6.	Economía Políticia	60 horas
	Segundo año	**Carga horaria**
7.	Fundamentos de Derecho Privado	90 horas
8.	Sociología y Derecho	60 horas
9.	Teoría del Derecho Procesal	60 horas
10.	Derecho Constitucional II (Dogmática del Derecho Constitucional)	90 horas

Ciclo superior:

	Tercer año	**Carga horaria**
11.	Derecho Penal. Parte General	90 horas
12.	Derecho de Obligaciones	90 horas
13.	Derecho Constitucional III. (Derechos fundamentales y Derechos Humanos)	60 horas
14.	Derecho de los Contratos	90 horas
15.	Derecho Administrativo	90 horas
16.	Derecho Agrario y de los Recursos Naturales	90 horas
17.	Derecho Internacional Público	90 horas
	Cuarto año	**Carga horaria**
18.	Derecho de Familia	90 horas
19.	Derecho Procesal Constitucional, Civil y Comercial	120 horas
20.	Derecho Penal. Parte Especial	90 horas
21.	Derecho Comercial y Empresarial	90 horas
22.	Personas Jurídicas Privadas	90 horas

23.	Derechos Reales	90 horas
24.	Finanzas Públicas y Derecho Tributario	90 horas
25.	Derecho Ambiental	60 horas
	Quinto año	**Carga horaria**
26.	Derecho de la Insolvencia y de los Títulos Valores	90 horas
27.	Derecho Sucesorio	90 horas
28.	Derecho del Consumidor	60 horas
29.	Derecho del Trabajo	90 horas
30.	Derecho Procesal Penal	120 horas
31.	Filosofía del Derecho	90 horas
32.	Derecho de la Seguridad Social	60 horas
33.	Derecho Internacional Privado	90 horas
34.	Práctica Profesional	260 horas

Este plan de estudios fue el resultado obtenido entre lo ideal y lo posible; entre autonomía universitaria y estándares de CONEAU. Primó lo posible. Analicemos algunas innovaciones introducidas, tratando de encontrar una respuesta al interrogante inicial. Lamentablemente este plan, y siguiendo una vieja costumbre, no pudo evitar el aumento en el número de asignaturas en su estructura. En este caso se pasó de 32 a 34 materias obligatorias con una carga horaria de 2.990 horas, sobre una carga total de 3230 horas que se complementan con materias optativas y electivas. No obstante, redujo a cinco años de duración formal de la carrera. Teniendo en cuenta la carga horaria obligatoria (2990) por cuatrimestre, el porcentaje por áreas quedó de la siguiente manera:

- Área del derecho privado (fundamento de derecho privado, obligaciones, contratos, derecho agrario, derecho de familia, derecho comercial y empresarial, personas jurídicas privadas, derechos reales, derecho de la insolvencia y de los títulos valores, derecho sucesorio, derecho del consumidor y derecho internacional privado) contempla el 31,39 %;

- Área del Derecho Público (derecho constitucional I, II y III; derecho internacional público, derecho penal I y II; finanzas públicas y derecho tributario) contempla el 20,63 %;
- Área de las ciencias sociales (sociología y derecho, ciencia política, historia institucional argentina y economía política) contempla el 7,17 %;
- Área de teoría y filosofía del derecho (teoría del derecho, problemática del conocimiento y filosofía del derecho) contempla el 7,17 %;

- Área del derecho procesal (teoría del derecho procesal, derecho procesal constitucional, civil y comercial y derecho procesal penal) contempla el 8,97 %;
- Área de convergencia entre público y privado (derecho ambiental, derecho del consumidor, derecho el trabajo y derecho de la seguridad social) contempla el 8,07 %.

Acorde con este dato, nos permite reconocer nuevamente que el área de derecho privado sigue teniendo el mayor porcentaje de asignaturas dentro del plan de estudios, aunque se achicó notoriamente la brecha con respecto al área de derecho público debido a la incorporación de tres derechos constitucionales. No obstante, resulta oportuno destacar que es un nuevo derecho privado, a diferencia del código de Vélez, que deberá enseñarse e interpretarse en clave constitucional, ambiental y de derechos humanos. Tres aspectos importantes de este nuevo plan de estudios que lo diferencia de los anteriores que quisiéramos destacar.

1. Incorpora por primera vez la perspectiva de género al crear una cátedra itinerante de género en derecho constitucional. Además de conformar una unidad de enseñanza sobre relaciones y perspectivas de género.
2. Propone la Internacionalización del currículum a través de políticas de movilidad estudiantil, el dictado de asignaturas en idioma inglés y la incorporación de profesores extranjeros para el desarrollo de actividades curriculares.
3. Fortalece la Formación Profesional Práctica con una elevada carga horaria a acreditar (260 horas) y los distintos escenarios internos y externos como talleres de práctica procesal, consultorios jurídicos barriales, clínica jurídica de interés público y práctica profesional supervisada en estudios jurídicos y tribunales.

La reflexión que nos merece este plan de estudio aún en vigencia es que dio un paso importante desde la perspectiva constitucional del derecho. La columna vertebral del plan ya no está determinada por los libros del Código Civil Velezano de 1871. En definitiva, se han producidos avances importantes dignos de destacar, ya que van en la dirección de equilibrar el derecho público constitucional con el área de derecho privado. No obstante, resulta necesario definir la concepción del derecho como paso fundamental para luego diseñar la enseñanza y sus trazos curriculares.

Breve reflexión:

Al principio del capítulo señalamos que en el Medioevo, la ambición del Soberano estuvo asociada a la fuerza física y al territorio. El poder residía en la espada y quien ostentaba la misma, decidía quien vivía y quién moría.

Quienes tenían poder lo acaparaban en su propio beneficio y lo transmitían a sus hijos para fundar dinastías basadas en la sangre y en el privilegio, hasta que se produjeron las revoluciones. A finales del siglo XVIII la Revolución Francesa (1789) y la Revolución Norteamericana (1776) fueron acontecimientos que tuvieron repercusión mundial, particularmente la primera. Ambos acontecimientos introducen en cambio paradigmático en referencia a la naturaleza del poder y sus límites para quienes lo ejercían. A partir del siglo XIX y principios del siglo XX el poder dejará de ser del soberano quien decidía sobre la vida y la muerte, para pasar a ser un poder disciplinario. Nace una nueva concepción del poder por parte de los Estados cuya finalidad será controlar al sujeto y volverlo obediente en términos de Foucault. La movilización popular, los gobiernos representativos, la aparición del Estado de derecho y los derechos humanos constituyeron los pilares fundamentales de una estrategia de emancipación y expansión de la prosperidad de la mano del derecho concebido no como una forma de ejercer el poder, sino, de limitarlo. Por supuesto que el desarrollo de este modelo no fue pacífico ni mucho menos lento, sino producto de crisis, guerras y revoluciones de grandes dimensiones que marcaron finales de dos siglos que no necesariamente coincidieron con el calendario gregoriano.

En términos de Eric Hobsbawn, el «largo» siglo XIX (1789 - 1914) y el «corto» siglo XX (1914 - 1989). Ambas revoluciones (francesa y norteamericana), inventaron algo formidable en la evolución de la cultura jurídica: el principio de legalidad. La genial idea de que quien impone las reglas queda sometido a ellas, ya que lo contrario es privilegio y abuso. Ello permitió el desarrollo de otras ficciones como la noción de ciudadanía y Estado de Derecho Legal y Estado de Derecho Constitucional. Este último, con la inviolabilidad de los derechos fundamentales y la emancipación de los derechos con rango constitucional, vino a profundizar la necesidad de que nadie detenta el poder absoluto ni la posibilidad de perpetuarse en el tiempo, sobre todo para matar. El poder hegemónico es el problema y no el extraordinario mal de una determinada persona o grupo de ellas. Ahora bien ¿Qué pasará en el siglo XXI con los Estados nacionales? Se sostiene cada vez más que, en el siglo XXI, el poder se ha vuelto cada vez más difuso y difícil de identificar. La tecnología, la demografía, la información, los cambios económicos, políticos y la globalización se unieron para dividir y diluir el poder. Los Estados cada día pierden más poder en comparación con instituciones y organizaciones internacionales, gobiernos locales y supranacionales. ¿Prosperarán las democracias en el siglo XXI? ¿Está garantizada la supervivencia de la libertad? Lo que está en juego no puede ser más importante ya que no existen garantías.

Respecto de nuestro tema central de tesis: ¿bajo el paradigma de qué Estado de Derecho se forman actualmente los abogados/as en nuestro país? ¿Las Facultades de Derecho se hacen cargo de las nuevas exigencias que conlleva el Estado Constitucional de Derecho? En nuestra Facultad de Ciencias Jurídicas y Sociales, varias generaciones tuvieron el privilegio de escuchar las enseñanzas del profesor Jorge Mosset Iturraspe, entre ellas, la que sostiene que *«durante quince siglos el derecho se encargó de regular lo que la persona tiene y es hora de que el derecho se encargue de lo que la persona es»*. Lo que el prestigioso jurista propuso como urgente fue pasar de una concepción patrimonialista a una concepción humanista del derecho cuyo eje central debe estar marcado por la dignidad de la persona humana. Así lo escribió y así lo enseñó en las aulas en su querida Universidad Nacional del Litoral. Llevado al plano de la enseñanza, hemos dicho reiteradas oportunidades que, desde 1983 la enseñanza del derecho ha caminado a espalda de la democracia constitucional. No es una simple presunción. Los planes de estudios y la forma en cómo se enseña derecho corroboran esta desarticulación entre enseñanza, ejercicio profesional y sistema político. Si nos permiten, y parafraseando al ilustre profesor Mosset Iturraspe, bien podríamos decir que, durante más de un siglo y medio en el país, la enseñanza del derecho se encargó de entrenar abogados/as para un Estado de Derecho Legal y es hora de que se encargue de preparar abogados/as para un Estado de Derecho Constitucional. Hemos visto en este capítulo que, con el correr de los siglos, se ha evolucionado cronológica y progresivamente de una Monarquía Absolutista a un Estado Legal y, de este, a un Estado Constitucional. Y el derecho tuvo un rol fundamental para pasar de un paradigma a otro al poner límites al poder del rey en tiempos de monarquías absolutas. Pero aún en el marco del paradigma Legal hubo terrorismo de Estado, pena de muerte, discriminación, torturas, genocidios, proscripciones y una larga lista de catástrofes humanas. Y antes estos hechos, también apareció el derecho poniéndolo límites a través de los derechos fundamentales. Así fue como a lo largo de la historia, el derecho imponía límites y declaraba derechos universales: en 1789 para garantizar la libertad e igualdad del hombre y los ciudadanos; en 1948 para garantizar los derechos humanos universales, inviolables, imprescriptibles e inalienables; en 1992 para proteger el medio ambiente y el desarrollo; y en 1993 para proclamar inequívocamente los derechos humanos de la mujer y de la niña como inalienable, integrante e indivisible de los derechos humanos. ¿Deberá el derecho poner límites a las desigualdades estructurales que padecen las mujeres en el mundo? ¿Deberá el derecho poner límites ante la destrucción del ambiente y sus recursos naturales? ¿Estaremos próximos a una tercera Declaración Universal sobre los derechos de la naturaleza? Los derechos humanos están en la Constitucional como un gran muro de contención poniendo frenos a las mayorías que, en democracia, suelen sentirse tentadas en sobrepasar. La democracia constitucional es un sistema de equilibrios que impide que individuos poderosos vuelvan a cometer tragedias contra la humanidad como quedó demostrado en nuestra historia reciente.

La concepción del derecho debe impactar de manera directa en la enseñanza y en los diseños curriculares bajo el paradigma de la democracia constitucional. Necesitamos una enseñanza dialógica entre profesores y estudiantes basados en la idea de ciudadanía, derechos humanos y libertad.

Además, necesitamos que la misma esté en consonancia con la ola expansiva del constitucionalismo de los bienes fundamentales de la naturaleza. En términos Dworkiano, debemos tomar *«la enseñanza del derecho en serio»*. No porque no lo hayamos hecho hasta aquí, sino para darnos cuenta del importante papel que juegan los profesionales jurídicos no sólo en hacer respetar a las mayorías los derechos fundamentales, sino también en hacer cumplir las reglas que la Constitución ha establecido para una convivencia republicana e inclusiva entre ciudadanos libres e iguales. Podemos contribuir mucho para superar nuestras profundas diferencias políticas y sociales que tanto nos dividen. Para ello tenemos que salir de nuestro lugar de confort. Muchos de nuestros profesores se sienten cómodos con la actual enseñanza del derecho, repitiendo los mismos temas de memoria, en forma mecanizada y aconsejando a sus estudiantes el estudio de textos jurídicos que se escribieron para otros tiempos. Tenemos que despertar ante este nuevo paradigma, aunque nos cueste abrir los ojos. Somos conscientes que todo cambio radical trae sus costos políticos. Sabemos que los *«caballeros templarios»* del statu quo de la enseñanza tradicional no desean que nada cambie y sus esfuerzos están dirigidos para seguir convencido de que derecho es algo dado, que está ahí afuera, confundiéndose con la ley como sinónimos, y que la memorización de los artículos del código «es lo que importa». Durante las últimas cuatro décadas la política, la Constitución, la Corte Suprema de la Nación y el Código Civil y Comercial de la Nación se animaron a hacer cambios sustanciales en consonancia con la democracia constitucional. ¿Y los profesores que enseñan derecho? Tenemos que superar la decimonónica enseñanza repetitiva, extremadamente normativista, formalista, exegética y acrítica.

Debemos implementar una enseñanza acorde con una concepción del derecho como práctica social racional; crítica respecto del rol que el derecho debe cumplir en una república y sus instituciones; valorativa para jerarquizar a los derechos humanos y a los bienes comunes de la naturaleza; ética en nuestro ejercicio profesional para decirle al ciudadano y al Estado lo que está bien y lo que está mal conforme las reglas de juego acordadas; preocupada por la verdad de los hechos y la justicia en cada caso; y con una fuerte impronta práctica para que los profesionales del derecho sepan actuar frente al conflicto individual y colectivo.

Debemos situar a la enseñanza del derecho en contexto de un Estado Constitucional, en base a los tres elementos que lo califican como tal: a) la inviolabilidad de los derechos fundamentales de la persona; b) la concepción del principio de igualdad; y c) la concepción del principio democrático, es decir, democracia constitucional y su imperioso equilibrio que debe prevalecer entre los poderes públicos.

CAPÍTULO 11.

EL ASEDIO A LAS DEMOCRACIAS LIBERALES

«Existe un zapato —la palabra "populismo"— para el cual existe un pie en algún lugar. Existen toda clase de pies que casi lo pueden calzar, pero no nos deben engañar estos pies que casi ajustan a su medida. En la búsqueda el príncipe siempre vaga errante con el zapato; y en algún lugar, estamos seguros, espera un pie denominado populismo puro. Este es el núcleo del populismo, su esencia. Todos los otros populismos son derivaciones y variaciones de éste, pero en algún lugar se oculta, furtivo, el populismo verdadero, perfecto, que puede haber durado sólo seis meses, o haberse dado en un solo lugar... Este es el ideal platónico del populismo, todos los otros son versiones incompletas o perversiones de aquel».

(Complejo de Cenicienta del Profesor Isaiha Berlín, Londres 1967)

Si el siglo XX fue el de la disputa de los sistemas económicos por parte de las grandes potencias mundiales, el siglo XXI se presenta como el de la disputa de los sistemas políticos. ¿Los desafíos de esta época son demasiados enérgicos para repetir viejos modelos? Repasemos lo que vino sucediendo en las últimas décadas.

Ante la caída del Muro de Berlín en 1989, el politólogo e historiador argentino Natalio Botana dijo «El totalitarismo ha muerto; larga vida a la autocracia». ¿Profecía cumplida? Desde aquél hecho histórico, las expectativas en las democracias liberales fueron en aumento. Sin embargo, hoy ponemos en duda aquellas esperanzas. La culminación de la tercera ola democratizadora de finales del siglo XX modificó las condiciones nacionales e internacionales de los sistemas de dominación política en el mundo. Este nuevo escenario llevó a considerar por parte de los politólogos que, los límites entre democracias y los prototipos de dictaduras son cada vez menos nítidos. ¿Cómo podemos determinar con precisión si se trata de autocracias o de democracias defectuosas? Muchos sistemas políticos quedan en un espacio intermedio y son catalogados desde el ámbito académico como «regímenes de la zona gris», que a su vez se subdividen en sistemas híbridos (la Rusia de Vladimir Putin) «democraduras» (la Venezuela de Nicolás Maduro) autocracia (la Nicaragua de Daniel Ortega) o democracias defectuosas (la Hungría de Viktor Orbán)[192]. En la práctica, y desde el punto de vista estadístico, las democracias han sido el sistema político más estable con legitimidad global en las últimas seis décadas, seguidas por las dictaduras y luego por las variantes híbridas[193].

Según datos estadísticos de IDEA Internacional del año 2019, el 57 % de la población mundial vive hoy en democracias mientras que en el año 1975 solo lo hacía el 36 %, por lo que nos encontramos en la etapa de mayor proliferación de democracias en la era de la modernidad. Inspirado vagamente en la vieja República romana, diríamos que básicamente son tres los elementos los que caracterizan a las democracias como formas de gobierno: la idea de un gobierno ejercido a través de instituciones representativas; la idea de derechos constitucionalizados que protegen a toda la ciudadanía y limitan el ejercicio del poder de los gobernantes; y la idea de un derecho a la participación popular expresada a través del sufragio universal[194]. El sociólogo y epistemólogo chileno Hugo Zemelman, considera que «la democracia es el máximo mecanismo de legitimación que el hombre ha podido inventar»[195]. Dijimos que la caída del Muro de Berlín en el año 1989 puso fin a la «guerra fría» y confirmó del pasado dos intentos democráticos fallidos como fueron el llamado «Otoño Húngaro» de 1956 contra el gobierno de la República Popular de Hungría y sus políticas impuestas desde la Unión Soviética; y la «Primavera de Praga» iniciada por Alexander Dubcek para democratizar a la entonces Checoslovaquia[196] en los años 1967-1968[197] hartos del comunismo inhumano. La imagen de aquél 9 de noviembre de 1989 que recorrió el mundo donde hombres y mujeres, jóvenes y adultos mayores con algarabía derribaron el famoso

192 Merkel Wolfgang en «Por qué perduran los regímenes autoritarios» publicado en https://nuso.org

193 Más de la mitad de los países del mundo tienen hoy gobiernos democráticos por primera vez en la historia de la humanidad constituyendo el gran legado político del siglo XX.

194 Perez-Liñan, Aníbal en artículo «¿Podrá la democracia sobrevivir al siglo XXI?» Publicado en https://nuso.org.

195 Zemelman, Hugo en «Algunas reflexiones en torno al populismo» publicado en http://latinoamericanos.wordpress.com

196 Checoslovaquia permaneció controlada por la URSS hasta el año 1989 cuando la llamada «Revolución de Terciopelo» terminó en forma pacífica con el régimen comunista.

197 El año 1968 será recordado como el año donde el mundo se dio vuelta: en enero la Ofensiva del Tet, en Vietnam, provocó que el mundo tomara conciencia de lo terrible de una guerra; en marzo la matanza de ancianos, mujeres y niños en la aldea vietnamita de My Lai también sacudió al mundo; en abril asesinaron en los Estados Unidos a Martin Luther King; en mayo los estudiantes y obreros franceses ganaron las calles de París contra el establishment; en junio asesinaron en Los Ángeles (EE.UU) Robert. F. Kennedy.

paredón del Berlín[198] sin sangre ni disparos de armas de fuego, simbolizó la unidad y libertad democrática de un país dividido.

El significado político de este momento histórico rápidamente se expandió a Europa del Este, se fortaleció en África y se estabilizó en América Latina. Dicha situación llevó a predecir al politólogo estadounidense Francis Fukuyama en su conocido libro *The End of History and the Last Man* publicado en el año 1992, quien alertó que la democracia liberal podía constituir el punto final de la evolución ideológica de la humanidad, la forma final del gobierno humano, y que como tal señalaría el fin de la historia. No obstante, es oportuno decir también que en el año 2018 Fukuyama escribió *Identity*, libro en el que manifestó un brusco cambio de opinión: la historia no había terminado, sino que había adoptado otra perspectiva.

¿Se equivocó Fukuyama con su «fin de la historia» al confundir la universalización del sistema capitalista con la universalización del sistema democrático? Finalizando la primera década del nuevo siglo XXI, una nueva situación paradojal puso en jaque la tesis de Fukuyama. Por un lado, muchos países sometidos a regímenes políticos autoritarios se levantaron con la bandera de la restauración de la democracia. Fue el acontecimiento conocido como la «Primavera Árabe» entre los años 2010 y 2012[199]. *¡¿Cómo esperan que me gane la vida?!* Fue el grito de reclamo de Mohamed Bouazizi antes de prenderse fuego en la plaza del pueblo. El vendedor ambulante soportó todo menos que no lo escucharan ante el atropello de la policía tunecina quien le había confiscado su carro, sus mercaderías y su balanza electrónica. En otros países, en cambio, los tradicionales sistemas representativos profundizaron sus problemas e impactaron tanto en las viejas como en las jóvenes democracias[200]. ¿Hoy en día están en peligro las democracias? ¿Importa hacernos esa pregunta en el ámbito de una Facultad de Derecho? Es interesante la tesis del profesor de Ciencia Política de la Universidad de Notre Dame Aníbal Pérez-Liñán acerca del proceso de periferización de las democracias industriales[201]. El mencionado profesor sostiene que en los finales del siglo XX se produjo un desplazamiento de la producción industrial hacia la «periferia» y simultáneamente una desaceleración del crecimiento en los países «centrales». Este proceso comenzó lentamente con un modelo de desarrollo

198 Los días 3 de octubre de cada año se festeja el Día de la Unidad Alemana, en referencia a la caída del Muro de Berlín.

199 Fue primero en Túnez, donde los manifestantes destituyeron al dictador Zine Abidine Ben Alí; luego en Egipto donde cayó el régimen de Hosni Mubarak; en Marruecos los manifestantes fueron reprimidos por el rey Mohamed VI; en Libia el dictador Muamar Gadafi fue asesinado por el pueblo tras 42 años en el poder; en Siria, el pueblo acabó con Bashar Al Assad después de 15 años en el poder; en Yemen contra Alí Abdullah Saleh luego de 21 años en el poder; en Argelia contra Abdelaziz Buteflika después de 12 años en el poder; y, en Jordania fue destituido el primer ministro Samir Rifai.

200 Sintomer, Yves en artículo «¿Condenados a la posdemocracia?» En https://nuso.org.

201 Perez-Liñan, Aníbal, artículo antes citado.

industrial orientado a las exportaciones en Japón, Corea del Sur y Taiwán, acelerándose por China a partir de los años ´80. El mismo, trajo un doble resultado íntimamente ligados. Por un lado, democracias sin industrias y la promesa del progreso incesante que resultó cada vez más difícil de cumplir; y, por otro lado, la rebelión de la clase obrera que resistió a un optimismo de una élite educada y acorde con la diversidad, integración global y economía del conocimiento. Se ha dicho que fueron estos obreros los que, ante una disminución del crecimiento económico sumado a una desigual distribución del ingreso, apoyaron el Brexit de la Unión Europea, se alejaron del Partido Demócrata para apoyar a Donald Trump en los EE. UU y desertaron del Partido Socialista Francés para respaldar al Frente Nacional en ese país. Y el resultado de la desigualdad denunciada no fue la instalación de un gobierno reaccionario de la minoría sino un Ejecutivo fuerte con respaldo mayoritario[202].

Hace un tiempo considerable que la representación política basada en los partidos tradicionales se encuentra en crisis. El internet y las redes sociales revolucionaron la socialización y la economía. La tensión entre capitalismo salvaje y Estado de Bienestar se agudiza cada día más en los países emergentes. Y la cuestión ecológica modificó nuestra escala temporal y geográfica, planteando un nuevo desafío para las democracias: el problema ambiental. Hoy en día, son muy pocos los países que pueden exhibir sus democracias como un sistema político liberal estable y con índices elevados de satisfacción de la población. Al menos en Latinoamérica, y tratando de responder al interrogante anterior, el principal elemento amenazador que erosiona a las democracias liberales lo constituyen los populismos de masas, cuyos líderes ingeniosamente han sabido explotar en términos políticos las frustraciones populares. Zemelman sostiene que el problema que subyace en la cuestión del populismo es la relación compleja entre el capitalismo y la democracia; y cómo esta última ha cumplido dentro del capitalismo un mecanismo de legitimación[203]. Dependerá de las democracias y su capacidad de reacción para poder dar respuestas a cuestiones concretas como el desempleo, la inestabilidad laboral, la inequitativa distribución del ingreso provocando significativas exclusiones y desigualdades sociales, evitando que los pensamientos extremos sea que provengan de ideologías de izquierdas o derechas, terminen por socavar los cimientos republicanos necesarios para garantizar la paz y el bienestar social. Dependerá de las democracias y su capacidad de entender una lógica económica de masificación de los mercados a nivel mundial, absolutamente inscrita a la lógica del capitalismo. ¿Son compatibles las democracias con la globalización?

202 Venezuela bajo Hugo Chávez y Nicolás Maduro; Nicaragua bajo Daniel Ortega; Ecuador bajo Rafael Correa; Bolivia bajo Evo Morales; Rusia bajo Vladimir Putin y Turquía bajo Recep Erdogan.

203 Zemelman, Hugo en «Algunas reflexiones en torno al populismo» publicado en http://latinoamericanos.wordpress.com

Esta situación ha dado lugar en el continente americano, a una serie de fenómenos políticos que se identifican con el llamado populismo. ¿Decisionismo o república? ¿Valores culturales del oriente o valores culturales del occidente? ¿Concentración o división de poderes? ¿Democracias liberales o autocracias populistas? La división de poderes es el gran debate de los países del mundo. Y la crisis sanitaria global provocada por el covid-19 aceleró la concentración de poder en los Poderes Ejecutivos y en muchos casos, el respeto por los derechos humanos se vio seriamente comprometido. Así lo expresó la expresidente y actual Alta Comisionada de las Naciones Unidas para los Derechos Humanos Michelle Bachelet *«La pandemia ya ha tenido un impacto en los derechos fundamentales de miles de personas alrededor del mundo. Es algo que está ocurriendo constantemente. Inmigrantes y solicitantes de asilos son expulsados o deportados sin el debido proceso; inmigrantes aislados en recintos que incumplen los mínimos estándares; inmigrantes cuyos propios países impiden regresar; personas LGTBI son perseguidas y detenidas o evitan procurar asistencia médica por miedo; personal sanitario es acosado por sus propios vecinos; personas con un perfil racial específico son discriminados; mujeres maltratadas por sus parejas en el marco del confinamiento; mujeres sin acceso a anticonceptivos u otros métodos de planificación familiar; reos abarrotados en cárceles sin posibilidad de mantener la distancia física esencial para prevenir el contagio; periodistas atacados, expulsados y encarcelados por informar sobre los estragos causados por el coronavirus y sobre la respuesta dada por los Gobiernos ... podría seguir durante horas»*[204]. La tendencia actual más significativa es la posdemocracia considerada como el sistema de apariencia con respecto a la democracia occidental clásica (elecciones libres, poder judicial independiente, derechos individuales respetados) pero a sabiendas que el poder real radica en otro lugar (corporaciones transnacionales, mercados financieros, agencias de calificación, organismos internacionales). El sesgo autoritario de la posdemocracia es lo que actualmente preocupa en muchos lugares del mundo. En un tiempo no tan lejano, ejercieron sus presidencias simultáneamente Donald Trump en los Estados Unidos, Jair Bolsonaro en Brasil y Nicolás Maduro en Venezuela, catalogados como paradigmas de gobiernos populistas en América.

Al decir del periodista y novelista Jorge Fernández Díaz *«Esta operación más o menos encubierta se conecta con los programas populistas extremos del siglo XXI, donde las democracias republicanas ya no mueren por imposición de dictaduras militares ni por insurgencias armadas, sino por facciones que se introducen en el sistema, concentran el poder, y corroen los contrapesos y las instituciones desde adentro, poco a poco y día a día, ante la indiferencia de ciudadanos desaprensivos o colonizados»*[205]. Nuestra intención es tratar

204 Entrevista publicada en *PAUSA* el libro de Hugo Alconada Mon, editorial Planeta, 4ta. Edición, Año 2021 C.A.B.A., Argentina.

205 Artículo publicado en el *diario La Nación* de Buenos Aires bajo el título La Pitonisa del Calafate, por Jorge Fernández Días.

de responder algunos interrogantes que hacen a la esencia del populismo y su incidencia en nuestra democracia constitucional, tratando de evitar caer en la descalificación de entrada sino en descubrir si su materia intrínseca es distinta a los otros «ismos». ¿Qué es el populismo? ¿Cuál fue su origen en la historia? ¿Cuáles son sus elementos discriminantes? ¿Constituyen amenazas para las democracias liberales? ¿Por qué se debiera considerar este tema cuando hablamos de la enseñanza del derecho?

> ***Margaret Canovan advirtió que*** «el populismo sólo constituye una forma de acción política polémica, de contornos muy vagos, que con el pretexto de un discurso centrado de una u otra manera en el pueblo, pretende más que todo provocar una fuerte reacción emocional en el público al cual se dirige»[206].
>
> ***Edward Shils*** «el populismo proclama que la voluntad del pueblo en sí misma tiene supremacía sobre cualquier otra norma, provengan éstas de las instituciones tradicionales o de la voluntad de otros estratos sociales»[207].
>
> ***Lloyd Fallers quien descubrió que los populistas afirman que*** «la legitimidad reside en la voluntad del pueblo»[208].

Hermet Guy[209] con buen criterio sostiene que la referencia al pueblo no es «discriminatoria», es decir, no alcanza para distinguir al populismo de otros objetivos políticos. Entonces ¿es posible una definición discriminante del populismo? Helio Jaguaribe fue el autor que aportó una visión más fecunda del populismo, despejando los elementos comunes a otros gobiernos. Según este autor, los populistas mantienen con el tiempo una relación particular, radicalmente ajena a la relación que los militantes de la política tienen con éste. *«Lo que es típico del populismo es por lo tanto el carácter directo de la relación entre las masas y el líder; la ausencia de mediación de los niveles intermediarios; y el hecho de que descansa en la espera de una realización rápida de los objetivos prometidos»*[210]. Y son justamente estas dos dimensiones

206 En *Populism*, New York, Harcourt-Brace Jovanovich, 1981, p. 123, citado por Hermet, Guy en su artículo «El Populismo como concepto» publicado en la *Revista de Ciencia Política*, vol. XXIII, número 1, 2003, pp. 5-18, Pontificia Universidad Católica de Chile, Santiago de Chile.

207 En *The Torment of Secrecy*, New York, 1956, p. 98 citado por Hermet, Guy en su artículo «El Populismo como concepto» publicado en la *Revista de Ciencia Política*, vol. XXIII, número 1, 2003, pp. 5-18, Pontificia Universidad Católica de Chile, Santiago de Chile.

208 En *Populism and Nationalism*, New York, 1964, p. 447 citado por Hermet, Guy en su artículo «El Populismo como concepto» publicado en la *Revista de Ciencia Política*, vol. XXIII, número 1, 2003, pp. 5-18, Pontificia Universidad Católica de Chile, Santiago de Chile.

209 Hermet, Guy en su artículo «El Populismo como concepto» publicado en la *Revista de Ciencia Política*, vol. XXIII, número 1, 2003, pp. 5-18, Pontificia Universidad Católica de Chile, Santiago de Chile.

210 H. Jaguaribe en *Problemas do desenvolvimiento latinoamericano*, Río de Janeiro, 1967, p. 168 citado por Hermet, Guy en su artículo «El Populismo como concepto» publicado en la *Revista de Ciencia Política*, vol. XXIII, número 1, 2003, pp. 5-18, Pontificia Universidad Católica de Chile, Santiago de Chile.

(promesa inmediata realizable y la no mediación) las que le dan el carácter discriminante de lo que el populismo es. En Argentina, Juan José Sebreli sostiene que, los nacionalismos populistas han demostrado que más temprano que tarde apareja escasez, carestía y empobrecimiento económico y cultural, por la simple razón de que, bajo su lógica, se desperdician las ventajas comparativas de cada país[211]. Como observamos, son variables las opiniones de los autores que han trabajado en muchos países el tema sobre el populismo. También, el periodista y escritor Carlos Alberto Montaner quien se pregunta ¿Es «populista» su presidente? Para ello, en su sitio web denominado El Líbero, elaboró un decálogo inspirado en el ensayo de Jan-Werner Müller *«What is populism»*[212].

Primero *el caudillismo*: el populismo comienza con el reconocimiento de un líder o caudillo al que le atribuyen todas las virtudes de ser el gran intérprete de la voluntad popular. Sus palabras se convierten en dogmas sagrados de la patria.

Segundo *el exclusivismo*: sólo el líder y «su» pueblo, son los auténticos representantes del pueblo. Los «otros» son los enemigos que pueden ser internos y externos pero que merecen el mayor desprecio.

Tercero *el adanismo*: la historia comienza con ellos, como el mismo Adán. El pasado es una sucesión de fracasos, desencuentros y traiciones. La historia de la patria comienza con la llegada del líder o caudillo para reivindicar a los pobres y desposeídos tras siglos de gobiernos entreguistas.

Cuarto *el nacionalismo*: es decir, creencia vinculada a la supuesta identidad nacional, que suele ser excluyente y derivar en racismo u otras formas de exclusión social. En lo económico el nacionalismo propicia el aislacionismo para no mezclarse con los impuros que suelen estar enrolados en el globalismo.

Quinto *el estatismo*: los populistas son estatista por excelencia. No creen en el crecimiento libre de la sociedad sino en la sumisión de los creadores de riqueza.

Sexto *el clientelismo*: los gobernantes populistas no tienen partidarios, sino clientes que les deben cosas al gobernante que les da de comer.

Séptimo *la centralización de todos los poderes*: el gobernante populista se lleva a las patadas con la división de poderes de toda república. Por esa razón, el gobernante populista, quien detesta el sistema representativo, desea controlar el sistema judicial y legislativo.

211 Sebreli, Juan José y Gioffré, Marcelo, *Desobediencia civil y libertad responsable*, editorial Sudamericana, 1ra. edición, C.A.B.A., Año 2020, Argentina.

212 Jan-Werner Müller is Professor of Politics at Princeton University, y su libro *What is populism* fue publicado en abril de 2016.

Octavo *los funcionarios no están al servicio de la sociedad, sino de los populistas*: controlan y operan a los agentes económicos comenzando por el Banco Central o de emisión de billetes al dictado de la presidencia.

Noveno *el doble lenguaje*: se transforma peligrosamente el significado de las palabras. «Libertad» se convierte en obediencia; «lealtad» en sumisión; «discrepancia» en enemigo. Sus discursos radicalizados se distinguen por expresar intransigencia con sus posturas cerradas, impaciencia ante el incumplimiento de los objetivos e intolerancia para quienes cuestionan sus proyectos.

Décimo *la desaparición de cualquier vestigio de cordialidad cívica*: el lenguaje del populista es un lenguaje de odio contra el «enemigo» que es un vendepatria, élite privilegiada y oligarca que se entrega a los peores intereses.

Otro de los buenos autores que ha trabajado el fenómeno del populismo es el profesor de historia de la Universidad de Bologna Loris Zanatta. El profesor italiano es, a nuestro entender, uno de los que mejores a investigado e interpretado esta temática[213]. En términos generales, Zanatta plantea en su libro algunos conceptos, ideas, interpretaciones, análisis políticos y sociales vertidos con el objetivo de comprender esta expresión moderna de un antiguo legado. ¿Cuál es el origen del populismo? El populismo no tiene un origen claro, aunque algunos lo ubican en la tradición iliberal surgida en oposición a la republicana de la Revolución Francesa. Otros en el boulangismo, también en la misma Francia de finales del siglo XIX, basado en la relación directa entre un líder carismático y un movimiento de masas animado por el resentimiento contra las élites. La crisis económica francesa de los años 1880 que afectó a la agricultura y a la hacienda favoreció un movimiento al que se le llamó *le boulangisme* en referencia al general Georges Boulanger. Este movimiento de decepcionados de la República se extendió rápidamente, rindiendo culto a «la diosa Revancha» contra los territorios perdidos. Bajo el patrocinio de famosas personalidades republicanas y considerando que la ausencia de autoridad era un peligro para la nación, plantearon la necesidad de «revisar» el régimen parlamentario. El descontento social, la exaltación del sentimiento nacional, las críticas a la república parlamentaria crearon un ambiente peculiar y los desilusionados de la política creyeron encontrar en el general Boulanger a «un jacobino con botas» según el profesor de la *Université de Paris III* Jean-Claude Rabaté. Zemelman propone que la gran expresión del populismo surgió en el siglo XX a través del movimiento comunista internacional surgido de la revolución rusa de 1917. A partir de ahí, apareció un sujeto social emergente que, basado en sectores populares y medios, tuvo presencia en casi todos los países del mundo y dio lugar a una

213 ZANATTA, Loris, *El Populismo* Katz editores, primera edición 2014, primera reimpresión argentina 2016, Buenos Aires, Argentina.

serie de importantes transformaciones, entre ellas, la de constituirse en el portavoz de un proyecto anticapitalista. Ante este hecho, el capitalismo y sus ideólogos reaccionaron dando lugar a un modelo de regulación[214] donde empezaron a implementar políticas dirigidas a sectores no favorecidos, surgió la preocupación por la distribución del ingreso, el salario mínimo, la educación, la seguridad social, entre otros temas.

Cualesquiera sean sus orígenes, lo cierto es que durante los siglos XIX y XX el populismo se nutrió de un aspecto ambivalente de la democracia representativa. En ese sentido, el populismo siempre cabalgó en la tensión entre representación y soberanía popular, y por tal motivo, siempre vio una especie de traición de la «élite» del poder político en su rol representativo del «pueblo virtuoso». Por esa razón el populismo es partidario de la democracia directa o voluntad general y no de la democracia representativa. Si bien el populismo no tiene confines y ni es exclusiva de una determinada cultura, por las características de la experiencia histórica latina, Zanatta enfocó su mirada sobre el populismo como una especie de planta que ha encontrado el humus necesario *(estructuras políticas y siglos de cristiandad católica)* para crecer con cierta frescura. La primera idea a considerar es que el populismo y su visión del mundo es diametralmente opuesta a las ideas ilustradas de la modernidad basada en el individuo, en la razón y en la diversidad fisiológica de las sociedades humanas. En las aulas universitarias ningún profesor de derecho puede desconocer en sus enseñanzas, que nuestro derecho proviene del pensamiento científico, filosófico, político y cultural de los siglos XVII y XVIII, conocido como los «Siglos de las Luces» basados en la ilustrada idea del individuo, la razón y la heterogeneidad de las sociedades a la que populismo le opone el mito y la «emocionalidad» romántica. Por el contrario, el populismo parte de la visión de que las sociedades humanas son como organismos naturales, comparables por su esencia y funcionamiento al cuerpo humano, cuya salud y equilibrio implican la subordinación de los individuos al plano colectivo que los trasciende.

Considera que «el pueblo» es un conjunto unitario e indivisible, y que a veces desemboca en fenómenos totalitarios. Según Zanatta, las siguientes características conforman el llamado «núcleo duro» del populismo:

- El populismo evoca una idea de comunidad.
- El populismo es antipolítico, dado que los valores en los que se inspira y sobre los cuales se basa conciernen a la esfera social y solamente a ella.

214 Durante el transcurso de gran parte del siglo XX se vio el rostro bondadoso de un capitalismo regulado. El mercado regulado, los precios regulados, los salarios regulados. Hasta que desaparece el peligro de la Unión Soviética a finales de los años 80.

- El populismo encarna la aspiración de devolverle al pueblo la centralidad y la soberanía que le han sido sustraídas.
- El populismo añora volver a un mundo del pasado que idealiza como armónico e igualitario contra la situación actual.
- El populismo está persuadido de dirigirse a la mayoría del pueblo, o en algunos extremos a su totalidad.

Analicemos la idea de «pueblo» y la idea de «democracia» contenidas en él. ¿Hay un populismo de derecha y de izquierda? Los hay y en sus versiones extremas los ejemplos más ruidosos fueron los de Mussolini, Stalin, Franco, Hitler y Mao. Hay quienes piensan que es imposible colocar al populismo en el eje derecha-izquierda y atribuirle una base social precisa. Incluso, algunos autores[215] han reintroducido la idea del populismo como «síndrome» en el sentido que no posee una doctrina suficientemente unificadora. Según se mire las diferencias suelen ser importantes, pero en cualquier caso no disimulan acuerdos centrales en temas como el ejercicio autoritario del poder, la sacralidad del concepto «pueblo», y su rechazo a la cultura liberal y republicana. Como los propios teóricos del populismo lo admiten, se trata de un «relato» o un «discurso» en el cual se monta la ficción de un «pueblo» cuyos integrantes «delegan» en el líder, caudillo o jefe sus atributos. Se trata en todos los casos de una «ficción política» porque esa unanimidad que reclaman los datos de la realidad la contrastan, al punto tal que hasta en sus mejores momentos los líderes populistas siempre contaron con una oposición superior al cuarenta por ciento de la población con lo que se desmonta el mito de la mayoría absoluta o de las minorías «vende patrias». También hay coincidencias acerca de la idea de que el populismo no admite representación sino una relación directa con el pueblo, como única fuente de soberanía política. Por esta razón, es común que el populismo y en su versión personificada invente «su» pueblo, que además es siempre «virtuoso».

Examinemos estos calificativos respecto de algunas expresiones de reconocidos gobernantes populistas americanos. En la Cuba prerrevolucionaria, Fidel Castro[216] vaticinó que *«El poder no me interesa. Después de la victoria quiero regresar a mi pueblo y continuar mi carrera como abogado».*

En Venezuela, el ex presidente Hugo Chávez decía *«yo soy un pueblo»* y el pueblo chavista es *«digno»*. Y su sucesor Nicolás Maduro prosiguió: ***«Como locos andan los gobiernos satélites del imperialismo norteamericano*** *gritando y amenazando, yo le digo al pueblo "allá ellos", nosotros seguimos acá*

215 Silvia Kobi y Yannis Papadopoulos en «L´ambiguité du populisme», pp. 13-44 en: R. Gallissot, dir., *Les populisme du Tiers monde*, París, Francia.

216 *Fidel Castro: El último rey católico* como lo tituló en su libro Loris Zanatta, gobernó Cuba desde 1959 hasta el año 2008.

con nuestro espíritu revolucionario» y de esa forma lograr ***«el sueño de la felicidad social ...».***

En Ecuador, el ex presidente Rafael Correa en plena campaña proselitista dijo: *«tengan la seguridad que mi tesoro no es el poder, sino el servicio, servir a mi pueblo, sobre todo a los más pobres, servir a mi Patria»* y el pueblo ecuatoriano es *«justo equitativo y solidario».*

En Bolivia, en su discurso tras renunciar a la presidencia, Evo Morales[217] dijo *«Lo he exigido no para Evo, sino para el pueblo boliviano (...) No es que nosotros queremos beneficiarnos, sino que quiero que el pueblo se beneficie».*

En Méjico, y durante su primer año de gobierno, el presidente López Obrador dijo *«El pueblo mexicano está feliz, feliz, feliz».*

En Argentina, Cristina Fernández de Kirchner durante su presidencia peticionó *«a todos los argentinos que me ayuden a seguir gobernando la patria, no por mí sino por el pueblo»* y el pueblo kirchnerista es *«heroico e idealista».*

En Brasil, Jair Bolsonaro entre sus frases más polémicas llegó a decir *«Estoy a favor de la tortura. Y el pueblo está a favor también»* y quiero que ese pueblo *«se arme como garantía contra la dictadura».*

Y en los Estados Unidos de Norte América, el ex presidente Donald Trump dijo que los medios de comunicación no son sus enemigos sino *«enemigos del pueblo estadounidense»* y este pueblo es *«anti-élites».*

Queda en claro que el «pueblo» en el pensamiento populista está concebido como un cuerpo homogéneo, indiviso, despojado de disensos y que, además, es felizmente virtuoso. Ahora analicemos algunas expresiones y accionar político del ex presidente de Argentina Alberto Fernández que además es profesor de derecho penal en la Universidad de Buenos Aires. En Argentina, desde que se decretó la cuarentena como consecuencia de la pandemia del COVID-19, cada quince días en conferencia de prensa, el presidente Alberto Fernández se dirigía al pueblo argentino de manera directa, sin intermediación alguna. Preguntas que ayudan a pensar: ¿qué prescribe la Constitución Nacional para estas situaciones excepcionales? ¿Dónde están los representantes de los otros poderes republicanos que prescribe nuestra Constitución Nacional? Recordemos que la Cámara de Diputados de la Nación representa directamente a todo el pueblo argentino. La Cámara de Senadores de la Nación representa a todas las provincias argentinas y a la ciudad autónoma de Buenos Aires. Y la Corte Suprema de Justicia representa a todo el Poder Judicial de la Nación.

Todo profesor de derecho no puede olvidar tan fácilmente aquello que la Constitución señala en su artículo 22: «El pueblo no delibera ni gobierna sino

217 Discurso pronunciado por Evo Morales el 10 de noviembre de 2019.

por medio de sus representantes y autoridades creadas por esta Constitución». En una democracia constitucional inclusiva, dialógica y republicana, corresponde a los representantes de los tres poderes institucionales explicar las estrategias políticas, económicas y sociales más convenientes para el país a la hora de enfrentar una pandemia global. Nada de esto ocurrió en Argentina. La mezquindad, los privilegios, los negociados, la búsqueda de réditos políticos, la violación de las normas por parte de la presidencia, ocuparon el escenario nacional mientras morían todos los días cientos de miles argentinos. Dijimos que el populismo utiliza un lenguaje virtuoso para referirse a «su» pueblo. A lo largo de los años hemos escuchado reiteradamente que el pueblo peronista es «feliz y bueno». Fiel a su pertenencia política, el presidente Alberto Fernández invocó nuevamente la felicidad al decirnos que «Pensó que íbamos a salir a festejar la expropiación» referida a la tradicional empresa aceitera Vicentín ubicada en el norte de la provincia de Santa Fe. Con todo respeto: ¿en qué o quiénes pensó? ¿En el festejo de «su» pueblo? ¿En el de los acreedores o deudores de la empresa? ¿En el del juez del concurso? Como bien sostiene Zanatta, la idea de democracia que sostiene el populismo «es aquella en la cual el pueblo, su pueblo, el único que posee la virtud, recupera la soberanía usurpada por las élites políticas o sociales sustraídas a su control y transformadas por eso en una oligarquía». El populismo se basa en la visión del hombre subordinado a su comunidad de pertenencia, y es en esa comunidad donde debe apoyarse la idea populista de democracia que contrasta considerablemente con la idea de democracia plural, diversa y abierta de toda sociedad liberal. Para concluir este capítulo y previo a la reflexión final, queremos compartir un informe publicado en el presente año 2021 de la consultora IPSOS Global Advisor, basado en entrevistas a más de 19.000 personas en 25 países del mundo, incluida las seis economías de la región latinoamericana más importantes como Argentina, Brasil, Méjico, Chile, Colombia y Perú. Conforme el artículo publicado por Daniel Zovatto[218] los principales índices del informe muestran una marcada división entre ciudadanos comunes y la élite política y económica; la economía diseñada a favor de los ricos y poderosos; que los partidos políticos tradicionales no se preocupan por la gente común; y que los migrantes ponen en peligro la identidad nacional. Tres actitudes principales emergen de este estudio: populismo, sentimiento anti-élite y nativismo. Aquí algunos datos estadísticos según consigna: «el país va en declive» Brasil el 69 %; Chile y Argentina el 68 %; y Colombia el 67 %. «La sociedad está fracturada» Latinoamérica el 64 % y a nivel global el 56 %. «El rechazo a los partidos tradicionales y los políticos» a nivel global 68 %; en Colombia el 85 %; y en Chile el 84 %. «Demanda de líderes fuertes dispuestos a romper las reglas» el 44 %. «Demanda de líderes que le quiten el país a los fuertes y poderosos» el 64 %. «Aumento del nativismo y xenofobia en poblaciones y dirigentes» Colombia y Perú

218 Zovatto, Daniel artículo titulado «Debate Populismo, anti-elitismo y nativismo» publicado en el diario *Clarín* en fecha 30 de agosto de 2021, Buenos Aires, Argentina.

lideran el ranking a nivel regional. Ante esta situación, resulta con urgencia recuperar la confianza ciudadana en las instituciones republicanas, sus partidos políticos y en la democracia como sistema político con capacidad de escuchar y dar respuestas a los reclamos. Para eso, el capitalismo debe medir sus políticas sobre la base del reconocimiento de la dignidad del otro, porque de otra manera, cunde el resentimiento que es la levadura con la que crecen los populismos.

Breve reflexión:

Estamos convencidos que la democracia del siglo XXI debe fundarse en la pluralidad ideológica y en el respeto de la diversidad cultural de cada uno de los integrantes de la comunidad. Como lo afirma el sociólogo francés Alain Touraine, hoy la democracia se define por la tolerancia a la diversidad y la posibilidad de que cada individuo o grupo exprese su singularidad con el mayor respeto del Estado y de los demás integrantes de la comunidad. Nosotros adherimos a una enseñanza del derecho acorde con este pensamiento basado en el respeto a las diferencias ciudadanas y a los poderes instituido en toda república que defienda un sistema plural y no personalista propio de los populismos que se alimentan de analogías y metáforas.

En ese sentido, tres consideraciones que nos parecen importantes señalar en esta oportunidad. La primera, es que nuestra Constitución Nacional nacida en el siglo XIX es de filosofía liberal basada en dos ideas fundamentales: la libertad y la igualdad. De las seis reformas que tuvo el texto constitucional originario, sólo las dos últimas tuvieron una importante gravitación ideológica al incorporar los derechos sociales (1957) y jerarquizar los derechos humanos (1994). La segunda, es que, a partir de 1983, y con la recuperación de la democracia como sistema político, fueron abolidas para siempre las fronteras que impedían una convivencia pacífica entre militantes políticos, integrantes de las fuerzas armadas, sindicalistas, empresarios, trabajadores, estudiantes, religiosos, entre otros. Fue la idea de una democracia constitucional como espacio hospitalario de naturaleza política-jurídica para efectivizar aquello que demanda nuestro preámbulo: «consolidar la paz interior». No obstante, todavía quedan temas importantes a resolver en democracia como la problemática del género y la agenda feminista, por un lado; y por el otro, la necesidad de generar una cultura dialógica y de respeto ante la disidencia. La tercera, es que el populismo es antiliberal y no acepta las reglas establecidas por el constitucionalismo liberal, además de considerar que «el pueblo» como comunidad indivisa tiene prioridad absoluta sobre cualquier otro poder.

Luego de las fatídicas dictaduras del siglo XX, nuestro compromiso con la democracia fue justamente para que las mayorías ocasionales no pongan en riesgo esos valores e impongan a los demás la manera de pensar, de transitar, de trabajar y de vivir de acuerdo al deseo de «su» pueblo. El populismo es un fenómeno universal, pero también latino que pese a las experiencias del siglo XX y XXI no fueron positivas, presenta niveles de aceptación social crecientemente preocupantes. Es también es preocupante que siga propiciando un imaginario monista de nuestras sociedades en claro contraste con la concepción liberal de una sociedad heterogénea. El populismo alienta soluciones simples para problemas complejos. Los acuerdos y desacuerdos, los consensos y disensos son propios de las sociedades plurales, multiculturales y diversas que hacen a la esencia de toda democracia constitucional. Ese fue el renovado acuerdo que todo el pueblo argentino asumió hace cuarenta años, no obstante, sería un error subestimar a su conocido adversario que siempre está al acecho. ¿Es posible una nueva revolución democrática? Participamos de la idea de que la segunda mitad del siglo XX se organizó en base a las ideas de izquierda y derecho como sustantivos: la primera se centró en el trabajador, su igualdad y redistribución; y la segunda en el mercado y la no intervención del Estado. Transcurridas las dos primeras décadas del siglo XXI, quedó en claro que el mundo cambió y necesita una nueva forma de mirarlo. Seguir pensado las problemáticas sociales con aquellas categorías sería un error. Tanto la izquierda como la derecha dejaron de ser sustantivos para pasar a ser adjetivos: hay un liberalismo de izquierda y otro de derecha; y hay un populismo de izquierda y otro de derecha. Se pasó de la búsqueda de la igualdad a la búsqueda de la dignidad. Nuestro tiempo no se debe anunciar como el final de la historia, sino como una época agitada y de profundas transformaciones. Se experimentarán numerosas innovaciones. Tal vez para empeorar, tal vez para mejorar las cosas. Pero nada permite inferir que lo que deseamos para vivir mejor esté automáticamente descartado. ¿Tiene importancia tratar este tema en un libro sobre enseñanza del derecho? Estamos convencidos que la tiene y más de lo que suponemos. Este trabajo plantea la necesidad de un acuerdo expreso o táctico, manifiesto o implícito, escrito o verbal, no importa la forma y sí el contenido entre profesión jurídica y democracia constitucional. Proponemos esta idea fuerza, en el convencimiento que, si un profesor de derecho escribe muchos libros, defiende ponencias, acumula miles de páginas y esas no se transforman en fuerza, quedan como epitafios de lo que pudo ser y no fue. Es imposible que puedan pensarse separadamente, si es que compartimos la idea de un cambio radical en las Facultades de Derecho y su rol de informar y formar profesionales que contribuyan a la deliberación de una cultura jurídica republicana, democrática y constitucional. Nuestros profesionales del derecho deben propender a terminar con la ignorancia jurídica que impide la identificación del sistema jurídico y de las reglas válidas que deben regular el comportamiento ciudadano. Para ello, y puertas adentro, necesariamente debemos provocar un cambio paradigmático en tres aspectos fundamentales: la concepción del derecho; el diseño curricular; y la manera como los profesores enseñamos en las aulas. El debate de ideas, de proyectos, de pretensiones de poder y cómo se distribuye en una sociedad. Debemos poner fin a una cierta incapacidad de ver la complejidad de la realidad emergente y cambiante. Si supiéramos cuáles son las preguntas, aunque no sepamos las respuestas, habremos dado un paso adelante. En cambio, si supiéramos las respuestas, pero sin saber las preguntas, estaríamos engañándonos nosotros mismos.

Las instituciones representativas; la división de poderes; las sociedades heterogéneas, diversas y plurales; las demandas y los conflictos sociales; los consensos y disensos; los problemas de las grandes ciudades; el aumento demográfico; la internet con sus redes sociales; los medios alternativos de solución de problemas, entre otros, son propios de los tiempos que corren y que toda democracia como sistema político, debe tratar de comprender y dar respuestas. Jürgen Habermas hace un tiempo presagió *«la calidad de la democracia está dada por la calidad de los debates y la argumentación pública, que la inteligencia artificial contribuye a deteriorar».* Durante los cinco o seis años que un estudiante de derecho permanece en una Facultad, debe necesariamente recibir el entrenamiento (teórico-práctico) adecuado para ejercer la profesión, comprendiendo el contexto social y colaborando en la generación de una cultura ciudadana donde el cumplimiento de las reglas de juego constituya sus cimientos y donde los conflictos sean resueltos de manera pacífica, rápida y eficaz. Y para concluir con un clamor que debieran oír aquellos que se apropiaron de la etiqueta del «progresismo» y se dicen de izquierda, pero manifiestan desprecio por la democracia constitucional tratando de socavarla todos los días. Se desvelan por llegar a una banca en la Cámara de Diputados o Senadores de la democracia liberal para luego atentar contra el propio sistema que les da fundamento. Se trata de levantar nuestra voz dentro de un aula de derecho, apelando a los conceptos de libertad, ciudadanía y derechos humanos, porque al decir de Anna Eleanor Roosevelt, si no somos capaces de defenderlos donde cada hombre, mujer o niño reclaman por igualdad y respeto a la dignidad, mal podemos llamarnos «progresistas», ya que el progreso moral de la humanidad ha sido y seguirá siendo la lucha por la libertad.

CAPÍTULO 12.

ENSEÑANZA DEL DERECHO MODERNO VS. ENSEÑANZA DEL DERECHO GLOBAL

«Se nota por todas partes que las tendencias más importantes se han ido de las manos de quienes tenían la competencia hasta ahora, y que los problemas de hoy y los solucionadores de problemas de ayer (sobre todo los problemas de mañana y los solucionadores de problemas de hoy) ya no van al unísono»

(Peter Sloterdijk)

Hemos reflexionados acerca de lo que llamamos derecho moderno, entendiendo como tal, aquél surgido al amparo de los Estado-Nación que sirvió de base para el desarrollo de una cultura jurídica de códigos inmutables que incidieron en la génesis de los sistemas jurídicos de muchos países del mundo. No obstante, y teniendo en cuenta la locución que reza «a cada época, su derecho», surge la pregunta ¿Cuál sería el derecho de esta época? Es evidente que, en tiempos actuales, todo parece suceder más allá de los límites jurisdiccionales de los Estados nacionales. Ante este escenario ¿puede el derecho y su enseñanza permanecer inmune?

Para responder este interrogante, proponemos en el presente capítulo repasar, por un lado, el fenómeno llamado globalización; y, por el otro, los retos que la misma plantea para el derecho, su enseñanza y el ejercicio profesional. ¿Qué se entiende por globalización? ¿Cómo nos desenvolvemos en un derecho global? Desde que el término comenzó a utilizarse con mayor frecuencia apenas iniciada la década de los ´90 del siglo XX, las ciencias sociales le han dedicado suficiente literatura generando una narrativa que dividió a detractores y globalistas. Y una vez más, emergió una tensión a resolver: Paraíso global vs. Infierno global. La globalización no es un fenómeno íntegramente nuevo, sino que su novedad reside en la intensidad con que se afirmó en la última década del siglo pasado. El vocablo globalización se presenta como un concepto abierto, confuso y engañoso. También podemos hablar de globalización como un fenómeno inevitable que suele aparecer relacionado a la hora de interpretar conceptos relativos a internacionalización, transnacionalización, universalización y mundialización. Asimismo, se la vincula a reflexiones sobre mercantilismo, capitalismo, socialismo, modernidad, posmodernidad, cristianismo, islamismo, judaísmo, países centrales y países periféricos, oriente y occidente. Cualesquiera sean las interpretaciones conceptuales, lo cierto es que el llamado *proceso de globalización* transformó los paradigmas de la modernidad socavando los cimientos de las otrora dimensiones espacio/tiempo, vertical/horizontal utilizadas para la edificación del derecho moderno. En el derecho de la modernidad, el espacio está determinado por el Estado en base a la exaltación del principio de soberanía; y el tiempo se presenta asociado a la idea capitalista de un «progreso» lineal que indefectiblemente, tarde o temprano, llegará. En cambio, en el derecho de la globalización, la dimensión espacial trasciende los límites de la soberanía del Estado; y el tiempo deja de pensarse linealmente en dirección al progreso para enredarse más bien con la idea de incertidumbre. En 1968 el filósofo y politólogo francés Reymon Aron, al escribir sobre las desilusiones del progreso, planteó dos metáforas al respecto: a) por un lado la globalización es horizontal, ya que se expande por el mundo a través de la economía, de las finanzas y las transformaciones del progreso; y b) por otro lado, eso choca con la verticalidad de los Estados nacionales con vocación imperial y continental, que ahora se produce con una extraordinaria gravedad en los países de Europa occidental[219]. La globalización suele presentarse con rostro de ingenuidad ocultando muchas veces su real intensión acumulativa de poder y riquezas. La pregunta que surge es ¿quién le pone límites? Nuestra intención, no es profundizar el estudio sobre la globalización sino en repasar fugazmente su origen, su significado político y el rol del Estado para luego detenernos en su impacto en el campo jurídico con una especial mirada puesta en la enseñanza del derecho.

Haciendo un breve repaso del proceso histórico de la globalización, decíamos que no es un fenómeno nuevo, sino que se inició hace varios siglos. En realidad, lo que hoy se percibe como globalización no es más que la etapa avanzada de un proceso histórico que se inició mucho tiempo atrás. El economista, experto y consultor internacional en desarrollo y medio ambiente de la Universidad de Granada (España) Paolo Bifani sostiene en su libro[220] que antes de los grandes descubrimientos ya hubo procesos de globalización. Es así como el Imperio Romano (27 años a.C y 476 años d.C) había unificado gran parte del mundo durante varios siglos imponiendo leyes, usos y costumbres en territorios conquistados. Pero el verdadero impulso a la globalización se dio en la época de los grandes descubrimientos y en particular

219 Botana, Natalio en entrevista del *diario La Nación* (www.lanacion.com.ar) titulada «El kirchnerismo tiene apetencia hegemónica, pero choca con la resistencia de la sociedad civil» publicada el 27 de agosto de 2022, Buenos Aires, Argentina

220 Bifani, Paolo *La Globalización: ¿otra caja de pandora?* Editorial Universidad de Granada, año 2002, Granada, España.

en la conquista y colonización de América. El mencionado autor granadino propone para la reflexión cuatro extensos períodos en el proceso histórico de la globalización.

- Desde los grandes descubrimientos, la creación y el ascenso del estado moderno a partir de la Paz de Westfalia de 1648 que separó definitivamente la religión del estado.
- Desde las fases de incipiente industrialización hasta la revolución industrial culminando con la consolidación de los poderes coloniales de fines del siglo XIX.
- Desde el fin de las guerras mundiales hasta el fin de la guerra fría en el siglo XX.
- La etapa actual determinada por las primeras dos décadas del siglo XXI.

Cada una de las etapas, fue acompañada por el desarrollo de una teoría económica que, en cierta forma, legitimó a lo largo de la historia el proceso global. No obstante, sostiene Bifani que los puntos de inflexión en las mencionadas etapas estuvieron marcados por: a) los grandes descubrimientos; b) el período de fines del siglo XIX y comienzos del siglo XX[221]; c) y la fase actual[222]. Se sostiene que los orígenes de la globalización tal como la conocemos actualmente, se iniciaron entre 1492 y 1498 con el descubrimiento de América por parte de Cristóbal Colón[223]; y la apertura de la ruta marítima hacia el Oriente por parte de Vasco da Gama[224], respectivamente. Los conquistadores ibéricos llevaban en sus barcos claros objetivos de extender dominios monárquicos protegidos por la «cruz» de la evangelización. Con esos descubrimientos, se puso en marcha un elemento importante como fue el mercantilismo que dinamizó un verdadero proceso global ante la ampliación de los espacios económicos. Desde entonces y por un período de doscientos años, nuevas rutas fueron abiertas, se desarrolló la cartografía, nuevas técnicas para la fabricación de barcos y la industria de los astilleros creció exponencialmente favoreciendo el transporte naval. A todo ello, el principal objetivo del mercantilismo seguía siendo el de aumentar el poder y las riquezas que los reyes necesitaban imperiosamente para hacer frente a las

221 A comienzo del siglo veinte, el consenso del progreso era absoluto, como la fe en la ciencia, la inteligencia y la inclinación del ser humano para hacer el bien. Reinaba la idea de que el mundo era satisfactorio con justicia y libertad.

222 Bifani, Paolo, ob. citada, pág. 64.

223 Aunque el marinero genovés nunca supo hasta su muerte que había descubierto un nuevo continente. Su teoría sobre la forma de la tierra como una pera y su proyecto de buscar nuevas rutas marítimas fue apoyada por la corte Española, luego de que Portugal e Inglaterra le cerraron la puerta. Tenía 42 años cuando llegó a un nuevo continente.

224 La nueva ruta entre Europa y Asia a través del Cabo de Buena Esperanza fue abierto por Vasco da Gama en el año 1498.

erogaciones bélicas. A partir de esos descubrimientos, particularmente de América, se inició el conocido período de *conquista y colonización* con sus trágicas consecuencias humanas. Se produjo quizás el mayor desastre demográfico de la historia de América con el aniquilamiento de las poblaciones indígenas, producto de la guerra de conquista y colonización, penetración de enfermedades y pestes, y el forzado desplazamiento de poblaciones enteras. El primer factor de eliminación de las poblaciones indígenas fue la propia guerra tanto interna como externa. El segundo las enfermedades. Repasemos algunos números para tomar conciencia de lo que fue un verdadero *genocidio* provocado por los descubridores, conquistadores y colonizadores que llegaron del Viejo Mundo para imponer un estándar europeo. También en otras latitudes «los europeos» cometieron atropellos, matanzas y genocidios con sus políticas de conquistas y colonización por aquellos tiempos como fue el caso de Holanda para con Surinam e Indonesia; Francia para con Argelia; Bélgica para con el Congo Africano; e Inglaterra para con Australia. En América, solo en la toma de Tenochtitlan en Méjico murieron 200.000 aztecas. No obstante, es justo decir que no todos los pueblos mesoamericanos eran aztecas, y que estos dominaban, explotaban y esclavizaban a decenas de pueblos mucho antes de la llegada de los españoles. Entre el 1519 y 1533 murieron en Méjico aproximadamente 8 millones de indígenas. Cuando Cristóbal Colón llegó a la isla La Española (hoy Santo Domingo - República Dominicana) en el año 1492 se calculaba que existía una población de un millón de indígenas. En 1560, es decir, sesenta y ocho años después, solo quedaban 16.000 indígenas. Por su parte, el imperio Inca en el Perú, en un período de cincuenta años contados a partir del descubrimiento se redujo de 10 millones de indígenas a solo 1 millón y medio[225]. Mención especial merece el triste recuerdo de la esclavitud de aquellos tiempos. El tráfico portuario en América recayó sobre hombres, mujeres, niños y niñas como mercancías destinadas al trabajo forzado en las minas. Mujeres y hombres fueron tratados como cosas que se podían comprar, vender, esclavizar, violar y eliminar. Se presume que entre el descubrimiento de América y el año 1800 llegaron al Nuevo Mundo cerca de 6 millones de esclavos africanos provenientes en su mayoría del Golfo de Guinea. En un año llegaban alrededor de 80.000 esclavos y la mitad de ellos morían en alta mar. Así fue como el Nuevo Mundo contribuyó con sus metales preciosos (oro y plata), materias primas y el trabajo esclavo para el desarrollo creciente del viejo continente y la expansión de nuevos mercados por parte de los «dueños» del mar[226] que anhelaban monopolizar las rutas marítimas.

Durante los siglos XVI y XVII se destacaron los monopolios comerciales de los países en disputa: La Casa de Contratación en Sevilla en 1503; La Com-

225 BIFANI, Paolo ob. citada, pág. 66.

226 España, Portugal, Holanda, Gran Bretaña y Francia fueron los países en disputa y responsables de este largo período de deshumanización, conquistas, guerras y muertes.

pañía Holandesa para las Indias Orientales en 1602; La English East India Company de la corona británica de 1599; y la Compagnie des Indes Orientales de Francia en 1664, fueron las antepasadas de las actuales corporaciones transnacionales. Otro punto de inflexión en el proceso de globalización, además de los grandes descubrimientos y más contemporáneo a nuestra era, fue marcado por la finalización de la segunda guerra mundial en el año 1945. A partir de ese año y hasta nuestros días, se suelen distinguir tres momentos en el mencionado proceso global. El primer momento fue el de la reconstrucción que se extendió hasta el año 1970, donde se produjo un rápido crecimiento de la economía mundial, acompañado por una fuerte intervención del Estado, el fin del proceso de colonización[227] por parte de las grandes potencias mundiales, la creación de los organismos internacionales y el auge del multilateralismo. El segundo período comprende desde 1970 hasta finales de la década de los ´80, caracterizándose por una marcada desaceleración del crecimiento económico mundial[228], recesión de las economías, crisis del petróleo, el fin de la guerra fría, la problemática ambiental[229] y una acelerada carrera científica-tecnológica. Y el tercer período se ubica temporalmente a partir de 1990 donde se caracterizó por una globalización de las finanzas más que del proceso productivo real. El auge de un neoliberalismo extremo que fagocitaba el modelo soviético derrumbado, la reducción de la intervención del Estado en la economía, especialmente, su capacidad para gestionar la política monetaria, la privatización de empresas estatales, la concentración de las riquezas, endeudamiento público, desempleo, la reducción de las fuerzas de trabajo y la reforma de leyes laborales[230]. Para tener en cuenta algunas de las conceptualizaciones en la etapa actual de la globalización mencionaremos las siguientes.

El profesor de sociología de la Facultad de Economía de la Universidad de Coimbra (Portugal) Boaventura de Sousa Santos en su libro sobre globalización[231] propone una interesante reflexión y su impacto más específico en el campo jurídico. El sociólogo portugués, considera que en las últimas décadas las interacciones transnacionales han sufrido una dramática intensificación, que va desde la globalización de sistemas productivos y transacciones financieras, hasta la diseminación de información e imágenes a través de

227 Los países africanos, India y Pakistán obtuvieron sus respectivas independencias.

228 Con excepción de los países asiáticos, particularmente China.

229 En el año 1972 se lleva a cabo la Primera Conferencia Mundial organizada por la ONU sobre la temática del Medio Ambiente Humano conocida como la Conferencia de Estocolmo, denunciando los problemas de la degradación del ambiente y los daños transfronterizos.

230 Así Carlos Menem en la Argentina; Fernando Enrique Cardoso en Brasil y Carlos Salinas de Gortari en Méjico.

231 De Sousa Santos Boaventura *La Globalización del Derecho* editado por la Facultad de Derecho, Ciencias Políticas y Sociales de la Universidad Nacional de Colombia, Instituto Latinoamericano de Servicios Legales Alternativos (ILSA), Segunda reimpresión, año 2002, Bogotá - Colombia

medios de comunicación masivos y las tecnologías de la comunicación, hasta el desplazamiento masivo de personas, turistas, trabajadores migrantes o refugiados[232]. En tal sentido, De Sousa Santos define a la globalización como «un proceso a través del cual determinada condición o entidad local amplía su ámbito a todo el globo y, al hacerlo, adquiere la capacidad de designar como locales las condiciones o entidades rivales»[233].

Para el sociólogo inglés Anthony Giddens la globalización consiste en «la intensificación de las relaciones sociales a nivel mundial que vincula localidades distantes, de tal manera que los acontecimientos locales son modelados por eventos que tienen lugar a muchas millas de distancia y viceversa»[234]. A su vez, el sociólogo y teórico de la globalización Roland Robertson ve a la globalización como «el desenvolvimiento de una senda temporal-histórica de grados siempre crecientes de densidad y complejidad globales»[235].

Para Ulrich Beck «la globalización es un fenómeno de insubordinación de la economía frente a la política nacional que se ve favorecida por el hecho de que la economía se independiza del lugar y puede chantajear a los Estados por el simple expediente de anunciar su retirada del territorio»[236]. Son dos los rasgos que caracterizan a la globalización en la etapa actual:

1. El surgimiento de mercados auto-regulados que exceden el control de los Estados nacionales.
2. El cambio en la infraestructura de la comunicación humana.

Es decir, sistema económico y comunicación se insubordinan del Estado trayendo como consecuencia que instituciones con base nacional emprenden una política de transformación. Entre ellas, la Universidades Nacionales que comienzan a integrarse a un sistema global y autónomo del territorio al que pertenecen. Ante este panorama ¿cuál sería el motivo para que la globalización sea seriamente considerada por parte de los profesores de derecho?

Ocurre que, entre el derecho continental, el *civil law* como suele llamarse y el Estado nacional, median vínculos históricos e indisolubles de manera que lo que amenaza a este último termina debilitando las bases históricas del derecho tal como actualmente lo conocemos y enseñamos[237]. El investigador de la Universidad Diego Portales de Chile, prof. Carlos Peña, menciona en su libro[238] cuatro fenómenos de la globalización que inducen cambios de

232 De Sousa Santos, Boaventura ob citada, pág. 37.
233 De Sousa Santos, Boaventura, ob citada, pág. 56
234 Giddens, Anthony *Consecuencias de la modernidad*, editorial Alianza, pág. 67, año 1990, Madrid, España.
235 De Sousa Santos, Boaventura ob citada, pág. 38
236 Beck, Ulrich *Libertad o capitalismo*, pág. 43 Paidós, año 2002, Buenos Aires, Argentina.
237 Peña, Carlos *Globalización y enseñanza del derecho*, pág. 92, Editorial Fontamara, primera edición junio de 2017, México.
238 Peña, Carlos ob. citada, pág. 95

importancia en la enseñanza del derecho. El primero refiere a los cambios en la economía política de los sistemas de educación superior. Con distintos ritmos e intensidades estamos visualizando el tránsito de un sistema de financiamiento estatal a un financiamiento cada vez más privado. En el caso de América Latina los sistemas de educación superior denotan un grado de privatismo muy por sobre los promedios de la Organización para la Cooperación y el Desarrollo Económicos (OEDC). El financiamiento de la educación superior para la enseñanza e investigación resulta determinante a la hora de formar recursos humanos, competir e incentivar intercambios entre las instituciones universitarias. El caso del intercambio entre Europa y Latinoamérica es cada vez más dificultoso si se tiene en cuenta la predominancia de la provisión y financiamiento público de una parte; y la otra con un creciente privatismo en el financiamiento hacia la educación superior. En nuestro caso y por experiencias vividas, sabemos que las Facultades de Derecho de Europa tienen resuelto problemas estructurales que tienen que ver con el financiamiento proveniente del Estado: salarios docentes que permiten vivir dignamente de la profesión universitaria; programas para la investigación científica en el campo jurídico; bibliotecas equipadas tecnológicamente; acceso a las más destacadas revistas científicas del mundo. Lamentablemente ninguno de esos estándares europeos mencionados llega a un piso de satisfacción mínimo en nuestras Facultades de Derecho. Al contrario, en Argentina el pluriempleo de los profesores de derecho como consecuencia de las dedicaciones simples sigue siendo uno de los principales problemas de calidad de la actual enseñanza.

El segundo fenómeno alude a la masificación de las profesiones, en particular, la profesión de abogado/a. Poco a poco va desapareciendo la naturaleza individual que caracterizó durante muchos años al ejercicio de la profesión de abogado quien administraba en absoluta soledad su estudio jurídico. Hoy en día, cada vez más los estudios jurídicos se organizan empresarialmente. El fenómeno de la masificación trae consecuencias negativas en el mercado laboral a la hora de la empleabilidad. Está claro que, en un sistema de masas, los empleadores aplican sistemas de selección con base en competencias o habilidades cuando hay sobreoferta de graduados, quedando gran parte de los mismos al margen del mercado profesional. Para repasar algunas estadísticas, en Brasil en un período de 30 años el número de abogados se quintuplicó; en Chile donde la profesión de abogados fue históricamente de élites, el fenómeno de la masificación ha llegado a 114 abogados por cien mil habitantes en el año 2007; en Argentina para ese mismo año fue de 531 abogados por cada cien mil habitantes. Por su parte, según datos del Consejo de los Colegios de Abogados de Europa (CCBE) los números de crecimiento de la matrícula son muy notorios. Ante esta situación, las Escuelas y Facultades de Derecho deben atender este fenómeno, y diseñar una enseñanza más dirigida a competencias, destrezas y habilidades especiales y no sólo en conceptos puramente teóricos. Se hace necesaria una política institucional de convergencia entre educación legal y formación profesional; conocimientos disciplinarios y destrezas indispensables para la empleabilidad en un contexto global. Para ello, resultará ineludible solucionar tres problemas históricos que se visualizan en las Facultades de Derecho:

1. el equilibrio en la composición del plantel docente (profesores jueces; profesores investigadores; y profesores que ejercen activamente la profesión);
2. el equilibrio en el diseño del plan de estudios: enseñanza disciplinaria, interrelación con las ciencias sociales y transmisión de habilidades prácticas necesarias para el mercado profesional;
3. concepción del derecho como práctica social racional partiendo de una formación cultural en base a nociones de ciudadanía, derechos fundamentales y libertad.

El tercero apunta a la expansión del derecho americano o americanización del derecho. El investigador chileno trae a colación una premonición formulada por el profesor de la Universidad de París René David que, en el año 1968, pronosticó un proceso hacia la unificación del derecho en gran parte del mundo. ¿Tuvo razón el jurista francés más experto en derecho comparado? Diríamos que la profecía se cumplió. Después de 50 años, los actuales autores afirman que nos encontramos ante un proceso de homogeneización del derecho, no como expansión normativa sino como un proceso de expansión cultural. Una especie de *ius gentium* actualizado según algunos fenómenos que así lo indican. Una expansión silenciosa y constante del *american law* por una parte; y una reducción del *ius comunne* por la otra. Una cultura legal *—american law—* que se globaliza con mayor intensidad que el tradicional sistema de normas estricto *—civil law—* propio del derecho europeo continental. El legalismo adversarial caracterizado por una cultura de lenguaje, conceptos y estilo, que acentúa el papel de las partes y de sus abogados; que alienta la intervención de los jueces en el proceso político y administrativo; y que cuenta con fuertes incentivos para litigar. La preponderancia del «caso precedente», propio del *common law* se impone cada vez más en la práctica tribunalicia. La enseñanza del derecho a través de *clínicas jurídicas*, propias de las Escuelas de Derecho norteamericanas se impone cada vez más en las Facultades de Derecho de Argentina. El incentivo hacia una cultura del *pro bono* para el ejercicio de la abogacía en causas de interés público. Institutos como *«el daño punitivo»* en materia de la responsabilidad civil; *«las class actions»* en materia del derecho de los consumidores; *«el fideicomiso»* en materia de derechos reales; *«el leasing, el franchising y el factoring»* en materia comercial; la *«lex mercatoria»* en materia contractual; los principios y estándares de *«Unidroit»* como fuente del derecho privado actual. La confección de los *restatements* que elabora la American Law Institute (académicos, jueces y abogados) para señalar, sistematizar y comentar los principios y reglas jurisprudenciales en materia de derecho civil y mercantil americano.

Es decir, una cultura legal cada vez más arraigada que demanda el conocimiento de nuevas reglas e instituciones desconocidas en nuestro sistema jurídico de base continental. Nuevos mecanismos de resolución de conflictos, desarrollo de capacidades negociadoras, estrategias de litigación, destrezas para interrogar testigos, capacidad para inducir soluciones a partir de casos, constituyen habilidades que se deben aprender en las Facultades de Derecho. Resulta oportuno que recordemos que el origen de nuestra tradición constitucional hunde sus raíces en la *american law*. ¿La cultura legal del gran país del norte vino a reconquistar terrenos jurídicos «usurpados» por la tradición continental?

Y el cuarto cambio de la globalización con injerencia sobre la enseñanza del derecho lo determina el surgimiento de una profesión global desanclada de las sociedades nacionales. Entre los factores que llevan a pensar en el surgimiento de una profesión global está el llamado «libre comercio profesional». Como ejemplo se menciona a la Unión Europea donde las profesiones experimentan un proceso de transnacionalización en un mercado supervisado por la Comisión Europea sobre cien profesiones. En tal sentido, todo indica una tendencia hacia una homogeneización en los sistemas de formación profesional. No obstante, en el área de la abogacía resulta más dificultoso como ha quedado demostrado en el caso «Morgenbesser, Cristine c/Colegio de Abogados de Génova» del año 2001 donde se estableció que, no basta los contenidos de la mera Licenciatura en Derecho para ejercer la profesión en otro Estado, se requiere el cumplimiento de otros requisitos referidos a la formación por competencias para el ejercicio profesional. Otro indicio de una profesión global lo determinan las entidades de naturaleza supranacional como la Corte Internacional Penal o de protección de derechos humanos. Una sospecha lo constituye la expansión de determinados mercados financieros (ejemplo el mercado del Este Asiático) que modifican y hasta destruyen instituciones locales, lo que refuerza las ventajas de aquellos profesionales conocedores de esas nuevas realidades. Con lo dicho, queda claro que la globalización del capitalismo está siendo acompañada por la uniformidad de la ley que tiende a dejar atrás las particularidades e identidades nacionales, favoreciendo una homogeneización funcional al intercambio. Hemos manifestado que en siglo XIX el derecho estuvo caracterizado por una función constitutiva de la comunidad política de los Estados nacionales, particularmente para el caso argentino y su formación. La política necesitó del derecho y el derecho necesitó de la política. Ambos hicieron sus aportes para dar origen al Estado-Nación en nuestro país. Hoy en día, presenciamos un derecho preocupado por cumplir una función cooperativa, olvidando las idiosincrasias locales de los Estados a quienes ayudó a nacer y situarse en un derecho común. Por esa razón, creemos que una de las principales amenazas de la globalización es convertir al derecho en una especie de *commodity,* es decir, un producto o mercancía que se puede comprar o vender a granel, desprovisto de todo significado político y moral de las comunidades humanas.

De esa forma se convertiría en un derecho sin pasado, sin identidad y condenado al destierro. Sabemos que la historia no se repite, pero sería un acto de irresponsabilidad no tener en cuenta sus innegables enseñanzas. El crecimiento económico no incluye necesariamente una distribución de riquezas entre la población. En la China de los últimos años, los índices de crecimiento son altísimos pero los salarios y demás mejoras sociales y calidad de vida son tan bajos como las libertades de sus habitantes. Como diría un miembro del Club Político Argentino[239] «el comunismo ha sido la fórmula ideal para garantizar una de las variantes más salvajes del capitalismo».

Mucho se ha hablado del Estado, pero convengamos que la globalización nunca logró reemplazarlo. Todo lo contrario, bien podríamos afirmar que en la actualidad constituye la única instancia real que disponen los pueblos para asegurar la protección de sus libertades, garantizar sus derechos fundamentales, resguardar los bienes naturales ante los atropellos de las grandes corporaciones internacionales que enarbolan la bandera del «libre mercado» sin importar los costos sociales, ni económicos, ni ambientales. En nuestros días, la globalización es un hecho, pero la política se sigue expresando tanto interna como externamente a través de los Estados nacionales. Y es aquí donde surge otra preocupación referida al prontuario que hoy exhibe el Estado. Justamente, los malos antecedentes de quien debiera mediar entre los individuos y las empresas multinacionales. En términos generales, el Estado Nacional tal como lo conocemos hoy en día, se presenta como ineficiente, burocrático, desmesurado, envejecido y, en ocasiones, corrompido. Proponer un Estado débil y con esas patologías puntualizadas, es dejar a las sociedades indefensas ante la globalización. Necesitamos un Estado distinto al que conocemos actualmente.

Por esa razón, el politólogo argentino Guillermo O´Donnell propuso trabajar la idea del «Estado amigo», una especie de figura como la del maestro de escuela, el comisario, el gerente del banco, el jefe de la estación de trenes, el encargado del correo postal, el director del hospital, que eran funcionarios de carne y hueso que prestaban servicios inestimables a la sociedad. Es decir, un Estado que, tanto en el orden interno como internacional, centre su objetivo en la persona y en la comunidad global en base al respeto de un Derecho de la Humanidad que fomente la unidad. Para ello el Estado debe atenuar a su soberanía en función a un *Jus Humanitatis* como propone Boaventura de Sousa Santos, tomando al globo en sí mismo como objeto de regulación. Un derecho que pasaría a exhibir una suerte de majestad global por sobre los dos principios fundamentales del actual paradigma dominante: la *propiedad* de los recursos naturales o culturales y la *soberanía* sobre la cual está basado el sistema interestatal. La interacción de la humanidad es una realidad que los gobiernos del mundo no pueden eludir. Derecho Internacional y derecho global deben convivir perfecta y pacíficamente en este tránsito de una era

239 Nos referimos al prof. Rogelio Alaniz de la Universidad Nacional del Litoral.

a otra. Está fuera de discusión de que cuanto más republicano y democrático es un país más se protegen las libertades ciudadanas. Y en esa línea, el intervencionismo en la economía no sólo es necesario sino inevitable para superar la clásica dicotomía entre liberales y socialdemócratas: Mercado vs. Estado. En todo caso, coincidir que Mercado y Estado deberá trabajar mancomunadamente para solucionar los problemas sociales sobre la base del reconocimiento de la dignidad del otro. Decidido eso, entonces quedará por resolver democráticamente ¿cuánto mercado y cuánto Estado hacen falta? Para eso, habrá que reconocer y alentar la creación de un espacio global no para homogeneizar a la humanidad sino para constituir un grupo heterogéneo de ciudadanos y ciudadanas que se sienten parte integrante de una comunidad humana global, compartiendo necesidades que tan sólo pueden ser satisfechas globalmente. Y para ello, precisamos un derecho global que acompañe esa comunidad global, ordenando en base a criterios de justicia, inclusión, respeto, libertad e igualdad.

Breve reflexión:

Según el filósofo y político Edmund Burke «toda sociedad es una comunidad no sólo de los vivos, sino que también forman parte de ella los muertos y los que todavía no han nacido». Lo que el padre del liberalismo conservador británico quiere decir es que no se puede vivir mirando al pasado, pero no es aconsejable hacer política ignorando sus lecciones. En estas dos primeras décadas transcurridas del nuevo siglo XXI que amenaza con ser más depredador para con la naturaleza que los anteriores y más indiferente para con los más necesitados, debemos aprender a mirar hacia atrás, porque, así como en ese pasado hay disgustos y tragedias, también hay conquistas portadoras de anhelos y esperanzas. Sabemos que, finalizando la segunda década del nuevo siglo, llegó una pandemia global provocada por el Covid-19, que puso en evidencia un postulado incumplido de la Revolución Francesa: la fraternidad. Es decir, pensar y preocuparse por el otro. Ante esta situación muchos interrogantes han surgido. Pero básicamente fueron dos las posiciones extremas que trataron y tratan de encontrar respuestas a la siguiente pregunta ¿los temas de ayer serán importantes mañana? ¿Podemos seguir viviendo con la globalización de la pre pandemia? ¿Podemos imaginar otra globalización pos pandemia? En muchos casos se trata de hacer balances, de evaluar el camino transitado, de contrastar expectativas y resultados. De volver a apostar, o bien, barajar y dar de nuevo. Debemos construir una nueva narrativa sobre la globalización y la redistribución de la riqueza. Para ello debemos pensar qué modelo de desarrollo queremos para el futuro. Nos animamos a proponer un liberalismo democrático e inclusivo que ensamble libertad de mercado y equilibrio en la intervención del Estado; un mercado, como dice Raj Patel, donde la gente se reúne para intercambiar bienes y no para la búsqueda solo de ganancias; protección de los bienes de la naturaleza como bienes de la humanidad; defensa de los derechos humanos; y respeto a la identidad del otro, sobre todo cuando ese «otro» (sea un Estado o sea un ciudadano del mundo) está en problemas o, peor aún, es un histórico invisibilizado. No hay dudas de que la actual epidemia mundial puso en jaque a la humanidad para darse cuenta del sutil peligro que representa la desunión global. Al decir del escritor israelí Yuval Noah Harari, ante la pandemia del Covid-19 *«el principal peligro es la falta de solidaridad global y liderazgo que necesita la humanidad. Durante los últimos años, políticos, xenófobos y aislacionistas han socavado de manera deliberada la cooperación internacional y la idea misma de la solidaridad global».* Resulta evidente que, de esta crisis sanitaria global, no vamos a salir más fuertes ni más buenos. Todo lo contrario. Vamos a salir más pobres y más tristes ante la muerte de nuestros seres queridos. Por eso es que el cambio deberá necesariamente ser cultural y global, al mismo tiempo. Para eso debemos evitar repetir los errores del pasado, y en esa función, el aporte de las universidades será de suma importancia.

Nuestra contribución será bregar por una formación universitaria que no olvide a una de las principales funciones del derecho como es la de moralizar las relaciones sociales y la de expresar una cierta identidad de las comunidades humanas en contexto global. Debemos bregar por un derecho que influya eficazmente en la vida diaria de los ciudadanos y ciudadanas. Un derecho que se proponga palear las desigualdades entre pueblos y naciones. De lo contrario, terminaremos siendo espectadores que contemplan cómo el mundo es gobernado al margen del derecho, de la mano del poder económico concentrado y de los medios de comunicación monopolizados que no aceptan límites de nadie. Debemos apostar por una enseñanza del derecho que influya en una cultura jurídica democrática y constitucional acorde con nuestra identidad latinoamericana, para hacer frente a los desafíos de la globalización a través de competencias, destrezas y habilidades que necesitan los profesionales, pero con una fuerte significación política y moral. Dependerá de lo que decidamos. Todo fin de época concluyó en guerras feudales, monárquicas y republicanas. ¿Podemos imaginarnos las consecuencias de un conflicto planetario nuclear, bacteriológico e informático?

Pareciera que, en el actual siglo XXI, vivimos en un perpetuo presente como si viéramos el mundo por fotografías y como un film cinematográfico. De las generaciones actuales depende empezar a torcer el rumbo hacia un tipo de republicanismo democrático mundial o resignarse a una crisis planetaria tal vez definitiva. Como diría Natalio Botana *«La esperanza se construye sobre virtudes previas; no surge como un don gratuito sino que ese don hay que adquirirlo, hay que renovarlo y hay que mantenerlo firme».*

TÍTULO QUINTO.

LA RECONFIGURACIÓN DE LA ENSEÑANZA DEL DERECHO PARA EL SIGLO XXI

CAPÍTULO 13.

ENSEÑANZA FORMAL VS. ENSEÑANZA COMO PRÁCTICA SOCIAL DEL DERECHO

«La calidad de una institución académica depende de la profundidad y diversidad de su cuerpo docente, quienes dan forma al currículo de la facultad y son responsables de la producción académica, del carácter de su biblioteca y del tipo de estudiantes que esa institución atrae».

(Profesor Owen Fiss – Law according to Yale)

En el presente capítulo, analizaremos dos concepciones del derecho y su impacto en la enseñanza, a través de un ejercicio comparativo. Al mismo tiempo, compartimos los resultados de una encuesta estudiantil referida a la enseñanza que reciben en la Facultad de Ciencias Jurídicas y Sociales de la UNL.

Es decir, por un lado, vamos a contraponer dos concepciones de la enseñanza del derecho: a. formal y b. como práctica social. Por otro lado, trabajaremos con datos empíricos respecto de la calidad de la enseñanza del derecho que reciben los estudiantes en la Universidad Nacional del Litoral conforme los dos modelos de concepción del derecho y su enseñanza. En los capítulos anteriores hemos mencionado algunos de los rasgos más comunes que se han repetido a lo largo de la historia y, que aún persisten en las aulas de nuestras Facultades de Derecho. Continuamos describiendo el impacto que ha tenido y sigue teniendo la enseñanza formal del derecho y proponemos una concepción de la enseñanza como práctica social racional acorde con un derecho reconfigurado por nuestra democracia constitucional. Sostenemos que, a lo largo de los años, la tradición continental tuvo una acentuada influencia para consolidar la concepción formalista en la enseñanza del derecho en nuestras aulas. Actualmente en Argentina, el Estado Nacional a través de la CO.N.E.A.U. (Comisión Nacional de Evaluación y Acreditación Universitaria) del Ministerio de Educación de la Nación ejerce la autoridad de control, es decir, tiene la última palabra para determinar, establecer, aprobar o desaprobar los planes de estudios de las carreras de abogacía, su carga horaria, los años de duración, los contenidos de las asignaturas, las prácticas profesionales, las líneas de investigación, la estructura edilicia, el acervo bibliográfico de las bibliotecas, es decir, tabula taxativamente a las Facultades de Derecho respecto como deben preparar a los abogados del país. Los ejercicios autoevaluación y el control externo son importantes en tanto ellos signifiquen una mejora sustancial en términos de calidad institucional y preparación profesional. En el año 2019, se realizó por primera vez en la historia de nuestro país, el proceso de acreditación de las carreras de abogacía, que provocó reformas de los planes de estudios obligados a estar en sintonía con los estándares de acreditación. ¿En el futuro, este proceso de acreditación mejorará la enseñanza del derecho en Argentina?

Veamos algunas de las características que identifican en cada una de las dos concepciones, no sin antes dejar en claro que existen matices que se entrecruzan en cada modelo.

En la concepción formalista de la enseñanza del derecho:

- Esta concepción se siente cómoda con el sistema jurídico del *civil law* cuyo origen se remonta al estudio del derecho que se desarrolló en las incipientes universidades europeas del siglo XI con el aporte del cristianismo de la edad media.
- Propicia una particular visión del derecho, así como su funcionamiento en la práctica profesional. La certeza o carácter «determinado» del derecho (los códigos pueden prever todas las situaciones de la vida para la que existe una única respuesta correcta); y la autonomía o pureza del derecho, descartando las consideraciones de tipo sociológicas y valorativas.
- Predomina una enseñanza basada en la transmisión y memorización de gran cantidad de información acerca de contenidos de normas.
- Prevalece el formato del «docente conferencista» de contenidos normativos a memorizar por parte del estudiante.

- La enseñanza del derecho se diagrama en forma fraccionada (ramas jurídicas) que integran el plan de estudio en formas separadas e independientes entre sí.
- El método disciplinar llevado a cabo, está basado en el análisis dogmático de la norma, lo que supone una concepción del derecho que prescinde de las decisiones valorativas en el momento de asignarle significado.
- En esta concepción, la enseñanza del derecho es poco práctica. Los estudiantes no ven y no entienden para qué sirve un concepto, una clasificación, un instituto
- En esta concepción, la enseñanza del derecho es poco teórica.
- Prevalece el sistema de evaluación del conocimiento es a través de exámenes escrito y oral), donde la memorización de las leyes y textos es la única destreza esperada/exigida.
- El estudio de cada asignatura de plan de estudio carece de una perspectiva constitucional.
- El Derecho Constitucional es ubicado en los márgenes del plan de estudio, cuya columna vertebral está determinado por el derecho privado, especialmente el derecho civil.
- Escasean los debates entre los profesores en la práctica de construir conocimiento jurídico y social en forma comunitaria.
- Existe un bajo porcentaje de profesores de tiempo completo. La mayoría son de dedicación simple y el consecuente pluriempleo docente.
- Al ejercicio profesional se lo circunscribe al conocimiento y aplicación del texto legal, con un significado autoevidente y cuya identificación no requiere de un conocimiento que se extienda más allá de la pura lógica necesaria para establecer razonamientos silogísticos correctos.
- Esta concepción es coherente con el modelo de procedimiento bilateral, basado en el conflicto de dos partes relativos a bienes jurídicos individuales.
- La labor del juez se limita a la aplicación de la norma, debiéndose comportarse como si fueran «la boca de la ley».
- La concepción formalista del derecho genera operadores jurídicos deferentes del poder codificador y dudoso de su propia capacidad de controlar constitucionalmente las normas codificadas.

En la concepción del derecho como práctica social racional:

- El derecho es concebido como una práctica social racional determinada por una multiplicidad de fuentes provenientes de normas constitucionales, tratados internacionales, acuerdos jurisprudenciales y principios morales; que al mismo tiempo produce un diálogo permanente entre las mismas, que tiene vida propia, provocando el surgimiento de intereses que se convierten en reclamos de derechos que generan decisiones administrativas; que luego se convierten en leyes que son cuestionadas por quienes tienen intereses contrapuestos interponiendo demandas judiciales; que producen decisiones judiciales y; de esta manera, sigue un círculo interminable constituyendo la práctica de la democracia constitucional.
- El sistema jurídico *common law* nacido en el siglo XII de la mano de los jueces reales, tiene más empatía con esta concepción del derecho.
- El profesor tiene una responsabilidad política en la generación de una cultura jurídica en consonancia con el sistema político democrático del país.
- El derecho no puede ser enseñado ni comprendido sin recurrir a las enseñanzas de la filosofía, la economía, la sociología, la historia, la política, la antropología, la teología, entre otras.
- Se propicia una enseñanza del derecho preocupada por desentrañar los valores y principios que subyacen al texto legal y que le dan sentido.
- La experiencia educativa consiste en el intercambio de ideas entre los estudiantes y sus profesores, y el carácter y calidad de ese intercambio depende de lo que cada uno de los participantes tiene para decir en el aula.
- Un buen abogado es aquél que además de conocer el contenido de la ley, es capaz de indagar en la justificación de una institución jurídica con el fin de determinar el alcance de la norma cuya interpretación está intentando desarrollar.
- El modelo de procedimiento por excelencia es el colectivo, valorado desde el punto de vista del acceso a la justicia de una gran cantidad de personas.
- Las destrezas que se espera de un estudiante, es que se vea dudando, problematizando, indagando los propósitos y justificacio-

nes de las normas e instituciones jurídicas, imaginando escenarios, ensayando teorías, articulando justificaciones de posturas propias, entrevistando a sus clientes, interrogando testigos o peritos; probar hechos; aprendiendo a persuadir y a litigar; anticipándose a los argumentos de sus colegas en un pleito o en la redacción de un contrato o en la redacción de una norma.

- La enseñanza en el grado es parte integral de la tarea de investigación del profesor.
- Propicia la necesidad de provocar discusiones serias entre profesores/as en seminarios, institutos, cátedras abiertas, entre otros espacios, como forma de educación continua y crecimiento intelectual, de tal forma que permita a los mismos, revisar sus «certezas» y conocimientos a través de la experiencia educativa comunitaria.
- Alienta el diálogo académico para la experiencia educativa que debe trascender generaciones y perpetrarse en el tiempo. Para ello, esta concepción considera necesario comprometer a las generaciones futuras en la práctica temporalmente infinita consistente en la búsqueda de la verdad y en la construcción del derecho.
- Se vislumbra una marcada inclinación hacia la tradición constitucional, propiciando una constante interpretación y transversalización de la perspectiva constitucional por parte de una comunidad de intérpretes.

Si coincidimos que, en nuestro país, gran parte de la dirigencia política *(presidentes, gobernadores, legisladores, jueces, empresarios, periodistas)* son abogados o abogadas, resulta de suma importancia preguntarnos en base a qué concepción del derecho y cuál fue la enseñanza con la que fueron entrenados en la universidad. Por lo general, no nos hacemos estas preguntas y mucho menos, le dedicamos tiempo para responderlas.

Veamos las respuestas obtenidas de una encuesta a estudiantes de la carrera de abogacía de la asignatura Práctica Profesional Final (2do. semestre año 2021) de la Facultad de Ciencias Jurídicas y Sociales de la Universidad Nacional del Litoral:

1. En líneas generales y desde su punto de vista, ¿cuáles son las fortalezas de la enseñanza que está recibiendo de la Facultad de Ciencias Jurídicas y Sociales de la Universidad Nacional del Litoral?

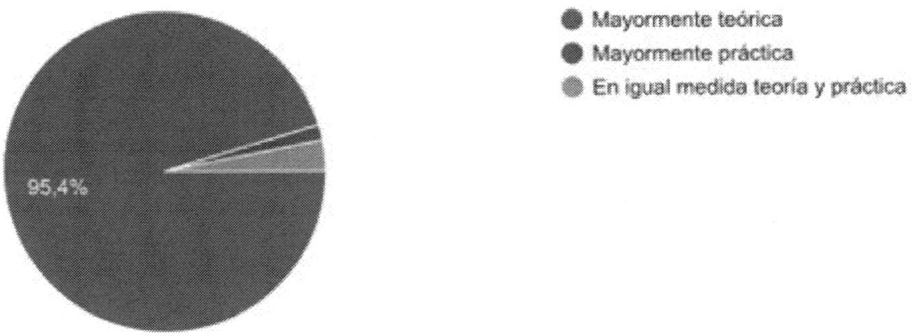

2. ¿Cuáles son las debilidades de la enseñanza universitaria que está recibiendo de esta Facultad?

3. ¿Cuál es su grado de satisfacción general con la formación que está recibiendo en esta Facultad?

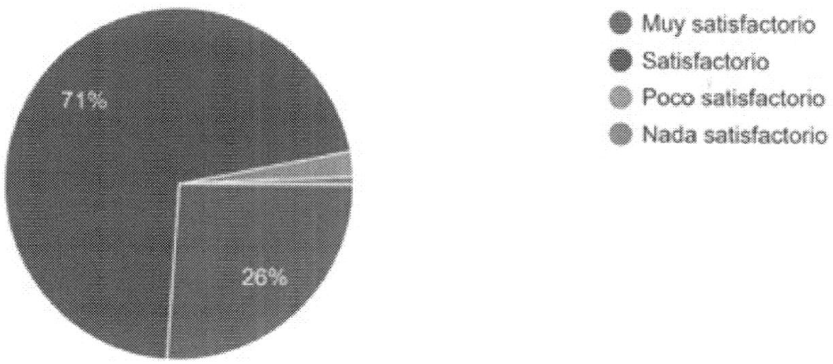

4. Pensando en la enseñanza que usted recibe en la Facultad ¿en qué medida considera que la misma lo está o no capacitando para desempeñarse profesionalmente?

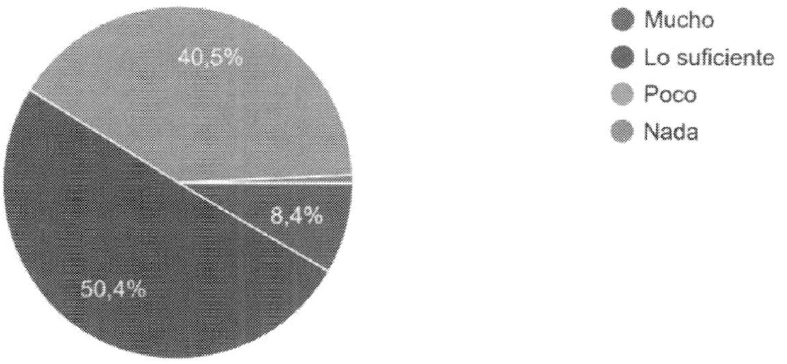

5. Pensando en su futuro profesional ¿cuáles de las siguientes actividades le gustaría más?

Abogado litigante / Abogado consultor / Abogado mediador / Juez/funcionario Judicial / Profesor Universitario / Funcionario Público / Político / Empresario / Otro, ¿cuál? / NS / NC

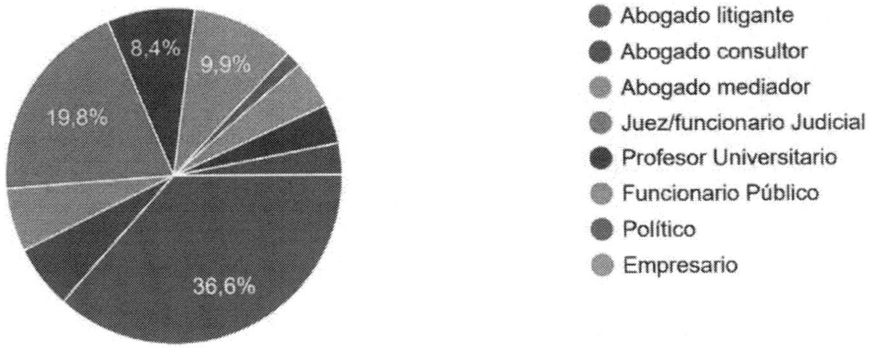

6. De acuerdo al ámbito que acaba de mencionar ¿cree que con la formación que recibe en esta Facultad, tiene muchas, bastante, pocas o ninguna posibilidad de lograrlo?

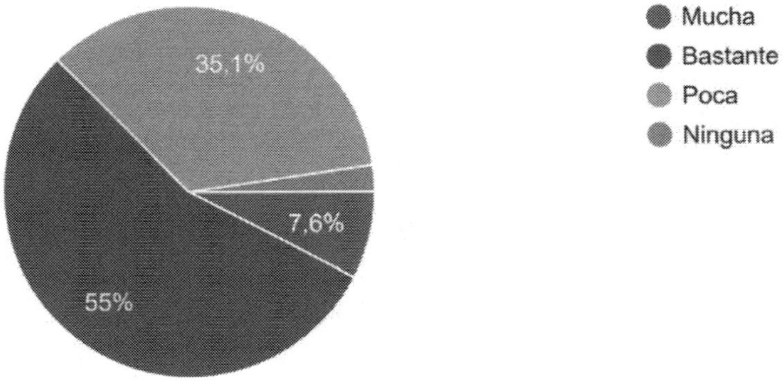

7. En líneas generales ¿cómo evalúa en nivel académico (nivel de conocimiento, actualización) de los profesores de las cátedras que ha cursado hasta el momento? ¿Muy bueno, bueno, regular, malo o muy malo?

¿De los profesores titulares?

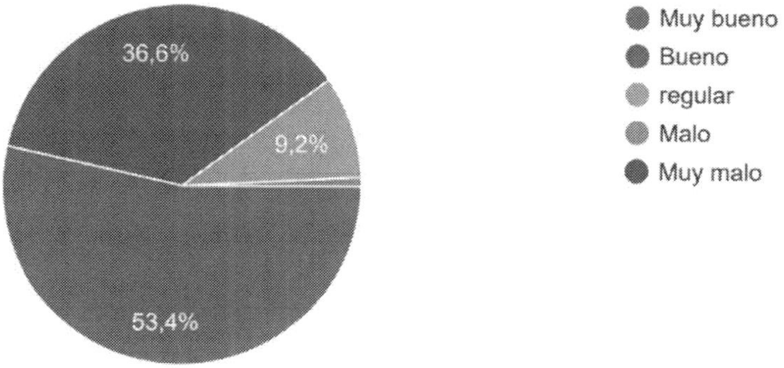

¿De los profesores adjuntos?

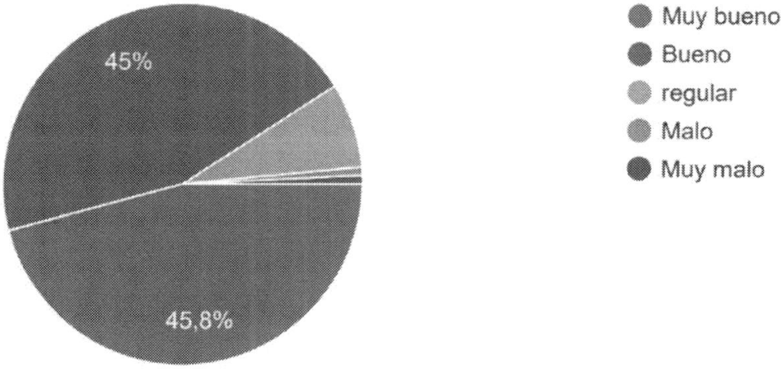

¿De los profesores auxiliares?

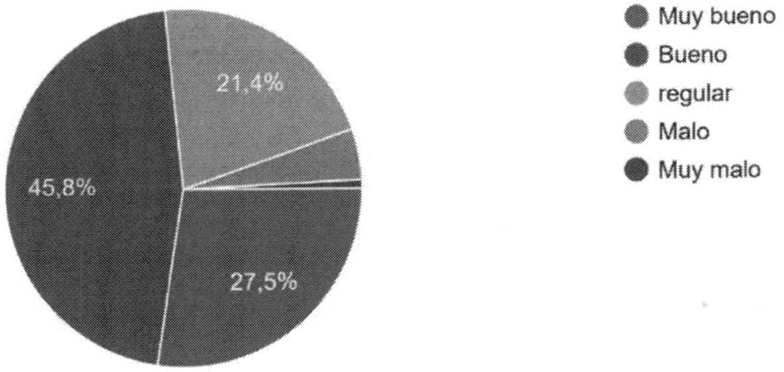

8. En general, y sobre un total de diez clases en el cuatrimestre ¿cuántas de estas diez clases son dictadas por el profesor titular?

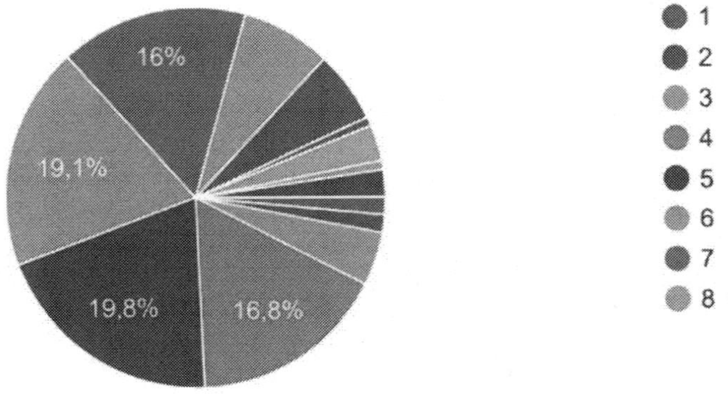

¿Cuántas del profesor adjunto?

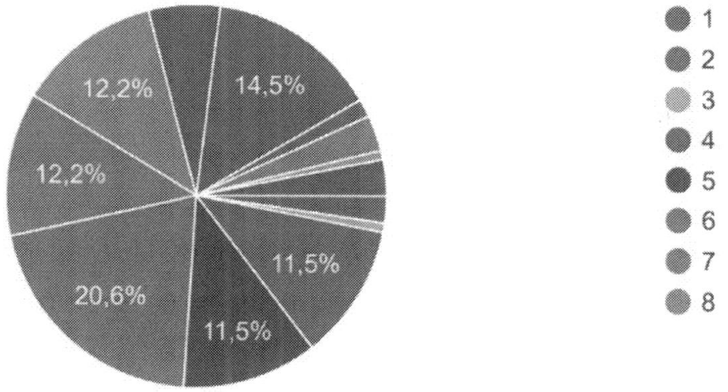

¿Cuántas del docente auxiliar?

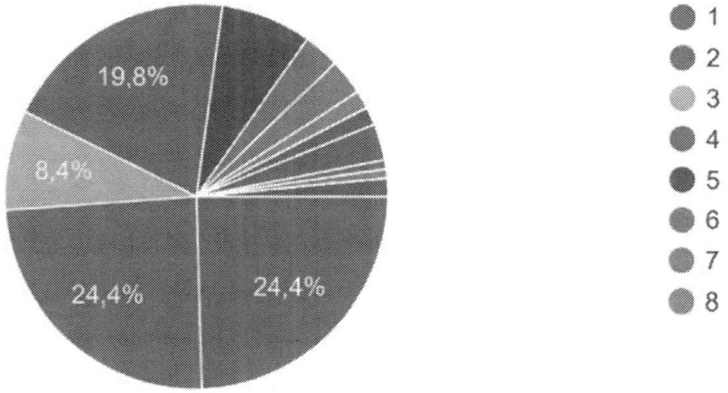

9. En general ¿usted diría que, en la mayoría de los casos, las clases comienzan en el horario fijado, los estudiantes deben esperar al profesor menos de 20 minutos o lo deben esperar más de 20 minutos?

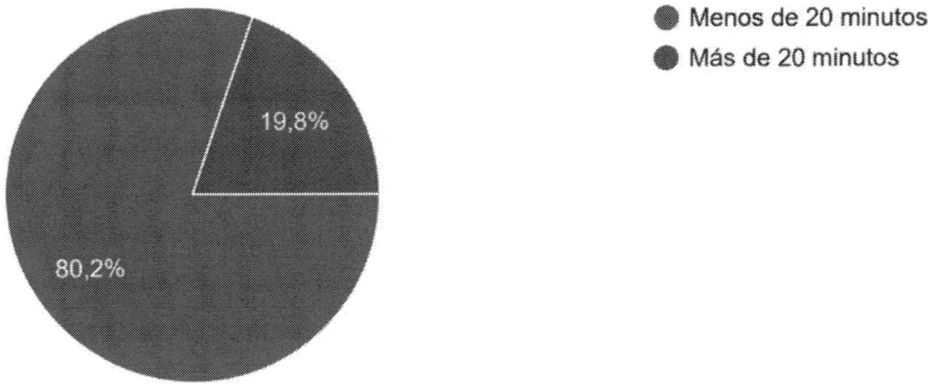

10. ¿Cuándo se suspende o se difiere una clase, se recupera durante el cuatrimestre o no se recupera más?

11. En general ¿qué material utiliza con más frecuencia para preparar exámenes?

Código / Ley comentada / Tratado / Manual / Apunte impreso / Apunte manuscrito / Resumen propio / Resumen ajeno / Notas de clase / Fallos / Otros ¿cuáles? / NS / NC

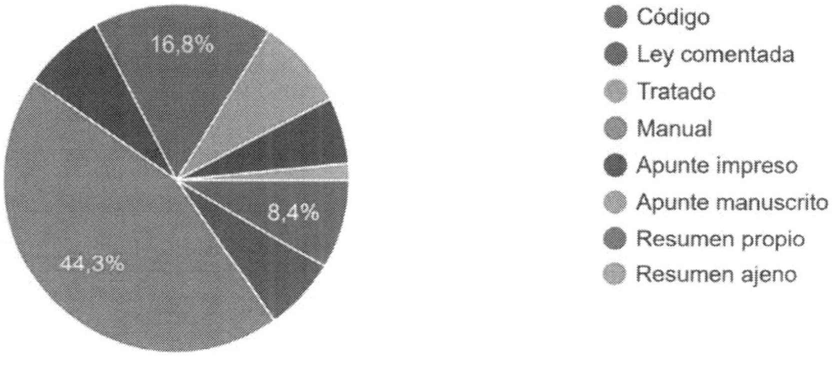

12. ¿Cuántas horas por semana le dedica usted a la Facultad sin tener en cuenta el tiempo que le insume cursar las materias?

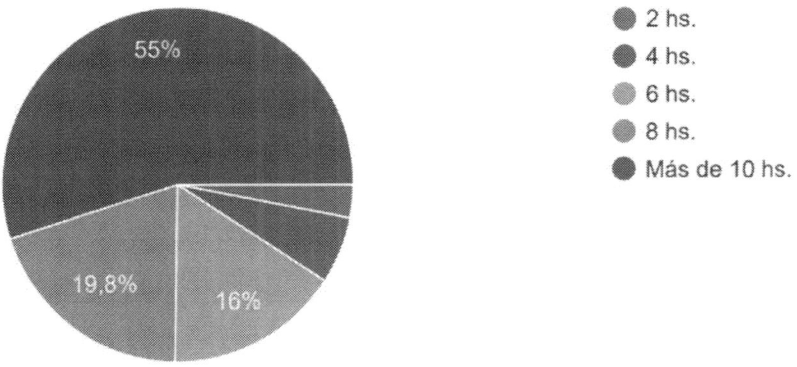

13. En su caso particular ¿usted suele estudiar para la mayoría de las clases, es decir está al día con las materias, o sólo suele estudiar para los exámenes parciales o finales?

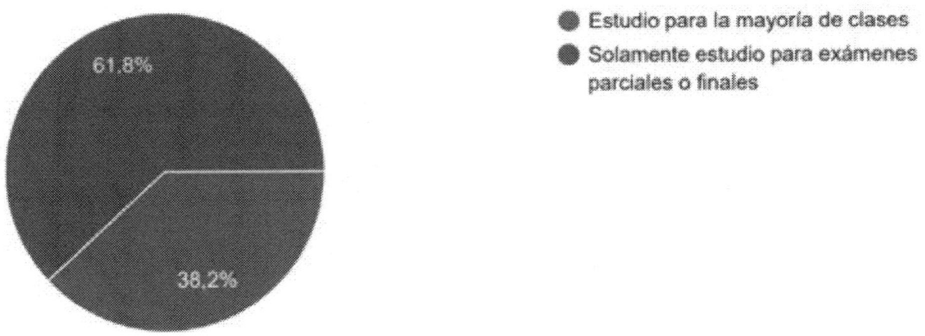

14. Suponiendo que la asistencia a clase no fuera obligatoria como requisito para lograr la regularidad de las materias, ¿en qué medida considera necesario o no la asistencia a clase para aprobar o no una materia, muy necesaria, bastante necesaria, poco necesaria o nada necesaria?

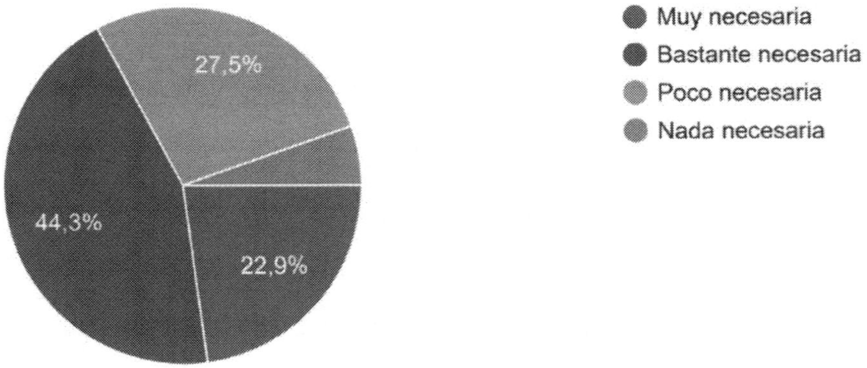

15. Conforme el desarrollo de las clases de las materias que usted ha cursado ¿cuáles son las 2 frases de las siguientes que describen a las mismas? Por favor lea todas las frases antes de responder.

Durante la clase el profesor dicta / Durante la clase el profesor brinda una conferencia donde los estudiantes tomamos apuntes / Durante la clase el profesor hace preguntas para saber cuánto memorizamos los estudiantes / Durante la clase el profesor hace preguntas para saber cuántos comprendimos los estudiantes / Durante la clase el profesor plantea casos para que los estudiantes apliquemos los conocimientos adquiridos sin dejar espacio para que surjan argumentos a favor y en contra de distintas posturas / Durante la clase el profesor plantea casos para que los estudiantes apliquemos conocimientos adquiridos dejando espacio a que surjan argumentos a favor y en contra de distintas posturas sin necesidad de fundamentarlas / Durante la clase el profesor plantea casos para que los estudiantes apliquemos conocimientos adquiridos dejando espacio a que surjan argumentos a favor y en contra de distintas posturas teniendo que fundamentarlas / Durante la clase el profesor alienta a la discusión o debates entre los estudiantes / Otras ¿cuáles? / NS /NC.

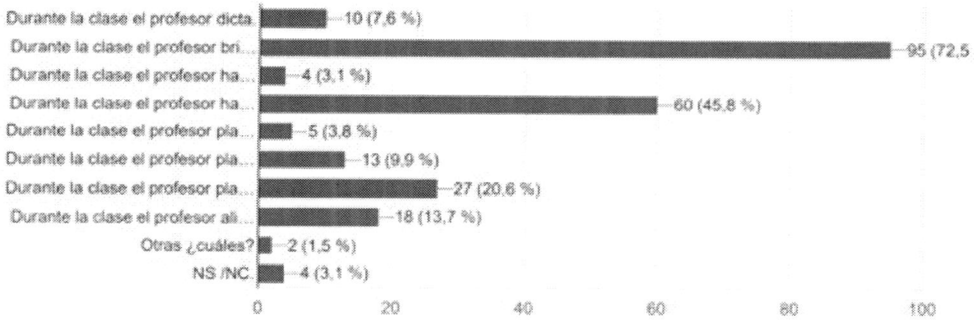

16. Teniendo en cuenta la mayoría de los exámenes que usted ha rendido ¿cuál ha sido la más frecuente?

Presencial, oral y libro cerrado / Presencial, oral y libro abierto / Presencial, escrito y libro cerrado / Presencial, escrito y libro abierto / Virtual, oral y libro cerrado / Virtual, oral y libro abierto / Virtual, escrito y libro cerrado / Virtual, escrito y libro abierto / Otras ¿cuáles? / NS /NC

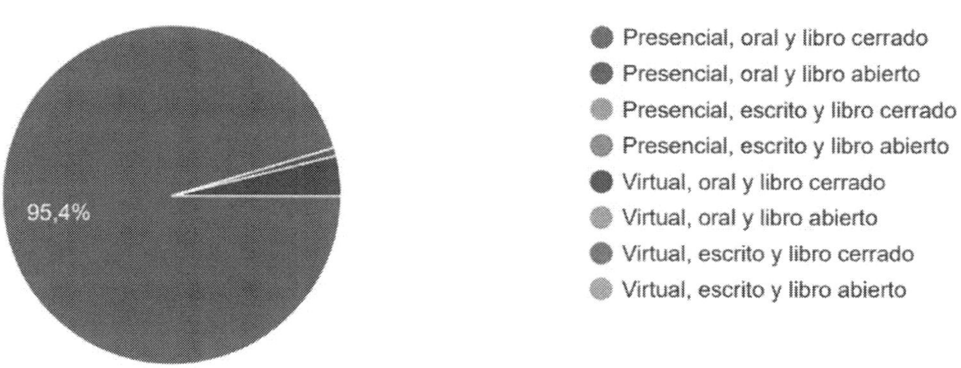

17. Y de acuerdo a su experiencia, de las opciones anteriores ¿cuál prefiere usted?

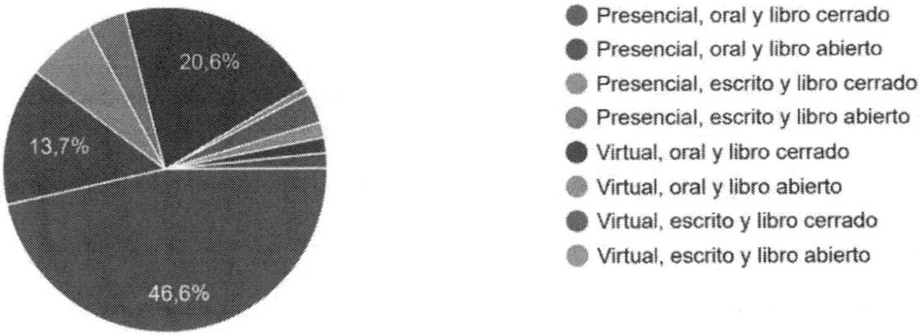

18. Y en la mayoría de los exámenes que usted rindió ¿se necesitaba o no saber algo más aparte de memorizar el contenido de los materiales tales como leyes, fallos, libros o apuntes?

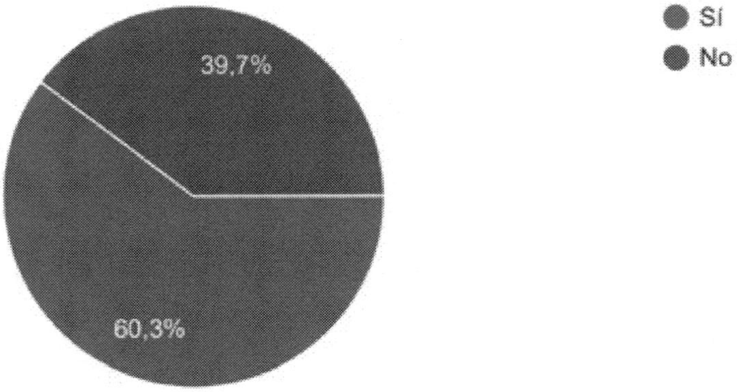

19. ¿Usted cree que la Facultad tiene muy en cuenta, bastante, poco o nada la opinión de los estudiantes en el momento de tomar decisiones que afecten a los mismos?

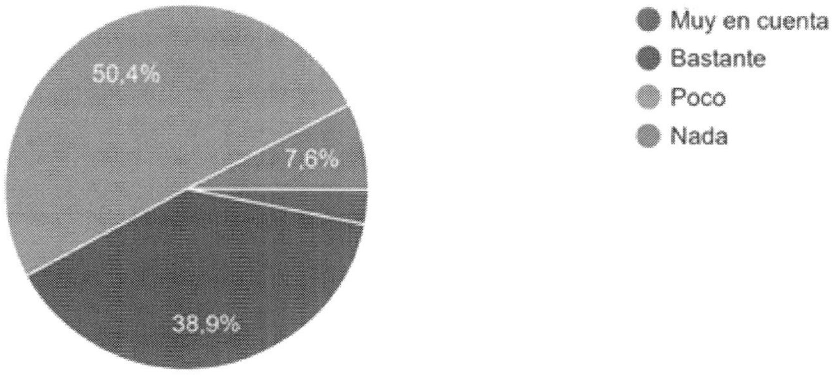

20. Ahora piense en una clase ideal y dígame, en su opinión ¿cómo debería ser, qué características debería poseer?

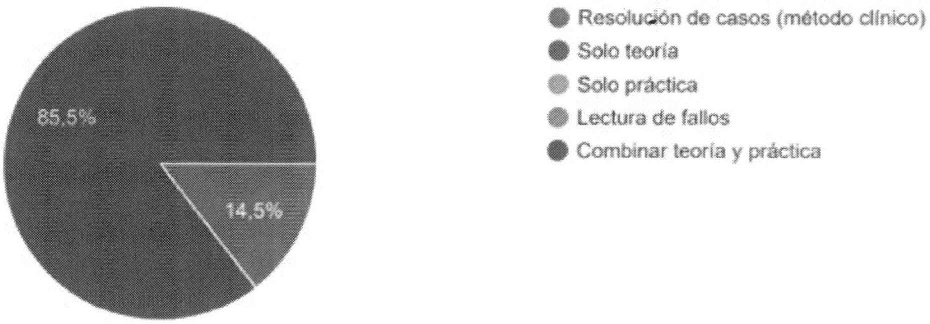

Breve reflexión: ¿En base a qué concepción del derecho debemos preparar a los abogados y abogadas en la Argentina del siglo XXI? Queremos despejar cualquier duda respecto de «cargar las tintas» contra un sistema jurídico en relación a otro, conforme el ejercicio comparativo inicialmente efectuado en el presente capítulo. No estamos convencidos de que el sistema del *civil law* sea el responsable de todos nuestros males jurídico, ni que el sistema del *common law* sea el superhéroe a seguir en esta historia. Cada sistema jurídico exhibe sus debilidades y fortalezas. En todo caso, sería prudente mirar con detenimiento las segundas y descartar las primeras. Repetimos, no se trata de tomar partido por uno u otro a la hora de proponer un cambio radical en la enseñanza del derecho. Nosotros proponemos partir de una concepción del derecho como práctica social racional con fines políticos y morales.

El profesor Martín Böhmer sostiene que «La abogacía debe ser una élite controlada por todo el mundo». En una entrevista realizada por Irene Benito y publicada el 12 de octubre de 2021, el ex decano de la Facultad de Derecho de la Universidades de Palermo y de San Andrés (Buenos Aires - Argentina), propone algunas reflexiones sobre temas que (enhorabuena) incomodan políticamente a la tradición universitaria argentina:

> «En la facultad de derecho no se enseña a leer; a escribir; a hablar; a entrevistar clientes; a interrogar testigos o peritos; a persuadir y a litigar; a probar hechos; no se enseña ética profesional».
>
> «En Argentina se ingresa a la facultad de derecho apenas se sale del secundario; dura cinco años y los egresados entran directamente a la profesión sin examen. Esta total desregulación de la profesión del derecho en Argentina, donde no hay examen de ingreso a la facultad ni a la profesión; donde no resulta obligatorio para ejercer la abogacía y la magistratura rendir exámenes periódicos y tener una capacitación permanente, sucede en muy pocos lugares del mundo».
>
> «En el CONICET casi no hay investigadores de derecho: somos el 2 % del total. Entonces, queremos tener un Poder Judicial fuerte, consistente, que entienda los problemas de la Argentina, que ayude a mejorar el Estado de derecho, pero esto no está entre nuestras prioridades en función de las decisiones y los diseños institucionales que existen».
>
> «Derecho no es filosofía, sociología o ciencias políticas con todo lo importante que son esas materias: en derecho vos le tocás el cuerpo a la gente. Hay un policía que te agarra y te lleva preso; hay un oficial que se mete en la cuenta del banco y te saca la plata o te saca los hijos... Entonces, nosotros tenemos que ser una élite ética controlada por todo el mundo. Y tenemos que ser los mejores de los mejores porque tomamos decisiones respecto de cuáles son los valores últimos de nuestro país».
>
> «Si hay gente que tiene muchas ganas de estudiar derecho, que lo haga, ahora que sean abogados y abogadas es otra cosa».
>
> «Nosotros nos tenemos que presentar a la comunidad como gente confiable, pero ¿qué hacemos con los no confiables? Bueno, alguien los tiene que echar, ¿por qué eso no sucede?».

«Nosotros los abogados y abogadas no podemos culpar a nadie del desastre que estamos haciendo en el país: somos los dueños de todas las instituciones».

«Necesitamos ocho años de formación; que la profesión sea una élite ética; que haya 150 profesores full time más y revistas jurídicas de verdad».

«Los mejores abogados son captados por el Poder Judicial y colocados en esa especie de jaula de oro donde la gente va a morir con un sueldo increíble. De este modo, los perdemos para la academia, para los consejos de la magistratura y los demás lugares importantes».

Ahora bien, los actores que toman decisiones políticas en una Facultad de Derecho por formar parte del gobierno universitario (autoridades, docentes, estudiantes, graduados y no docentes) ¿están dispuestos a debatir estos interrogantes que, con buenos argumentos fácticos, nos interpelan? También este libro, y con la debida autorización del profesor Böhmer, intenta apropiarse de dichas preocupaciones latentes y proponer una enseñanza que ayude a fortalecer nuestra democracia constitucional a través de profesionales idóneos, éticos y hacedores de una cultura republicana.

CAPÍTULO 14.

ENSEÑANZA PRESENCIAL VS. ENSEÑANZA VIRTUAL

«Di una charla con zoom por primera vez para cien participantes y fue muy raro hablarle a una pantalla. Yo soy performer en mis conferencias. Me gusta interactuar con la audiencia, algo que no he podido hacer a través de la computadora porque solo se veían muchas cabecitas»

(Entrevista a la antropóloga Rita Segato, diario La Nación 6-09-2020)

Al comienzo del presente trabajo, habíamos contextualizado el momento actual de la humanidad jaqueada por varios frentes de ataque: cambio climático, guerras interminables, desenfrenado avance tecnológico y explosión demográfica. Finalizando el año 2019 se sumó otra embestida con característica global inusual: el epidemiológico. El COVID-19, además de marcar nuestras vidas en los años sucesivos, puso ante los ojos de la humanidad una demanda inconclusa de la Revolución de 1789: la fraternidad. Tomamos conciencia que lo que sucede en el lugar más remoto del mundo puede impactar en pocos días en nuestras vidas. Aprendimos que lo que le sucede al «otro» nos debiera importar, es decir, fraternidad. Lo cierto es que nos encerraron. Nos encerramos. ¿Cómo impactó en lo inmediato en la educación jurídica? ¿Y cómo impactará en el futuro? En el presente capítulo analizaremos las consecuencias que trajo aparejado el COVID-19 sobre la educación que literalmente, de la noche a la mañana, produjo en cambio repentino en nuestras tradicionales formas presenciales de enseñar derecho en las aulas universitarias. El espacio físico para la enseñanza universitaria cedió sin demoras al espacio virtual. La historia nos ha enseñado que las catástrofes siempre tuvieron dos dimensiones: lo que nos hacen y lo que hacemos con ellas. Repasemos brevemente enfermedades que en épocas pasadas produjeron cambios radicales, es decir, impactos considerables que incidieron en el abordaje de distintas disciplinas del conocimiento. Servirá para nuestro futuro como actores preocupados por la educación. Esta ansiedad será importante en tanto y en cuanto no repitamos los errores del pasado.

Juan José Sebreli en su libro *Desobediencia civil y libertad responsable*[240] señala un interesante paralelismo entre las pestes de la historia y la actual pandemia de coronavirus. ¿Qué tiene de distinta esta que estamos viviendo? Desde tiempos remotos, hombres y mujeres fueron asediados por enfermedades mortales. En la Atenas de Sócrates, una peste mató a una cuarta parte de la población, entre ellos a Pericles. Los síntomas de los enfermos fueron disímiles y confusos. Sus víctimas sufrían tos, dolor de pecho y arcadas; pero también tenían ampollas y llagas. Algunos no morían, sino que quedaron inválidos, ciegos y desmemoriados. Aún hoy no se sabe a ciencia cierta qué tipo de enfermedad fue aquella de la antigua Grecia. Continúa Sebreli recordando a la viruela del Imperio Romano de Marco Aurelio que, con sus síntomas de erupciones y pústulas en todo el cuerpo especialmente en la cara, mató a millones de personas desde aquellos tiempos hasta el siglo XX. Otra fue la peste negra del año 1348, originada por las ratas, marcó el final de la Edad Media. Si bien no hay registros precisos del total de víctimas que se cobró, se la considera una de las más terribles de la humanidad. La peste de Milán de 1630 causó la muerte de un millón de personas en distintas regiones del norte de Italia como Lombardía, Venecia, el Piamonte y la Toscana. En pocas semanas, la ciudad de Milán se había transformado en una gran una morgue, ya que se acumulaban los cadáveres en las casas y en las calles. La peste llegó a provocar la muerte de tres mil personas diariamente y la población quedó delicadamente eliminada. La Londres de William Shakespeare de 1665, también conoció la peste que llegó a matar diez mil muertos semanales.

El mencionado autor nos recuerda que, si bien ninguno de sus personajes muere directamente por la plaga, hay una escena culminante en *Romeo y Julieta* que da cuenta del papel que jugaba: Juan Fray debía llevar una carta con un mensaje de gran importancia a Romeo, pero, por sospechas de que había estado en una casa infectada, quedó en cuarentena, no pudo cumplir la diligencia, y tampoco consiguió alguien que se comidiera a hacerlo, provocando la confusión entre los amantes y el trágico desenlace. La gripe española de 1918 fue de las pandemias más grande de la historia, donde se calcula la muerte entre veinte y cien millones de personas, en su mayoría varones. El impacto en toda Europa fue gigantesco. Para tener una idea, solo en Inglaterra provocó la muerte de quince millones de personas. Se la conoce como gripe española, no porque haya tenido su origen en ese país sino porque fue el único sitio que daba información confiable sobre la enfermedad. En un artículo recientemente publicado por las integrantes de la cátedra[241],

240 Sebreli, Juan José – Gioffré, Marcelo, *Desobediencia civil y libertad responsable*, 1ra. edición, C.A.B.A., pág. 46, editorial Sudamericana, año 2020.

241 Aga, Javier; Berros, Valeria y Barrilis, Natalia «Virtualidad repentina en la Enseñanza del Derecho. Una transformación de la noche a la mañana: nuestra experiencia en la Uni-

también mencionamos algunos registros históricos más contemporáneos, como el del año 1932, que en algunas ciudades europeas como París, Birmingham, Ámsterdam y Berlín, las instituciones escolares fueron diseñadas con ventanas enormes y muros abatibles, a tal punto que fueron conocidas como «escuelas al aire», o también como «escuelas antituberculosis» para prevenir y combatir una pandemia que durante fines del siglo XIX y primeras décadas del siglo XX causaron la muerte de miles de personas en toda Europa, sobre todo en las grandes poblaciones. Durante décadas y hasta el descubrimiento de la bacteria por parte de la ciencia (Robert Koch 1882), lo único que se sabía era que la misma anidaba en los lugares oscuros, húmedos y polvorientos.

Esta situación llevó a los profesionales de la arquitectura a repensar el diseño de los edificios como hospitales, sanatorios, viviendas y hasta los muebles hogareños. La tuberculosis marcó por entonces la manera de pensar esta disciplina, y con ella, el diseño de las ciudades con sus espacios públicos, edificios blancos, suspendidos del suelo y airosas terrazas. También por aquellos años, la epidemia de cólera (John Snow 1854) como enfermedad bacterial infecto-contagiosa que se transmite por el agua contaminada, provocó reformas legislativas y estructuras sanitarias en «la Londres» de la reina Victoria. Hoy en día, permanece en pie la conocida «Bomba de agua de Broad Street» que recuerda los estragos que aquella enfermedad produjo en la población londinense. Para combatirla se necesitó construir un sistema de alcantarillado y red de agua potable extendida por toda la ciudad. Las calles fueron diseñadas para que se cruzaran en ángulos rectos formando manzanas cuadradas y rectangulares. Las paredes de las casas eran recubiertas, revestidas y barnizadas para que tuvieran un escudo protector. Los cementerios fueron mudados a las afueras de las ciudades, ya que, en un primer momento, se pensaba que las enfermedades venían de los cadáveres como consecuencia de la putrefacción. Tanto fue así que hasta las antiguas murallas medievales que protegían a las ciudades, fueron derribadas para abrirle paso al viento.

En nuestro país la fiebre amarilla, enfermedad transmitida por mosquitos infectados, asoló a la ciudad de Buenos Aires en el año 1871. El artista uruguayo Juan Manuel Blanes pintó un óleo muy esclarecedor de aquella plaga: una mujer yace muerta en el piso de aquel conventillo, su bebé está inclinado sobre el cadáver buscando el pecho de la madre; en una cama al costado está el padre, también muerto, y en la puerta de entrada aparecen dos integrantes de la Comisión Popular. Nos lo recuerda el reconocido arquitecto de la UBA Jorge Francisco Liernur que dicha epidemia tuvo consecuencias tanto en lo urbano como en lo cultural. En lo primero, las familias pudientes

versidad Nacional del Litoral en Argentina» publicado en *A reinvenção do ensino jurídico*. Método para a qualidade das aulas remotas. Nitish Monebhurrun (org.), Editora Processo, 2021, ISBN: 978-658-935-141-2 (401-420) Brasil.

abandonaron los barrios del sur y se instalaron en el norte; se promovió la construcción de instalaciones que la ciudad no tenía como avenidas anchas, jardines abiertos, redes cloacales y de agua corriente. Se redujo el número de habitaciones de los conventillos, se diseñaron las casas sin tanta moldura, se facilitaron los accesos a los tranvías y se diseñó la expansión de la ciudad a lo que entonces era la periferia. En lo segundo, se instaló la idea de la importancia de conductas higiénicas como bañarse todos los días, lavarse las manos e instalar inodoros. La estética blanca surgió después de los años ´20 con su consigna «todo tiene que ser lavable e higienizable»; los grandes cortinados desaparecieron de las casas y hasta en el terreno de la moda tuvo su impacto, ya que desaparecieron los vestidos largos de arrastre.

En el verano de 1956 irrumpió la poliomielitis quien atacó principalmente a los niños y niñas, dejándolos inválidos, deformes o rengos[242]. Y la última de las enfermedades del siglo XX en propagación fue el virus del SIDA en el año 1981. Al principio se la llamó cáncer rosa por el color de las llagas de la piel, pero también porque los primeros infectados fueron homosexuales. Un virus letal y desconocido hasta el año 1984 cuando los científicos franceses Françoise Barré-Sinoussi y Luc Montagnier, descubrieron el virus del sida, hallazgo por el que ambos recibieron el Premio Nobel. Desde entonces y en un lapso de treinta años murieron millones de personas sin que se haya descubierto hasta el momento una vacuna, aunque se consiguió medicamentos que permitieron a los enfermos llevar una vida relativamente normal.

Con el Covid-19, aparecieron dos elementos muy distintos al resto de las epidemias de la historia. El primero: la peste fue global. El segundo: la actitud laica de la ciudadanía mundial que cargó las tintas en los políticos y en los científicos. Al decir de Yuval Noah Harari, «la muerte ya no es un tema metafísico sino técnico». Entonces ¿cómo será la vida pos pandemia en las grandes urbes?

Arquitectos, urbanistas y especialistas discuten sobre la nueva planificación urbana a nivel internacional (Emiliano Espasandín, Andrés Borthagaray, Ricardo Levinton, Sebastián Lew y Alistar Currie) se animaron a redefinir los futuros espacios públicos de las ciudades con el objeto de prevenir el cambio climático, soportar el coronavirus y presagiar enfermedades globales por venir. Sostienen que la distinción entre «calle y vereda» tenderá a desaparecer para dar lugar al concepto «vereda-peatonal»; los espacios verdes irán en aumento aunque sean de menor tamaño como las llamadas «plazas bolsillos» en comparación con las plazas tradicionales; los locales gastronómicos, venta de ropa, celulares, entre otros, serán móviles; las distancias entre el trabajo y el hogar no deberían superar los 15 minutos a través de la creación de las «aldeas»; aparecerán las llamadas «super-

242 En el año 1913 en Méjico Frida Kahlo había contraído la poliomielitis a los seis años de edad debiendo guardar reposo un año entero con secuela en una de sus piernas.

manzanas» que consiste en la prohibición de la circulación del tránsito de vehículos motorizados en grupos determinados de manzanas, donde las calles se transforman en espacios verdes y las veredas en vías de circulación exclusiva para peatones, bicicletas o monopatines. Coinciden todos que los protagonistas de las ciudades deben ser los peatones, los ciclistas y los usuarios de micro transportes como monopatines, patines eléctricos y patinetas, entre otros, en detrimento de los transportes públicos cerrados, que además de ser focos de contagio, contaminan porque funcionan en base a combustibles fósiles. De esta forma, podríamos decir que siempre las enfermedades han obligado a buscar respuestas multidisciplinarias entre la arquitectura, la ingeniería, la medicina y la antropología para pensar posibles soluciones ante temerosas enfermedades que asolaron y siguen asolando a las poblaciones.

En lo que respecta a nuestra disciplina ¿cuál será el aporte del derecho? ¿Emergerá un nuevo derecho para repensar a las ciudades? Hay politólogos que consideran que, en términos sociales, el final de un siglo no siempre coincide con la fecha indicada en el calendario gregoriano que el mundo adoptó desde el año 1582. En reiteradas oportunidades hemos visto que las épocas finalizan con acontecimientos políticos, revoluciones tecnológicas, guerras mundiales, y también con enfermedades. De acuerdo a esto último, bien podríamos pensar que, si el siglo XIX culminó con el cólera, la tuberculosis y la fiebre amarilla, el siglo XX acaba de finalizar con el coronavirus. No obstante, sea el comienzo o el final de un siglo según como se lo interprete, la historia recordará que durante el año 2020 mientras los principales líderes mundiales despilfarraban su tiempo compitiendo en la carrera de quien llegaba primero con la vacuna salvadora, dicha enfermedad se iba cobrando día a día la vida de miles y miles de personas en el mundo, poniendo en serios problemas a los sistemas de gobierno, al mundo empresarial y a las políticas sociales. Creemos que no se trató sólo de conseguir una vacuna, se trató de reiniciar todo. ¿Habrá comprendido la humanidad la profundidad de la crisis que dejó el COVIS-19?

En el corto plazo, el virus cerró fronteras, paralizó la economía global, aumentó la recesión, el desempleo y profundizó la caída del producto mundial en un 10 % lo que se tradujo en más pobreza, desigualdad e inequidad social. Se calcula que más de 2500 millones de personas pasaron a trabajar en forma remota, de la noche a la mañana. Se comprendió rápidamente que un problema en un determinado lugar en el mundo por más remoto que sea puede transformarse en un problema en todos lados. No debemos pensar los problemas en forma aislada sin considerar un todo complejo. Una nueva tensión que se suma: Individualismo local vs. Solidaridad global. Nada más claro para explicar el significado de la globalización a un estudiante de derecho con el momento que estamos viviendo.

Ya lo había advertido el poeta inglés John Donne en la época de la reina Isabel (1572-1631) *«Ninguna persona es una isla; la muerte de cualquiera me afecta, porque me encuentro unido a toda la humanidad; por eso, nunca preguntes por quién doblan las campanas; doblan por ti...».*

El teletrabajo, la agilidad y la flexibilidad se transformaron «de la noche a la mañana» en los nuevos principios rectores de las empresas —cualquiera sea su tamaño— que debieron adaptar sus modelos de *home office* y acelerar los procesos de transformación y ofrecer soluciones cotidianas a sus clientes. Todo rápido y bajo presión. Los expertos en recursos humanos sostienen que la capacidad de escucha, la empatía, la adaptación y el liderazgo son las destrezas que más se valoran de los empleados en este contexto anómalo. ¿Habrán tomado nota el sistema universitario? Se ha instalado un nuevo lema en el mercado empresarial: «Reinventarse para seguir». Aquellos oficios y maneras de trabajar que meses atrás sonaban demasiado futuristas aparecen como posibles y necesarios en medio de la crisis actual. No obstante, y al decir del intelectual francés Jacques Attali «hay sectores de la economía que ya están muertos, pero a lo que llamó la *economía de la vida* —salud, educación, alimentación, mundo digital— le irá muy bien»

En lo social, la cuarentena (viejo remedio medieval) nos obligó a pensar cómo vivimos y a revisar nuestras actitudes muchas veces marcadas por otro virus: el de la prisa. Analicemos por un momento sus efectos ambivalentes. Por un lado, indujo a que muchas personas se sintieran aisladas, solas y deprimidas. Algunos informes sostienen que aumentaron los divorcios como consecuencia de las fricciones; episodios de violencia doméstica por parte de sus parejas; trastornos infantiles que provoca el encierro más las adicciones a las pantallas; y adultos mayores que no la están pasando bien. Al decir de Rita Segato *«una sociedad se juzga no por cómo trata a los más fuertes sino a los más débiles».* Pero, por otro lado, están quienes afirman que jamás han sido tan felices como ahora durante este confinamiento obligatorio, sea porque pasan más tiempo con su pareja y sus hijos o porque tenían hijos ya grandes que se habían ido a otra ciudad a estudiar una carrera universitaria y volvieron a casa durante la cuarentena, sea porque restablecieron vínculos virtuales con viejos amigos, sea porque la gente está leyendo más, prepara comida casera, escucha música y mira películas.

En nuestra ciudad de Santa Fe, con sus 600.000 habitantes aproximadamente en toda la región metropolitana, en pocos meses sufrió un parón económico, aumentó el desempleo, cerraron definitivamente los tradicionales locales comerciales, los emprendimientos familiares quebraron y las pequeñas empresas se endeudaron. Desde marzo del año 2020, dos cosas aumentaban todos los días en esta ciudad: el delito y la imperiosa necesidad de trabajar para sobrevivir. Lamentablemente la misma suerte corrió nuestro país. Nunca se vivió una crisis que en tan poco tiempo haya agravado el problema de la desigualdad económica y social, como la que vivió decretada la extensa cuarentena, sumada a que la cobertura social no alcanza a contener este acelerado estrago. Por esa razón, se ha dicho con acierto que las peores crisis son las que combinan varios problemas a la vez. En nuestro caso: salud, economía y política. A ellos sumamos el problema de la educación, ya que desde marzo del año 2020 y por decisión política del gobierno nacional, cerraron todas las escuelas del país —niveles primario y secundario— afectando a las familias, niños, niñas y jóvenes más desventajados que no tienen, entre muchas necesidades básicas, servicios de internet, ordenadores y demás condiciones básicas para recibir también una educación repentina virtual. Por esos días, el reconocido epidemiólogo de la Universidad de Harvard Martín Kulldorff sostuvo que *«No hay razones científicas ni de salud pública para mantener las escuelas cerradas».* Lamentablemente los gobernantes de nuestro país no entendieron esto. Perder la memoria institucional en estos casos suele ser fatal. Las estadísticas oficiales señalaron que, para el mes de noviembre de ese fatídico año, Argentina alcanzará el 50 % de pobreza; y dentro de ese número, los niños/niñas alcanzan el 75 %. ¿Panorama angustiante? Seguro y las universidades no estuvieron excluidas de este gran desconcierto mundial, ni mucho menos las Facultades de Derecho en su rol educativo.

Son varios los interrogantes que surgieron para interpelar a las universidades. ¿Podemos evitar repetir los fracasos del pasado? ¿Aprendimos la importancia de anticipar lo malo? ¿Podemos prevenir futuras pandemias? ¿Estamos preparados para la siguiente catástrofe global como puede ser el cambio climático? ¿Cuál será el costo de esta recuperación? ¿Cuáles deberían ser las nuevas líneas de investigación? En nuestra centenaria Casa de Estudios, sabíamos que la virtualización en la enseñanza del derecho estaba «a la vuelta de la esquina» llegando con pasos silenciosos, firmes y moderados. La presencia de algunos indicios hacía suponer que tarde o temprano los impactos tecnológicos iban a llegar a las aulas. Ejercitemos nuestra memoria. Llegaron los correos electrónicos para reemplazar al teléfono fijo; el power point para desechar las filminas; los mini proyectores para reemplazar a los retro proyectores; los punteros laser para desterrar a la tiza; los e-Book para desafiar al libro soporte papel; las redes sociales para aumentar la interconexión; las plataformas virtuales para sortear el traslado físico; los celulares para acceder al material bibliográfico sin tener que ir a la biblioteca de la facultad; el comercio electrónico para evadir a los intermediarios; la firma digital para confinar a los escribanos; entre otros. En pocos meses, la pandemia logró que el uso de las herramientas digitales se haya convertido en protagonistas centrales de este escenario repentino y a gran escala, aunque por momentos a las apuradas. La gran diferencia que en la enseñanza de grado universitario trajo aparejada la pandemia, quizás sea aquella que cambió la lógica «cara a cara» de los encuentros presenciales diarios entre el profesor y el estudiante, por la lógica «interacción digital» a través de Zoom y otras plataformas. Nos resultaba extraño prepararnos con nuestras vestimentas de docentes para tan solo quedarnos en casa y hablarle a una pantalla donde solo veíamos muchas cabecitas, cuando no una «M», una «J» o una «L» en la pantalla de nuestras computadoras. Aparecieron nuevos vocablos y frases en el lenguaje áulico virtual como: plataformas virtuales, conectividad, sala de espera, zoom, ID y contraseña; clase sincrónica y asincrónica; «estás mutado»; «las preguntas se formulan por chat»; el material de lectura está «colgado»; «estoy sin señal profe». Lo remoto logró hacer desaparecer, entre otras cosas, esa interacción docente/estudiante que solo la presencialidad lo puede brindar, el intercambio de reflexiones académicas, comentarios de política mundial o regional, la noticia jurídica por el caso de repercusión mediática. Desapareció el idioma entre ciudadanos iguales en el aula como espacio constitucional. ¿Era importante? Para los que tenían la costumbre de mantener la concentración en la reflexión de un tema o los trabajos prácticos en clase, los encuentros presenciales eran importantes. ¿Dejaremos de lado la masividad? No lo podemos asegurar. Lo que sí creemos es que en el caso de la educación jurídica habrá procesos en los que lo presencial será insustituible, pero hay otros en los que se podrá recurrir a la virtualidad. En definitiva, la calidad en la enseñanza y los resultados que esperamos será la que dirima, en un futuro no muy lejano, esta súbita e incierta bifurcación. No sabemos a ciencia cierta qué nos deparará el futuro, pero sí estamos convencidos que la educación jurídica deberá girar hacia algo más ajustado a los nuevos tiempos. Más de una vez hemos escuchado una exagerada reflexión, pero con cierto grado de realismo, al decir que en nuestras Facultades se enseña derecho con métodos, planes de estudios y textos del siglo XIX, con profesores del siglo XX y con estudiantes del siglo XXI. Reiteramos, tal afirmación admite críticas y matices. Pero convengamos que es un buen punto de partida para pensar que no podemos dar tanta ventaja de tiempo a un mundo donde la producción del conocimiento, las comunicaciones, los trabajos y los problemas de los ciudadanos cambian rápidamente. Algunos textos vaticinan que dentro de 50 años desaparecerán, entre otras profesiones, los abogados, donde seremos reemplazados por ordenadores y sus programas informáticos. ¿Ciencia ficción? No lo podemos aseverar. Lo que sí creemos es que las sociedades del futuro necesitarán abogados con un *chip* distinto al tradicional. La creatividad, la imaginación y el liderazgo serán destrezas imprescindibles a la hora de diagramar el rol de la profesión liberal, el diseño institucional a través de los cuerpos normativos (Constitución, Códigos, Leyes y Reglamentos) que establezcan una nueva forma de relacionarnos con el mundo global, con el ambiente, el consumo, los animales, las comunicaciones, las ciudades y la tecnología. Debemos partir de una concepción del derecho que determine una enseñanza estratégica a la hora de resolver problemas. De otra manera lo hará un robot por nosotros mismos, y ya no tendremos buenas razones para seguir sosteniendo a nuestra añeja profesión.

Breve reflexión:

El COVID-19 produjo en Argentina la deserción y abandono del sistema educativo (nivel primario y secundario) de un millón de estudiantes. Tarde o temprano, sus consecuencias negativas tendrán su impacto social. Ante esta situación, tenemos la responsabilidad de formularnos múltiples preguntas. Indefectiblemente, debemos hacer balances para evaluar el camino transitado, de contrastar expectativas y resultados. De elegir volver al pasado, o bien, barajar y dar de nuevo. Sabemos que en el ámbito universitario es prematuro arribar a conclusiones categóricas respecto de las consecuencias que la pandemia global provocó en las Facultades de Derecho, especialmente en la enseñanza. No obstante, los interrogantes que nos acechan están planteados en nuestras agendas de trabajo. ¿Volveremos al sistema de enseñanza presencial universitaria pre pandemia? ¿Seguiremos con la enseñanza tradicional del derecho? ¿La enseñanza virtual llegó para quedarse? ¿Cuántos estudiantes quieren el sistema de enseñanza híbrida? ¿Los profesores/as de derecho están preparados para la enseñanza virtual? ¿Empeoró o mejoró la calidad de la enseñanza del derecho? ¿Podemos enseñar destrezas y/ habilidades en la virtualidad? ¿Se profundizó la enseñanza teórica? ¿Aumentaron o disminuyeron los abandonos en la carrera de abogacía? ¿Mejoraron los resultados de las evaluaciones finales?

Como dato objetivo, debemos decir que durante el año 2021 hubo un considerable porcentaje estudiantil de la FCJS-UNL que se vieron limitados a volver a la presencialidad por diversos motivos. Entre las diversas causas invocadas mencionamos: la distancia física respecto de la sede de la Facultad; los contratos de alquileres rescindidos; los problemas económicos y la necesidad de trabajar; el cuidado de hijos/as menores como consecuencia de las escuelas cerradas; convivencia con familiares de riesgo a cargo; el acotado servicio de transporte, entre otras. Esta situación se corroboró con datos estadísticos arrojados por una encuesta realizada a una población de 6184 estudiantes de abogacía y estudiantes de la Licenciatura en Trabajo Social, ambas carreras de la FCJS-UNL.

De la misma se obtuvieron 4560 respuestas entre ambas carreras.

La misma se llevó a cabo a través del sistema Siu Guarní de la UNL al 28 de agosto del año 2021:

Cantidad de cursante del año 2021:

- 28 % ingresantes del primer año
- 19 % del segundo año
- 16 % del tercer año
- 12 % del cuarto año

- 9 % del quinto año
- 16 % del sexto año en adelante

Ubicación geográfica y residencia:

- El 50 % vive en la ciudad de Santa Fe
- El 15 % vive en la ciudad de Paraná - Entre Ríos
- El 25 % no refieren lugar de procedencia
- Del 44 % que no reside en la ciudad donde se emplaza la FCJS, un 60.6 % manifestó que no cuentan con lugar en donde alojarse, y el 77 % puede asistir a las actividades propuestas de manera presencial para el segundo semestre.

Salud y vacunación

- El 83 % corresponde a la franja etaria de 18 a 30 años.
- El 80 % no pertenece a población de riesgo Covid-19
- El 12 % pertenece a grupo de riesgo (53 % por enfermedades respiratoria y el 20 % por obesidad)

Acceso a internet y dispositivos para el cursado virtual

- El 96,9 % tuvo acceso al cursado virtual a través de notebook y celulares por WIFI de su casa o la de un familiar.

Conectividad

- 47 % buena
- 27 % regular
- 20 % muy buena
- 4 % mala
- 2 % no responde

Exámenes presenciales del turno octubre de 2021

- Abogacía: 2602 inscriptos con una asistencia del 32,3 %; y un ausentismo del 68 %
- Licenciatura en Trabajo Social: 282 inscriptos con una asistencia del 49,3 %, y un ausentismo del 51 %.
- Solo un 5 % (150 exámenes) fue exceptuado de la presencialidad para acceder al examen virtual oral por pertenecer a grupo de riesgo

(29 %); tener síntomas compatibles con COVID-19 al momento del examen (3 %) y por imposibilidad para trasladarse a la ciudad de Santa Fe (68 %).

Rendimiento académico de los exámenes presenciales y virtuales turno octubre 2021

- Abogacía: 57 % aprobados - 43 % desaprobados
- Licenciatura en Trabajo Social: 84 % aprobados - 16 % desaprobados

La situación desatada por el COVID-19 y sus efectos sobre la enseñanza del derecho, plantea desafíos para su análisis. Algunos actores del ámbito universitario enfatizan las disrupciones que ha provocado la pandemia en la educación jurídica, mientras que otros eligen leer este contexto como profundización de tendencias preexistentes. No pretendemos caer en el lugar común de decir que la enseñanza del derecho está en crisis agravada aún más por la pandemia global. El término «crisis» quiere decir desequilibrio entre expectativas y demandas, o ruptura de cierta normalidad en el desarrollo del sistema. Ahora bien ¿todos entendemos el término crisis de la misma manera? ¿Existe consenso en los síntomas y en los factores que la producen en la enseñanza del derecho? Creemos que el debate está más abierto que nunca. El diálogo y las reflexiones entre los actores políticos de la Facultad en colaboración con expertos, resultará necesario al momento de definir el problema y sus posibles soluciones.

CAPÍTULO 15.

EL AULA COMO ESPACIO CONSTITUCIONAL

«En toda esta discusión de teoría e historia de las libertades estamos animados por una pregunta de fondo que es bueno confesar de inmediato y que pensamos no es marginal en la actualidad: ¿qué lugar ocupan las libertades en nuestra tradición cultural?»

(Maurizio Fioravanti)

En la génesis de este libro, señalamos que el retorno de la democracia constitucional reconfiguró el derecho en la República Argentina.

Así lo entendió la Corte Suprema de Justicia de la Nación que, a partir de 1983, cambió su rol como poder republicano instituido. Los fallos más emblemáticos comenzaron a resolverse con perspectiva constitucional. También los partidos políticos al tomar la firme decisión de reformar la Constitución Nacional en 1994 para ampliar derechos y jurisdicciones. En igual dirección y luego de ciento cuarenta y cuatro años de vigencia, el Código Civil y Comercial de la Nación se unificó para reconocerse como parte integrante del sistema jurídico y dejar de ser la ley aislada, autónoma y todopoderosa por excelencia. Asimismo, las leyes que aparecieron conforme los nuevos tiempos que imprimen la igualdad, la inclusión, la diversidad, el respeto, la perspectiva de género y la multiculturalidad. No obstante, en las aulas de las Facultades de Derecho siguió reinando una enseñanza anquilosada que concibe al derecho como un sistema dado, que está ahí afuera quieto, cerrado y distraído respecto de los valores y principios que ayudan a resolver los problemas que el nuevo contexto político nos depara. En otras palabras, nuestra enseñanza del derecho se encuentra detenida en el tiempo, como una especie de ancla aferrada a una determinada concepción. Lo que se aprende por repetición y no por asimilación se encapsula, se abstrae de sus razones profundas, se convierte en cartón-piedra y es más vulnerable: al atardecer, se nos habrá olvidado su sentido[243] En efecto y pese a que los profesores en general admiten conocer el nuevo derecho en los distintos

243 Pasquau Liaño, Miguel en «Cultura Jurídica y Memoria de los Juristas» discurso de ingreso a la *Real Academia de Jurisprudencia y Legislación*, año 2018, Granada, España.

encuentros académicos (jornadas nacionales, congresos internacionales, simposios, seminarios, redes jurídicas mundiales, entre otros) lo cierto es que hacia el interior de nuestras Facultades seguimos enseñando bajo la misma concepción del derecho reflejada en los planes de estudios y en el método de enseñanza para contextos que ya no existen. Eso nos ha llevado al aburrimiento. En efecto, tenemos una enseñanza del derecho apática, desinteresada y sin encanto. Solo la caracteriza la uniformidad de lo indistinto, sencillamente porque el derecho es concebido como «algo ya dado» que solo podemos memorizar. En la monotonía áulica no hay eco, solo bostezo de los actores (sobre todo estudiantes) en ese par de horas que transcurren como un film que dormita en la oscuridad de la sala cinematográfica. Callar y hablar resultan equivalentes. Solo se oye una sola voz en un tono que condensa aún más ese desencanto, actuando como preámbulo de todo que lo ocurrió y ocurrirá. Sin dudas que el aburrimiento de la enseñanza detiene el tiempo y congela objetivos. No obstante ¿será un síntoma que anticipa un cambio radical en la enseñanza del derecho? Los nuevos escenarios marcados por los problemas locales, regionales y globales sin dudas que impactarán sobre nuestras libertades individuales, sobre nuestros derechos sociales, nuestros trabajos, nuestro hábitat, pero sobre todo en nuestra profesión jurídica. Teniendo en cuenta este escenario, resultará imprescindible una enseñanza basada en la concepción del derecho como una actividad, una práctica social racional con ciertos fines y valores en consonancia con el constitucionalismo contemporáneo. Será necesario que los nuevos operadores jurídicos tengan conocimientos acerca de la realidad política, económica, social y cultural en un nuevo contexto que cambia constantemente interpelando al conocimiento jurídico teórico; a las habilidades y destrezas prácticas; a la creatividad e imaginación; y, sobre todo, a la manera como se nos presentan los problemas y qué soluciones proponemos para resolverlos. Si recurriéramos a figuras geométricas para señalar los croquis que trazaron históricamente los planes de estudios, diríamos que los mismos fueron diseñados bajo una concepción del derecho fragmentado en áreas jurídicas:

a) **con perspectiva horizontal**: históricamente todas las asignaturas estuvieron ubicadas en un mismo plano de igualdad, sin un orden de prelación o preferencia ni jerarquía conforme nuestro ordenamiento jurídico (constitucional, civil, navegación, laboral, minería, agrario, procesal, comercial, administrativo, procesal, filosofía del derecho, penal);

b) **con perspectiva vertical**: de arriba hacia abajo conforme «el poder» que por años ejerció el derecho privado —particularmente el Código Civil de Vélez de 1871— delineando la cantidad de años de un plan de estudios para la formación jurídica (1er. año derecho civil parte general; 2do. año derecho de las obligaciones; 3er. año derecho de los contratos; 4to. año derechos reales, 5to. año derecho de familia y 6to. año derecho sucesorio).

En ambas perspectivas, cada asignatura integra un casillero estanco y autónomo respecto de las demás, de tal manera que se avanza conforme el sistema de correlatividades (regla escrita); especulando conforme a un sistema informal (reglas no escritas) comúnmente conocido como «camino del agua» o «plan de estudios de los pasillos». Y lo más preocupante es que, ambas perspectivas, delinearon el modelo de profesor de derecho, limitado absolutamente al estudio de una determinada asignatura jurídica (especialidad) impidiéndole tener una visión amplia (holística) del derecho. Cada vez más los profesores de derecho se conocen menos entre ellos, no leen lo que escriben los demás, y se alejan de la idea de comunidad de investigación. Padecen de excesivas lagunas acerca de las demás áreas del derecho. Como dice Juan Antonio Pérez Lledó[244] *«dominan su árbol, pero desatienden otros árboles y desatienden también el bosque»*. Digamos que nuestra enseñanza del derecho refleja y reproduce una concepción del derecho compartamentalizado, es decir, fraccionado o dividido. Por ello, debemos procurar una enseñanza jurídica más integrada y menos especializada que la actual. Sabemos que la especialización es inevitable (un profesor todo terreno es hoy imposible) pero sería prudente hacer la siguiente consideración. La especialización es pertinente en el campo de la investigación, no así en la docencia. En todo caso, considerar que el problema no es tanto la especialización como la incomunicación entre investigación y docencia, y esto es uno de los defectos estructurales en la enseñanza del derecho en Argentina.

Por otro lado, debemos provocar un cambio de paradigma respecto de los programas de las asignaturas. Proponemos para cada asignatura un Programa académico con objetivos a cumplir en el aula durante el tiempo de duración (cuatrimestral, semestral o anual) y no Programas de contenidos interminables que nunca se terminan de cumplir. En definitiva, conforme los argumentos esgrimidos en los distintos capítulos y con la finalidad de producir un cambio sustancial en la actual enseñanza del derecho, en base a la concepción del derecho, el diseño curricular y el rol docente en el aula como espacio constitucional, preguntamos y respondemos:

1. ¿Qué concepto del derecho proponemos?

El Derecho constituye un aspecto fundamental para entender la estructura y funcionamiento de la vida en sociedad. Su propósito social es irrefutable. Es un fenómeno enorme y abiertamente complejo que, como una empresa, incluye normas y códigos, pero también, instituciones, operadores, procedimientos, valores, interpretaciones, prácticas, etc. El derecho, nos dice Carlos

244 Perez Lledo, Juan Antonio *Teoría y Práctica en la enseñanza del Derecho" artículo publicado en el libro "La Enseñanza del Derecho* edición a cargo de Francisco J. Laporta, Universidad Autónoma de Madrid. Boletín Oficial del Estado, año 2003. Madrid, España

Nino, es una empresa esencialmente cooperativa (aún en un régimen jurídico autoritario) puesto que no puede lograrse efecto jurídico sin la colaboración de otros[245]. El derecho no es algo dado, acabado y listo para ser ejecutado, sino que es algo que los participantes en esas prácticas van construyendo, reconstruyendo, haciendo y deshaciendo constantemente a partir de ciertos «materiales» que autoritativamente le son dados por el texto constitucional[246]. Hasta aquí nada que no se haya escrito al respecto. La disidencia surge al momento de definir bajo qué concepto de derecho nos enrolamos. Se sabe que el concepto de Derecho es una cuestión sometida a una enorme controversia. El problema central, dice Robert Alexy acerca del concepto de derecho es la relación entre derecho y moral, en base a dos posiciones: la positivista (apuntando sólo a la legalidad conforme al ordenamiento y a la eficacia social); y la no positivista (que no concede ninguna importancia a la legalidad conforme el ordenamiento y a la eficacia social y tan sólo apunta a la corrección material)[247]. Y entre estos dos extremos aparecen muchas formas intermedias. Cabe recordar que esta, según Alexy, no es una discusión novedosa, sino que se remonta a más de dos mil años cuando, por ejemplo, Alcíbiades formuló una pregunta dirigida a Pericles y de las que informó Jenofontes: *«Así, pues, cuando un tirano se apodera del Estado y prescribe a los ciudadanos lo que deben hacer, ¿es esto también ley?»* Y este largo período en el tiempo, explica por qué todavía no se ha podido alcanzar una respuesta que satisfaga a la generalidad pese a los grandes esfuerzos dedicados a encontrarla.

Por nuestra parte, como advierte Manuel Atienza, evitaremos transitar por esta calle de amargura al intentar responder ¿qué es el Derecho?, en especial, a los que estudian al derecho desde el punto de vista filosófico. No hay una manera despejada de contestar esta pregunta y está muy lejos de existir un consenso al respecto. No obstante, resulta prudente mencionar brevemente que existen distintas maneras de concebir el Derecho. El conjunto de saberes jurídicos se los concibe de diferentes formas según uno se enrole en la variante normativista, realista, trialista, iusnaturalista, neoconstitucionalista, entre otras. La enseñanza del derecho necesariamente dependerá de la concepción que se adopte. Esto resulta de suma importancia como punto de partida y de llegada a la vez. Al decidir una concepción del derecho estamos decidiendo la manera de enseñarlo, entenderlo, interpretarlo, aplicarlo y argumentarlo.

Compartimos la idea que sostiene que el Derecho es una práctica social racional autoritativa, con la que se trata de lograr ciertos fines y valores.

245 NINO, Carlos en *Derecho, moral y política Una revisión de la teoría general del Derecho*, siglo veintiuno editores, pág. 150, año 2014, Buenos Aires, Argentina.

246 PEREZ LLEDO, Juan Antonio, artículo citado anteriormente en pág. 267.

247 ALEXY, Robert *El concepto y la validez del derecho* Gedisa editorial, año 1994, Barcelona, España.

Una práctica social que nos envuelve a todos en general (a los ciudadanos o habitantes de un territorio en el que rige un determinado Derecho) y a algunos en particular (a los órganos encargados de su producción y aplicación, a los abogados, a los estudiosos del Derecho...)[248]. Es decir, el Derecho es fundamentalmente un sistema de fines, para cuyo logro requiere el empleo de ciertos medios, uno de los cuales son las normas coactivas que vienen a ser como la materia prima de la que hay que partir para poder resolver los problemas que caracterizan nuestra profesión, como lo propone el prestigioso iusfilósofo español y representante del pospositivismo Manuel Atienza[249]. En el mismo sentido, Carlos Nino sostiene que el derecho es una práctica colectiva que cumple dos funciones sociales primarias: la de permitir superar conflictos y la de facilitar la cooperación[250]. Claro que estas normas coactivas no son las únicas que caracterizan al Derecho, es decir, no forman «su esencia», aunque sí su «necesidad práctica». Esos fines del Derecho han ido variando a lo largo de la historia, pero, en el marco de un Estado Constitucional, se identifican con los grandes valores del Humanismo y de la Ilustración: la igualdad, la libertad y la dignidad. Atienza postula que el Derecho no nos provee de esos bienes más que en una medida limitada y, en algunos casos, ni siquiera ninguna medida. Pero esos valores no tendrían ninguna oportunidad de verse realizados, ni aún en su mínima expresión, sin la existencia del Derecho. De ser así, entonces no tiene sentido contraponer al Derecho con la Moral y con la Política. Esos tres constructos fundamentales constituyen una unidad compleja e interdependientes, ya que lo que fundamenta el Derecho no puede ser más que la Moral; y sin el poder político el Derecho no podría existir; pero, al mismo tiempo, el Derecho es también lo que hace posible la Moral, y una función esencial del Derecho es poner límites al poder Político. El derecho, sostiene Nino, es un fenómeno esencialmente político, es decir, tiene relaciones intrínsecas con la práctica política. El derecho mantiene una conexión directa con la política, ya que cualquier acción o decisión jurídicamente relevante que se tome debe hacerse ponderando estratégicamente las acciones o decisiones de otros, que se dieron en el pasado, se realizan en la actualidad o se darán en el futuro[251]. A su vez, la capacidad del derecho como práctica social colectiva de producir resultados eficientes en la promoción de la cooperación a través de otras prácticas colectivas exige que el derecho se apoye en convicciones morales, que constituyan parte de la moral positiva de una sociedad. El derecho cumple su función social de facilitar la cooperación a través de dos mecanismos. Uno de ellos es la coacción, pero no es sufi-

248 ATIENZA, Manuel *El sentido del Derecho* Editorial Ariel Derecho, página 45, año 2012, Barcelona, España.

249 ATIENZA, Manuel «Una Apología del Derecho» texto que fue lección del curso 2018-2019 en la Universidad de Alicante el 13 de septiembre de 2018.

250 NINO, Carlos en *Derecho, moral y política Una revisión de la teoría general del Derecho*, siglo veintiuno editores, pág. 151, año 2014, Buenos Aires, Argentina.

251 NINO, Carlos libro anteriormente citado.

ciente. Debe apoyarse en un segundo mecanismo como el de la autoridad[252]. Es decir, y tratando de evitar caer en un simplismo conceptual, el Derecho es un fenómeno social e histórico, una especie de artefacto, una invención o una herramienta para lograr el más importante de los objetivos que toda democracia constitucional persigue: justicia y dignidad de la persona humana. Esta concepción del derecho también alimenta nuestra concepción acerca de lo que una comunidad académica debe ser, y en particular, el modo en que los profesores deben desarrollar su actividad académica en el aula.

2. ¿Qué plan tenemos para futuros diseños curriculares?

A menudo se confunde el problema de la enseñanza del derecho con los planes de estudios. Hemos constatado que, a lo largo de la historia, erróneamente se ha pensado que la reforma en la enseñanza del derecho dependía principalmente de la reforma de los planes de estudios. Ha sido una idea equivocada. Podemos cambiar muchas veces los planes de estudios sin que por ello cambie la enseñanza del derecho. Así sucedió en la Facultad de Ciencias Jurídicas y Sociales de la Universidad Nacional del Litoral, que en un período de cien años cambió once veces de plan de estudios, y la enseñanza siempre fue la misma. Los planes de estudios son importantes, no lo negamos, pero es un elemento a posteriori de la concepción del derecho con la que partimos. Formulada esta aclaración, para los planes proponemos tres interrogantes referidos al pasado, al futuro y a los principios.

¿Cómo fueron diseñados los planes de estudios?

Históricamente los planes de estudios constituyeron verdaderos espejos de la enseñanza conforme la concepción del derecho. Es decir, el reflejo exacto de ese enrolamiento. Con esta afirmación, queremos decir que, si la concepción del derecho es aquella que lo consideró como un conjunto de normas dadas destinadas sin más a regular la conducta humana, entonces se comprende que su enseñanza fue siempre impartida en consonancia con el formalismo, el tecnicismo y el dogmatismo. Una enseñanza destinada a cumplir con cada asignatura encapsulada en casilleros aislados dentro de un plan. Esto fue lo que sucedió en esta Facultad que tomamos como caso testigo. Dijimos que, en cien años de historia, esta Casa de Estudios tuvo once (11) planes de estudios de la carrera de abogacía (1920, 1930, 1937, 1949, 1953, 1957, 1970, 1978, 1985, 2000 y 2018, lo que equivale a un promedio de nueve (9.09) años entre reforma y reforma. En principio no es un mal promedio, pero si analizamos la impronta que guio cada modificación, llegaremos a la conclusión que ninguna constituyó una reforma sustancial

252 Nino, Carlos libro anteriormente citado, pág. 160.

que haya impactado tanto en la enseñanza como en la estructura curricular. Al contrario, cada plan de estudios se diseñó con una estructura rígida, inflexible, en base a compartimentes estancos para cada asignatura, aislado de las disciplinas sociales e incomunicado con las demás áreas del derecho. En términos generales, todas las reformas se limitaron a aumentar número de materias o modificar su nominación y ubicación.

Todas las reformas de los planes mantuvieron el plazo de seis (6) años de duración formal, aunque el promedio histórico de los últimos 30 años oscila entre de 7 a 8 años de promedio de duración real para concluir los estudios universitarios en abogacía. «Duración formal vs duración real» es una tensión histórica que en el presente continúa sin resolverse. En todos los planes, es notoria la preponderancia del área del derecho privado (particularmente el derecho civil) que ocupa entre un 35 % y un 40 %, por sobre las demás áreas. El derecho constitucional ocupó lugares marginales en los planes, nunca fue epicentro o columna vertebral de ninguna estructura curricular. Dentro de los planes de estudios, las ciencias sociales (economía, ciencia política, sociología, criminología, psicología, entre otras) fueron dadas como «algo» supletorio y sin un claro objetivo del porqué. El ejercicio de memorizar normas, códigos y leyes fue la única destreza requerida y mal practicada. Al día siguiente, nos habíamos olvidado de lo memorizado el día anterior. Y por fin, la única práctica profesional contemplada fue la vinculada al contencioso.

¿Cómo deben mirar el futuro los planes de estudio?

Por primera vez en la historia de nuestro país, la estructura de los planes de estudios de las carreras de Abogacía de las Facultades de Derecho de las Universidades Públicas y Privadas se encuentra bajo la evaluación y control por parte del Estado Nacional, a través de la Comisión de Evaluación y Acreditación Universitaria (CONEAU) del Ministerio de Educación, responsable de la acreditación y/o habilitación de los títulos que emite las Casas de Estudios. Permítanos una pequeña licencia paradojal. Resulta extraño que después de haber transcurrido más de ciento cincuenta años que los abogados detentamos el monopolio de uno de los poderes instituidos de la república como es el Poder Judicial, el actual Estado Nacional considera que la profesión jurídica es de interés público. Volvamos al presente. Esta acreditación no nos debe llevar a creer que diseñando planes de estudios somos perfectos, casi perfectos o que nos hallamos en el primer escalón hacia la beatificación. Hay patologías en la estructura de los planes de estudios que todavía se siguen arrastrando desde hace mucho tiempo, algunas pueden ser solucionadas o al menos atemperadas; otras son más resistentes al cambio. El diseño de los planes de estudios es una manifestación de la concepción del derecho. Con esto no pretendemos descubrir nada nuevo, de lo que hace tiempo se sabe. En todo caso, buscamos contribuir al debate haciendo foco en el principal problema que tiene la actual enseñanza como es la concepción del derecho.

Estamos convencidos de la importancia del diálogo que debe concurrir entre profesión jurídica y democracia constitucional en nuestro momento histórico. A modo de síntesis:

1. El derecho es una práctica social racional con objetivos políticos y morales;
2. Esos objetivos y la idoneidad de la herramienta deben ser reexaminados y reconsiderados constantemente;
3. Los planes de estudios son importantes y como tales, deben ser valorados por la capacidad que tienen para alcanzar objetivos políticos y morales en el contexto actual y en los proyectados; y en caso necesario, deberían ser reestructurados.
4. También los planes de estudios se diagraman conforme la concepción del derecho.

¿Qué se espera que sepan hacer los abogados(as) en el siglo XXI?

Decíamos que el plan de estudios es un mapa diseñado para entrenar a los especialistas en la toma de decisiones indispensables para el cumplimiento de los objetivos fundamentales que toda democracia constitucional necesita para su funcionamiento y fortalecimiento institucional. Para intentar acercarnos al cumplimiento de dichos objetivos, resulta necesario hacernos dos preguntas respecto del futuro.

a- *¿Cómo debemos imaginarlo?* Un método económico es el que propone del profesor Michael Reisman[253]. Doctor en Derecho de Yale Law School. Tratar de construir e imaginar, en nuestro caso como será la República Argentina, en un futuro inmediato, mediato y a largo plazo. ¿Cuáles son las comunidades internacionales con la que se relaciona? ¿En términos de población, cómo operan los agrupamientos políticos relevantes? ¿Cómo operan los agrupamientos sociales y sindicales? ¿Cuán congruentes somos con nuestras imágenes del pasado y del futuro y qué demandamos en términos sociales? ¿Cómo es nuestra distribución demográfica? ¿Cómo son utilizados nuestros recursos para producir y para influir en patrones de concentración o distribución de valores como el poder, riquezas, habilidad, bienestar, afecto, respeto, rectitud? Este ejercicio de construcción de escenario futuro no se puede realizar una sola vez para después olvidarlo. Debe ser realizado con intervalos de tiempo, es decir, constantemente con indicadores de calidad profesional, en tanto el objeto del ejercicio no es «predecir el futuro», dado que no hay un futuro cierto sino en proyectar imágenes futuras artificiales

253 REISMAN, Michael, artículo titulado «El diseño del plan de estudios: para que la enseñanza del derecho continue siendo efectiva y relevante» pág. 105 en el libro *La enseñanza del derecho y el ejercicio de la abogacía* compilador Martín BÖHMER, Biblioteca Yale de Estudios Jurídicos, Gedisa editorial, Barcelona, Año 1999.

sobre utopías y distopías, respecto de las elecciones estratégicas posibles que deben ser examinadas para alcanzar las utopías o su frustración.

b- *¿Tiene algún valor la toma de decisiones?* Si la respuesta es afirmativa y una vez que hayamos delineado el contorno del proceso político-social de nuestro país en el cual los estudiantes de hoy ejercerán la profesión en el futuro, podemos intentar identificar con mayor precisión cuáles serán probablemente sus funciones y poner mayor énfasis a la hora de diseñar las carreras de abogacía. La tarea será difícil y compleja a la vez por el carácter heterogéneo de las funciones que a diario ejercen nuestros abogados. Desde un amplio abanico de funciones como el ejercicio de la profesión en forma liberal en distintos fueros (civil y comercial, penal, laboral, tributario, administrativo, daños) hasta entrenamientos especiales (escasos en nuestro país) para ser jueces, fiscales, defensores públicos; y ausencia absoluta de entrenamientos especiales para ser legisladores (nacionales o provinciales) habida cuenta que los abogados actúan frecuentemente como partícipes del proceso legislativo. Al decir del iusprivatista y teórico del derecho español José Puig Brutau *«El legislador da la sensación de un miope armado con un arma poderosa»*.

El derecho habla del pasado con reverencia, y da a entender que sólo se preocupa por asegurar la fidelidad a ciertos acuerdos o prescripciones hechas en él. En realidad, el derecho debe preocuparse sólo por el futuro. Nuestro interés, como el de cualquiera involucrado en la resolución de problema, consiste en diseñar una estrategia que incremente la posibilidad de que sucedan eventos deseados o que no sucedan eventos no deseados en el futuro. A pesar de ello, actualmente nos encontramos con limitaciones que impiden u obstaculizan una formación jurídica deseada, pero que necesariamente debemos corregir para una formación jurídica de calidad conforme nuestras necesidades políticas institucionales. Los siguientes cuadros refieren a las *limitaciones* tanto externas como internas.

Limitaciones Externas

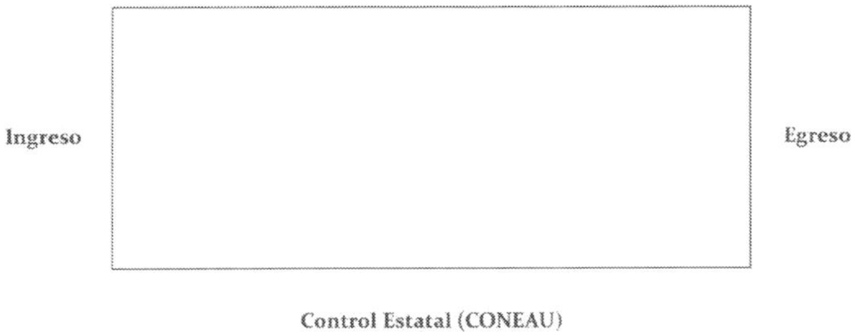

Limitaciones Externas

Ingreso: En Argentina, una vez concluido el nivel secundario del sistema educativo, los jóvenes que quieren ingresar a la carrera de abogacía, lo hacen directamente a la universidad sin necesidad de someterse a ninguna evaluación de conocimiento. Es decir, a temprana edad (17 años) los jóvenes abordan los estudios del derecho, lo que implica poner en evidencia su inmadurez (habilidades cognitivas) al respecto, a diferencia de otros países como por ejemplo los Estados Unidos donde los estudiantes universitarios encaran los estudios del derecho en el postgrado, aproximadamente con 22 años de edad, tras haber cursado cuatro años en el *College* para obtener el título de *Bachelor* equivalente a nuestra licenciatura. Pero para acceder a la carrera de derecho, en los EEUU los estudiantes deben superar un examen de selectividad, específico para Derecho llamado *Law School Admision Test.* Dicho examen no se centra tanto en conocimientos del derecho sino en habilidades o destrezas básicas tales como capacidad de lectura, comprensión de textos, redacción coherente, manejo y relación de información, capacidad de razonamiento y de síntesis. La admisión termina de concluirse mediante una entrevista personal, carta de presentación, experiencias laborales que pueda exhibir el interesado. ¿Podemos hacer en nuestro país algo parecido? En EEUU, el estudiante que ingresa a una Escuela de Derecho lo hace con un nivel de formación y madurez muy superior al estudiante argentino medio que llega directamente del nivel secundario. Efectivamente, en Argentina, son notorias las falencias de formación con la que un joven afronta la carrera de abogacía en la universidad: ausencia de hábitos de lectura, falta de compresión de textos, de habilidad para redactar, relacionar y sintetizar información, ausencia de trabajo en equipo, problemas de ubicación temporal de los acontecimientos que marcaron la historia de la humanidad, deficiencias para la expresión oral y escrita, entre otras habilidades y destrezas básicas requeridas para enfrentar los estudios universitario. A estos problemas nos referimos cuando hablamos de inmadurez. No proponemos un examen selectivo como el mencionado, pero sí proponemos pensar distintas alternativas, como podría ser un trabajo coordenado entre Escuelas Secundarias y Universidad para que, en los dos últimos años de la enseñanza media y los dos primeros años de la enseñanza superior, se destinen a la enseñanza de aptitudes, habilidades y destrezas básicas (lectura, escritura y oralidad) para encarar un estudio universitario.

Control: la Comisión Nacional de Evaluación y Acreditación Universitaria (CONEAU) del ministerio de Educación de la Nación, ejerce el control de calidad para con las universidades públicas y privadas encargadas de entrenar/preparar abogados del país. Dicho organismo, a través de los estándares de acreditación, determina las estructuras edilicias básicas con la que debe contar una Facultad o Sede, plazo de duración de los planes de estudio (5 años), carga horaria mínima, asignaturas obligatorias, práctica profesional y contenidos de las mismas de las carreras de abogacía, entre otras cosas.

Egreso: el título académico de abogado/a que expide la Universidad Argentina, habilita directamente para el ejercicio de la profesión como abogados/as del Estado o de los ciudadanos y para ser jueces, fiscales o defensores públicos de la democracia constitucional.

Limitaciones Internas

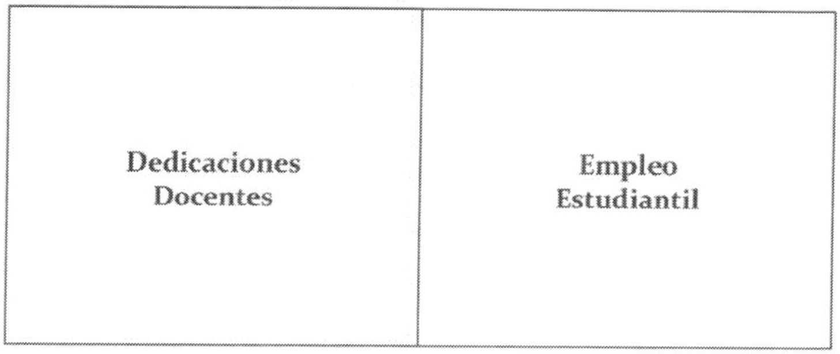

Dedicaciones docentes: un alto porcentaje de docentes de derecho en la FCJS-UNL (90-95 %) tiene dedicación simple (carga horaria y remuneración mínima) para la enseñanza e investigación en el campo jurídico.

Eso quiere decir que, en su mayoría, los profesores/as no sostiene su vida económica a través de la docencia universitaria. A diferencia con lo que sucede en las universidades europeas y anglosajonas donde el catedrático universitario ejerce su trabajo en forma profesional, en Argentina dicha situación no existe. Varios parámetros confirman esta situación (el pluriempleo, el conflicto salarial que se arrastra desde hace varias décadas con sus interminables medidas de fuerzas (huelga) en reclamo de mejoras) pero hay una medida que confirma esta limitación y es que la mayoría de los docentes de derecho en el litoral (titulares, adjuntos y auxiliares) dictan sus clases en horario vespertino y nocturno. Es decir, que sus mañanas están ocupadas por sus empleos o funciones. Por tal motivo en horarios matutinos, la Facultad se encuentra prácticamente vacía de profesores y, por ende, no se dictan clases. Ante esta situación, urge profesionalizar la docencia en derecho con salarios dignos.

Empleo estudiantil: no todos los estudiantes son *full time,* es decir, que disponen de tiempo completo para el estudio de la carrera de abogacía. Según datos estadísticos previos a la pandemia del año 2020, el 3 % de los estudiantes de derecho en la FCJS-UNL trabajan mientras estudian. Suponemos que este porcentaje ha ido en crecimiento habida cuenta de la crisis económica que nunca acaba en nuestro país y que aceleró el covid-19. Debemos tener estudiantes dedicados exclusivamente al estudio del derecho todo el día y, en los casos que presenten problemas económicos debidamente comprobados, acudir al sistema de «beca completa» para que el estudiante pueda afrontar económicamente los respectivos costos que demanda el material de estudio, alquiler, comida y vestimenta.

Para la solución de ambas limitaciones expresadas (externas e internas), debemos sincerar estas problemáticas entre todas las instituciones directamente vinculadas al quehacer jurídico. En ese sentido, proponemos la constitución de una especie de Agencia (organismo) en cada sede principal de una Facultad de Derecho del país, cuyo principal objetivo será proponer soluciones que tiendan a superar las limitaciones denunciadas. Dicha Agencia, deberá trabajar y proponer soluciones consensuadas, concretas y sostenidas en el tiempo. La misma podría estar compuesta por: representante de la Facultad de Derecho; representantes de los Ministerio de Educación (Nación y Provincia); representante de la CONEAU; representante del CONICET; representante del Colegio de Abogados; representante del Colegio de Magistrados; representante del sector empresarial

Propuesta de Diseño curricular

Proponemos un plan de estudios para la enseñanza del derecho con finalidades, articulado en cuatro niveles:

a) Finalidad cognoscitiva: enseñanza de conocimientos teóricos

b) Finalidad práctica: desarrollo de habilidades de lectura, escritura, oralidad, elaboración de proyectos, práctica procesal, estrategias de litigios, prueba de hechos, interrogaciones, asesoramientos, ejercicios interpretativos y argumentativos, clínicas jurídicas de casos reales de interés público.

c) Finalidad crítica: una enseñanza basada en una concepción del derecho como práctica social racional con fines y valores.

d) Finalidad orientada: a través de principios jurídicos de contención.

Espacios Libres de Diseño - Principios Informadores

1er. año	2do. año 3er. año 4to. año	5to. año
Enseñanza por problemas	Áreas de Conocimiento: • Público • Privado • Sociales	Asignaturas Optativas
Lectura y Escritura	Ética Profesional. Práctica Procesal. Redacción de contratos. Entrevistas a clientes. Interrogaciones a testigos y peritos. Estrategias de litigios. Resolución de problemas a través de la mediación, conciliación, negociación y arbitraje. Prácticas argumentativas.	Clínicas Jurídicas

Formación teórica del 1° al 5° año

- Primer año: enseñanza por problemas
- Segundo, Tercero, y Cuarto año: Desarrollo teórico de las áreas de conocimiento jurídico: público, privado y sociales.
- Quinto año: Asignaturas optativas

Destrezas del 1.° al 5.° año

- *Primer año:* lectura, escritura y oralidad
- *Segundo, Tercero, y Cuarto año:* ética profesional, redacción de contratos, práctica procesal, entrevistas a clientes, interrogaciones a testigos y peritos, diseños de estrategias de litigios, prácticas de ejercicios argumentativos y resoluciones de problemas a través de la mediación, conciliación, negociación y arbitraje, lectura, análisis y debate de textos legales, fallos, dictámenes, juego de roles en proceso judicial teatralizado.
- *Quinto año:* práctica profesional final en escenarios externos (estudios jurídicos, tribunales, defensorías barriales, vecinales, empresas públicas y privadas) y clínicas jurídicas sobre casos reales (penales, ambientales, consumo, pueblos originales, patrimonio cultural, ciudades, etc.) coordinadas por profesores clínicos y con límites de estudiantes.

Finalidad cognoscitiva

En necesario distinguir entre memorización de normas y formación teórica en dogmática jurídica. Lo que siempre ha caracterizado a las carreras de abogacía en Argentina es la cantidad de normas que deben memorizar los estudiantes. ¿De qué le sirve al estudiante memorizar la dogmática ya hecha, si después se produce una gran modificación impidiendo asimilar al nuevo Código? Nada más oportuno aquél consejo popular que reza *«Enseñar a pescar y no dar el pescado».* Esto es un problema a resolver, sencillamente porque buena parte de lo que se exige memorizar resulta obsoleto, considerablemente cambiante y poco relevante para los tiempos actuales. Se podría reducir una cantidad de materias del plan por el estudio de Instituciones como por ejemplos de contratos, de daños, tipos penales, entre otras, que sirvan de modelo. Todas las demás se podría consultar y aprenderlas en los libros elaborados por la doctrina jurídica. También proponemos reducir contenidos interminables de los programas de las asignaturas y diseñarlos por objetivos claros y precisos. El actual método memorístico con el que se enseña derecho para acumular información es ineficaz. En tal sentido, proponemos otros métodos no memorísticos para retener información como podrían ser los trabajos en equipo, el análisis de casos prácticos, el debate de información en clase, el diseño de estrategias para resolver problemas, es decir, distintas alternativas para una enseñanza más metodológica. Precisamente, es esa la gran diferencia que existe entre un jurista y un leguleyo. Este último solo sabe contenido de normas, mientras que el primero, aunque sepa menos contenido normativo, domina un método. Debemos cambiar memorización de normas por una enseñanza metódica en base a una buena dogmática que supere el formalismo, a través de una doble fusión: a) explicando los conceptos cuando aparecen aplicados al caso concreto; b) relacionando teoría jurídica con fines políticos y morales que han de introducirse en ella[254]. Para ello proponemos eliminar de la docencia su pretensión científica «pureza cognoscitiva» contaminándola de argumentación instrumentalista y de valores[255].

Finalidad práctica

La gran carencia de la actual enseñanza del derecho en Argentina es precisamente la formación de abogados prácticos, es decir, formados en habilidades o destrezas para el ejercicio profesional. Para ello, necesitamos un enfoque hacia la enseñanza de un derecho instrumentalista o «el Derecho como argumentación» como lo propone Manuel Atienza[256]. Esta perspectiva,

254 Perez Lledo, Juan Antonio «Teoría y Práctica en la enseñanza del Derecho» artículo publicado en el libro *La Enseñanza del Derecho* edición a cargo de Francisco J. Laporta, Universidad Autónoma de Madrid. Boletín Oficial del Estado, año 2003. Madrid, España

255 Perez Lledo, Juan Antonio, artículo anteriormente citado.

256 P Perez Lledo, Juan Antonio, artículo anteriormente citado, pág. 218: «Este enfoque no

nos recuerda Pérez Lledó, consiste en considerar al Derecho como una técnica para la resolución de determinados problemas prácticos, lo cual se lleva a cabo mediante decisiones que necesitan ser justificadas argumentando a su favor. El derecho no es algo que sencillamente está *«ahí»* proporcionado para ser conocido, sino un instrumento para ser utilizado en la resolución de problemas concretos, precisos de la vida diaria. Se trata, nos dice Atienza *«de una visión eminentemente instrumental, pragmática y dinámica del derecho»*. La argumentación no solo sirve para motivar sentencias en el ámbito judicial, también es central en otros campos de actuación como el legislativo a la hora de justificar la sanción de una ley o su derogación; al asesorar a los legisladores; en la producción, aplicación y asesoramiento en la Administración pública nacional, provincial o municipal; en la tarea del abogado que ha de buscar los mejores argumentos para convencer al juez, aconsejar al cliente, obtener un acuerdo de partes en controversia. Es decir, proponer soluciones prácticas en la aplicación del Derecho por parte de los jueces, administradores públicos y legisladores.

Finalidad crítica

Las Facultades de Derecho de Universidades Públicas en Argentina deben llevar a cabo una enseñanza con fines políticos-institucionales. En tal sentido, proponemos una enseñanza del derecho con orientación abiertamente política-moral cuyo objetivo es formar profesionales comprometidos con una tarea políticamente crítica y transformadora antes las injusticias sociales. El constitucionalismo moderno nos invita a *tomarnos en serio* los fines y valores de nuestra Constitución Nacional y los Tratados sobre Derechos Humanos en los que la República sea parte, dando prioridad a la acción política y jurídica ordinaria, cuyo sentido constitucionalmente legítimo es el de proteger y promover esos fines y valores. Es decir, el sentido que la Constitución da a la idea de justicia, igualdad y libertad, supone de nosotros (educadores y operadores jurídicos) una lectura permanente para presentar a cada una en su mejor versión. La crisis Institucional por la que atraviesa nuestro país lo amerita, y esta es una buena razón para las presentes propuestas.

Finalidad orientada

En el campo jurídico, los principios cumplen una tarea primordial. En derecho las reglas se aplican o no, los principios se aplican siempre en grado. Como si fueran interruptores eléctricos, las reglas están encendidas o están apagadas, es decir, se aplican o no se aplican. En cambio, los principios jurídicos, como los termostatos, son susceptibles de programación y aplicación

es nada novedoso. Representa una cierta recuperación, actualizada, de tradiciones y métodos jurídicos muy antiguos (como la retórica aristotélica, la *prudentia iuris* romana, la casuística medieval, o lo que Llewellyn elogiaba como el "Gran Estilo" del *Common Law* tradicional)...»

en mayor o menor grado[257]. Al decir de Robert Alexy tanto los principios como las reglas pueden concebirse como normas, pero los primeros son normas de un grado de generalidad relativamente alto, y las reglas, normas de un grado relativamente bajo. Para Alexy los principios son normas que ordenan que se realice algo en la mayor medida posible, en relación con las posibilidades jurídicas y fácticas[258]. Por su parte, Dworkin dice que las reglas son aplicables en forma todo o nada, en cambio los principios, no determinan necesariamente la decisión, sino solamente proporcionan razones que hablan en favor de una u otra decisión[259].

Con esta breve referencia acerca de los principios y las reglas, consideramos que también los principios pueden cumplir un rol importante a la hora de trazar los diseños curriculares como *mandatos de optimización* (Alexy) cuyo cumplimiento no sólo depende de las posibilidades fácticas, sino también de las posibilidades jurídicas.

Reconfiguración: el retorno de la democracia reconfiguró al derecho en la República Argentina, al poner a la Constitución (el derecho por sobre la política) en la escena de la vida de los argentinos. Lo manifestamos en varias oportunidades: la Corte Suprema de Justicia de la Nación; la reforma de la Constitución Nacional en el año 1994; y la unificación del Código Código Civil y Comercial de la Nación. Es hora de que la concepción del derecho, su enseñanza y sus diseños curriculares sean pensados en clave de Estado Constitucional de Derecho.

Ética profesional: estamos convencidos que la ética guarda relación con el tiempo pues en él transcurren cada una de nuestras acciones. Sabemos que no corren buenos momentos para el binomio ética y profesión jurídica. Esta situación nos obliga a recuperar nuestra legitimación social a través de los códigos de ética que determinen «la forma de ser abogado / abogada» en una democracia constitucional. Como un ethos profesional responsable. Debemos presentarnos como gente confiable en la sociedad.

Multidisciplinariedad: debemos integrar el derecho a las demás áreas de las ciencias sociales (economía, política, sociología, filosofía, trabajo social, antropología) en base a los objetivos perseguidos.

Globalidad transnacional: la concepción del derecho, su enseñanza y plan de estudio deben contemplar el actual contexto global para una cultura de los derechos.

---

257 Serrano, José Luis *Principios de Derecho Ambiental y Ecología Jurídica* Editorial Trotta, año 2007, Madrid, España.

258 Alexy, Robert *Derecho y Razón Práctica*, Ediciones Fontamara, tercera reimpresión 2006, D.F. México.

259 Alexy, Robert *Derecho y Razón Práctica*, Ediciones Fontamara, tercera reimpresión 2006, cita a Dworkin en página 10, D.F. México.

Decisión: las tareas jurídicas de un profesional deben considerarse con criterios comprensibles, razonables y universalizables de tal manera que contemple toda la gama de funciones decisorias y no se dedique exclusivamente a los tribunales y sus instituciones relacionadas. Esa restricción del enfoque es típica de la actual enseñanza del derecho y una de sus más importantes patologías. A diferencia de otras ciencias, el derecho necesariamente debe decidir siempre en el terreno donde anida el conflicto.

El derecho como opción: implica el reconocimiento de que en el derecho hay un proceso continuo de realización de opciones. Si aceptamos que la creación del derecho tiene que integrar la estructura de todo plan de estudios, se reconocerá, en consecuencia, que el derecho no puede ser visto y enseñado como un sistema cerrado en el que las reglas lógicas operan solas. El derecho es también un sistema abierto en el que se debe optar entre alternativas diferentes y opuestas. Quienes hayan ejercido la función como juez, saben que la elección es inevitable a la hora de aplicar el derecho. La elección no se debería confundir con el ejercicio discrecional del capricho. Toda elección debe estar fundamentada en el examen cuidadoso del pasado y, en una democracia constitucional, son relevantes las expectativas y demandas de la sociedad. El derecho no es una ciencia exacta que opera mecánicamente.

Contexto: todo plan de estudios debe reflejar una concepción del derecho en el proceso social cada vez más contextual, y no sólo textual. En particular, el plan de estudios debería admitir muy explícitamente el rol que el poder cumple inevitablemente en el derecho. La descripción del derecho escrito en un lugar determinado no es suficiente por más rigurosa y completa que sea; será necesario una consideración global o dinámica acerca del modo en que realmente se toman las decisiones en ese lugar o región, en el caso, por ejemplo, de tener que asesorar a un cliente que quiere invertir en un determinado mercado.

De relación del derecho con la producción y distribución de bienes sociales: el derecho es un instrumento para influir en la producción y distribución de cosas que quiere la gente en una determinada comunidad. Es importante para los estudiantes enseñarles a evaluar aquello que está siendo producido y distribuido. Al decir del profesor de Yale Harold Lasswell, las cosas que la gente quiere se pueden resumir en ocho «valores»: poder, riqueza, sabiduría, habilidad, bienestar, afecto, respeto y rectitud.

De equidad como ejercicio adecuado para la interpretación de normas: la esencia de la tarea del abogado profesional es la especialización en la toma y ponderación de decisiones lo que supone interpretar las normas teniendo en cuenta sus razones subyacentes. La teoría del derecho tradicional que no compartimos es aquella que asegura que la decisión jurídica es un ejercicio de derivación lógica: uno identifica una norma que está expresada en términos generales y la aplica al caso concreto mediante un proceso de inferencia. Creemos que la calidad de la decisión está basada no en su conformidad lógica con algún principio general, sino más bien con la conformidad de sus consecuencias sociales agregadas con una cantidad de fines políticos y morales que una democracia constitucional desea alcanzar.

De los derechos humanos como valor universal: la idea de derechos humanos presupone el universalismo moral que valen con independencia de las circunstancias históricas y geográficas en que surgieron.

3. ¿Cómo debería ser la enseñanza del derecho?

Como advertencia preliminar, debemos decir que la mejora de la enseñanza del derecho no depende del descubrimiento de una especie de «medicina» que soluciones todos los problemas como arte de magia, sino que debe ser el resultado de la combinación de decenas de reformas y propuestas concretas, algunas grandes y otras pequeñas. Lo importante es no quedarse sin energías en el camino para el cumplimiento de los objetivos trazados. Este libro pretende centrarse en ese norte.

Dicho esto, debemos partir de una visión crítica de la actual enseñanza del derecho centrada en la transmisión de información de contenidos normativos a través del Código, el manual de dogmática y la clase magistral. En nuestra Facultad, hay quienes la defienden o se sienten muy cómodos con ella. A nuestro entender, padecen una especie de lo que, en el mundo de la neurociencia se conoce como *«ceguera de Anton»*[260]. Quienes la sufren quedan ciegos como consecuencia de la lesión en la corteza cerebral, pero no toman conciencia de esta nueva condición y están convencidos que ven. En nuestro caso, algunos profesores insisten en seguir defendiendo la actual enseñanza porque no ven los problemas que presenta la formación profesional, que cada día agudiza su actuación de manera disfuncional conforme su responsabilidad institucional en la generación de una cultura republicana, democrática y constitucional. En distintos pasajes, hemos señalado las falencias más notorias de la metodología de enseñanza que impera actualmente en nuestro país. Particularmente, hemos *cargado las tintas* en la extrema memorización exigida como única destreza sobre la que cabalga la actual enseñanza del derecho. No obstante, sería prudente detenernos a reflexionar brevemente acerca del rol que juega la memoria en el aprendizaje del derecho. En esta dirección, resulta interesante el planteo que la especialista en neurociencia y educación Dra. Andrea Goldin hace al respecto[261]. Algunas de sus reflexiones refieren a la memoria que incluye el guardar la información y

260 ANTON, Gabriel, neurólogo y psiquiatra checo (1858-1933). Sus estudios se conocen por los problemas psíquicos que se producen como consecuencia de lesiones en la corteza cerebral.

261 GOLDIN, Andrea (UBA-CONICET-U. DI TELLA) entrevista titulada «Aprender de memoria permite ejercitar habilidades para aprender y tener éxito en la vida» publicada en *diario La Nación* en fecha 10 de julio de 2022, páginas 8 y 9 el berlinés, Buenos Aires, Argentina.

que perdure en el tiempo, es decir, que no dure solo hasta mañana, sino que permanezca. Es común escuchar que un estudiante de derecho a punto de recibirse de abogado, no se acuerda nada de las asignaturas de los primeros años pero que aprobó, lo que significa que a la hora de los exámenes se acordaba, pero no perduró en el tiempo. Y esta situación es un histórico problema que requiere modificación para mejorar el aprendizaje. En el aula, a través de los sentidos, detectamos ideas, pensamientos, conceptos y los guardamos en el cerebro no como si fuera un fichero sino en clave de información interconectada con la demás información, conocimiento recibido, experiencias prácticas y expectativas. Para ello, debemos enseñar en el primer año la destreza de la lectura. Ello permitirá que sabiendo leer, un estudiante pueda dedicar todo el esfuerzo a entender y relacionar lo que se está leyendo. No es lo mismo aprender hoy que hace 100 años atrás. Goldín sostiene que *«hoy tenemos un conocimiento infinito al alcance de la mano en el celular. No tiene sentido recordar de memoria datos enciclopédicos como se hacía antes»*. Pero el hecho de sentarse a aprender de memoria implica ejercitar dos cosas, por un lado, habilidades necesarias para aprender y, por otro lado, habilidades necesarias para el éxito en la vida: controlar frustraciones, concentrarse en los objetivos planteados, programar el tiempo, trabajar colaborativamente en equipo, cumplir con las expectativas trazadas, hacer uso eficiente de los recursos que tenemos, entre otras.

En segundo lugar, corresponde desconfiar de las nuevas modas pedagógicas que hoy en día parecen confinar el rol docente a no incomodar al estudiante facilitándole las cosas y no obligarle a realizar ningún esfuerzo. Una especie de «pedagogía de la complacencia» con rasgos de paternalismo comprensivo, con consecuencias desastrosas[262]. Si apelamos al sentido común, diríamos que, si uno quiere aprender a conducir un automóvil o a construir una silla de madera, eso no se va a lograr sólo con leer el manual de instrucciones, y menos aún si dicho manual fue escrito por alguien que no sabe manejar autos o que nunca trabajó la madera. Con estos ejemplos, lo que pretendemos decir es que muchos de los «expertos» en pedagogía escriben sobre la enseñanza del derecho, a pesar de no ser versado en la materia. Lo que el sentido común dicta, es que, de la misma manera que para aprender a manejar un automóvil o construir una silla de madera, debemos acudir a alguien con experiencia o destrezas o habilidades en esas actividades. Nos recibimos de abogados y creemos que dicho título universitario nos transforma de un día al otro en profesor de derecho, habilitado para una enseñanza de calidad. Es común ver esta práctica de ingreso a la docencia en derecho en nuestras facultades. Primero con la categoría de docente auxiliar (ayudan-

262 ATIENZA, Manuel «La singularidad de la Investigación Jurídica» ponencia presentada el 7 de septiembre de 2016 al *II Seminario Internacional Enseñanza-Aprendizaje del Derecho: Investigación y Metodología Didácticas*, Facultad de Derecho de la Pontificia Universidad Católica del Perú.

te de primera o jefe de trabajos prácticos), luego como profesor adjunto y los últimos años como profesor titular, enseñando bajo la misma concepción del derecho y metodología empleada. Así es como pasan los años y el profesor de derecho se convierte en un experto en tecnicismo jurídico. Una especie de «periodista jurídico» que da a conocer neutralmente el contenido de leyes y códigos durante su vida académica. Ese tradicional mecanismo, trajo en el imaginario colectivo la idea de que existe una única e inmutable manera de enseñanza en nuestras Facultades de Derecho. Podríamos decir, una enseñanza dogmática. La dogmática es una expresión que en su literalidad se contrapone a crítica, y sabemos que una enseñanza que no sea crítica parece una contradicción en sí misma.

Pero los profesores sabemos que dogmática es simplemente un uso del término que va más allá del significado literal de la palabra. Existe un consenso generalizado que considera a la dogmática como una disciplina práctica, normativa, que no solo está encaminada a dar fijeza al derecho sino también a cambiarlo, ya sea por vía jurisprudencial o legislativa. Hay diversas maneras de entender la dogmática jurídica. Aunque el modelo dominante entre nosotros ha sido el formalismo jurídico como concepción del derecho centrada exclusivamente en el estudio de los textos y normas vigentes; cerrada hacia los conocimientos provenientes de otros saberes sociales; concibiendo una interpretación literal; haciendo abstracción de las consecuencias sociales de las decisiones; y por fin, entendiendo a la dogmática como un trabajo de carácter descriptivo y sistemático, pero de ninguna manera valorativo.

Con el transcurrir de los años, poco se ha logrado en reformar las antiguas prácticas educativas en el campo jurídico para que puedan servir a urgentes necesidades contemporáneas. Clases áulicas como conferencias centradas en opiniones doctrinarias irrefutables, memorización de fallos y textos que se olvidan rápidamente, han contribuido a calificar a la enseñanza del derecho como: ciega, inepta, en serie, inservible, defectuosa y vacía[263]. Buenas intenciones, pero con poca luminosidad para una verdadera integración del derecho con las demás ciencias sociales, han fracasado debido a la falta de claridad acerca de qué debe ser integrado, cómo y con qué propósitos. Ante este panorama, debemos tener una estrategia para escapar de una enseñanza sedentaria hacia un nomadismo educativo crítico y creativo a la vez.

En tercer lugar, necesitamos partir de la concepción del derecho. Es fundamental para decidir el método, los recorridos curriculares, el perfil docente y demás aspectos de la enseñanza. En pasajes anteriores, ya nos hemos referido a la necesidad de definir la concepción del derecho para luego delimitar

263 LASSWELL, Harold y MCDOUGAL Myres en artículo «Enseñanza del derecho y políticas públicas: entrenamiento profesional para el interés público» versión abreviada del ensayo publicado en su forma original inglesa bajo el título *Legal Education and Public Policy: Professional Training in te Public Interest*, traducido por Martín BÖHMER. Reproducido con permiso de *The Yale Law Journal Company and Fred B. Rothman and Company*

su método de enseñanza y recorrido curricular. Repasando, el derecho es una práctica social racional con fines políticos y morales.

En cuarto lugar, debemos definir el método de enseñanza. Entonces ¿Cómo enseñar derecho? Debemos enseñar a manejar el derecho en lugar de una enseñanza memorística y formalista, por otra con objetivos políticamente críticos y comprometidos con la justicia. Una dimensión valorativa política-moral del derecho incorporado en la enseñanza de cada asignatura. Es decir, formar profesionales técnicamente competentes y, sobre todo, política y moralmente orientados. Los llamados «método socrático»[264] y el «método de casos» *case method*[265] ayudarían a un razonamiento jurídico instrumental —no un razonamiento jurídico lógico/formal— en términos de objetivos políticos y sociales a alcanzar, ya que a nuestro entender son los que mejores se ajustan a la plasticidad del derecho que proporciona la formación argumentativa en el aula como espacio constitucional. Una enseñanza basa en el esfuerzo intelectual, no memorístico, que propicie una preparación previa de los estudiantes y profesores esencial para el intercambio de ideas, y el carácter y calidad de esa reciprocidad dependerá de lo que cada uno de los participantes tiene para decir en el aula (O. Fiss) conforme las nociones de ciudadanía, libertad, igualdad, respeto, derechos humanos y constitución. Podría aplicarse perfectamente tanto para el análisis de la jurisprudencia (propio del sistema *common law*) como para el estudio de textos doctrinales y legislativos (propio del sistema *civil law)* teniendo siempre en cuenta los aportes provenientes de la historia, la ciencia política, la sociología, la economía política. Además esos métodos permitirán el desarrollo de destrezas necesarias como la capacidad de leer, comprender y relacionar material bibliográfico complejos, identificar problemas, extraer hechos jurídicamente relevantes, resumir la historia procesal relevante, aislar y plantear cuestiones jurídicas planteadas y que debe responder el tribunal, proponer soluciones alternativas, diagramar estrategias, sugerir respuestas conforme interpretaciones de los textos, encontrar argumentos a favor y en contra, estimular el esfuerzo, la participación activa en el aula y trabajo más sostenido.

En quinto lugar, debemos clarificar su objetivo final, es decir, una enseñanza desde una dimensión valorativa. Si consideramos que debe servir adecuadamente a las necesidades de nuestra democracia constitucional cuyo valor supremo es la dignidad humana en una comunidad de deferencia mutua, entonces nuestra enseñanza debe consistir en un cuidadoso, eficiente

264 El nombre del método hace referencia al gran filósofo de la Grecia clásica. Fue un método establecido en las escuelas de derecho de los Estados Unidos desde finales del siglo XIX

265 El *case method* (método de casos) fue introducido por el decano de la Escuela de Derecho de la Universidad de Harvard Christopher Columbus Langdel en el año 1870 para reemplazar el método de clases magistrales elocuentes. Consiste en el análisis y debate en el aula de casos o sentencias judiciales elegidas cuidadosamente por el profesor para enseñar a manejar en forma práctica reglas, principios, conceptos y doctrinas jurídicas básicas.

y sistemático entrenamiento profesional para ayudar a consolidar las instituciones de la república y alcanzar el logro de los más completos valores democráticos claramente definidos en todas las áreas de la vida social en las que los abogados o abogadas pueden y deben ejercer su profesión con responsabilidad. Para ello, debemos poner en sintonía a la enseñanza del derecho con una concepción alineada al diálogo performativo entre profesión jurídica y democracia constitucional generando una cultura jurídica de los derechos fundamentales. Ese es un claro objetivo para nuestra educación jurídica en Argentina.

¿Qué entendemos por valores democráticos? El tema es opinable, pero entendemos por valor un objeto de deseo humano. En nuestra sociedad esos valores lo constituyen el poder, el respeto, la educación, los ingresos económicos, la seguridad, la salud y la vivienda. El poder entendido como la participación en la toma de decisiones importantes y no la mera participación electoral cada dos o cuatro años. El respeto se consagra cuando a los ciudadanos y ciudadanas se los toma en consideración en decisiones que hacen a las distintas esferas de la vida. Ninguna democracia puede ser genuina hasta que los hombres y mujeres se dan cuenta que pueden ser libres e iguales si reciben desde temprana edad una educación pública de excelencia. Un justo equilibrio en la distribución de ingresos, de tal manera de garantizar un estándar de calidad en la vivienda, salud, vestimenta, seguridad y alimento. No debemos dejar de lado esos objetivos en una sociedad que se pretenda democrática. Se ha dicho con acierto que la distribución es relativamente equilibrada cuando el número comparativo de ricos y pobres en un país es muy pequeño. No es el caso de Argentina, donde la grieta entre pobres y ricos es cada vez más espaciosa. Y en el ámbito universitario, lamentablemente los jóvenes pobres no llegan, aunque quisieran. Cuando se comparten socialmente todos esos objetos deseados, entonces la dignidad de la mujer y del hombre se toma en cuenta seriamente. Pero ¿cómo contribuir a esa distribución de valores desde la profesión jurídica? Y es aquí donde las variables instrumentales deberían jugar un papel importante.

Proponemos como primera variable instrumental a la *influencia*: en nuestro país, los abogados y abogadas se desempeñan diariamente como asesores indispensables en el diseño de políticas públicas decididas por mandatarios nacionales, senadores, diputados, ministros, gobernadores, intendentes, presidentes comunales, o de un sindicato, o del secretario de un ministerio, o de un empresario grande, mediano o pequeño. Siempre está en una posición estratégica a la hora de informar o aconsejar al responsable en la toma de decisiones de lo que puede o no hacerse legalmente. Constituye una función rutinaria de la práctica profesional influir en los constructores de políticas públicas (líderes de partidos políticos, empresarios, funcionarios de gobierno, representantes institucionales) más que en una ocasión rimbombante como puede ser la redacción de un Código o la participación en la reforma de la Constitución.

Como segunda variable instrumental proponemos a la *ética profesional*: es decir, una ética controlada como señala el profesor Martín Böhmer, en el sentido de recuperar nuestra legitimación social a través de los códigos de ética que determinen «la forma de ser abogado/abogada» en una democracia constitucional. Como un *ethos* profesional responsable. Si pretendemos ejercer influencia en los decisores de políticas públicas, entonces debemos presentarnos como gente confiable, personas honestas para intermediar con el poder judicial la búsqueda de la verdad.

Y como tercera variable instrumental proponemos enseñar *destrezas* para el ejercicio profesional: partimos del convencimiento de que las decisiones que influyen primordialmente en la sociedad no sólo están en manos de los jueces. Para poder influir y ser confiables, necesitamos saber hacer y eso se aprende o debería aprenderse en la Facultad de Derecho. Dicho esto, el entrenamiento en destrezas que un estudiante recibe durante sus años en la Facultad no pude circunscribirse a las asignaturas tradicionales de procedimientos civiles o penales. El abogado y abogada debe estar preparado para trabajar con legisladores, funcionarios del poder ejecutivo, empresarios, sindicalistas, árbitros y mediadores que ejercen cargos importantes en la sociedad. El estudiante de derecho debe estar preparado para *razonar*, es decir, objetivar su conocimiento profundo y lenguaje jurídico; *observar* situaciones de la vida cotidiana en un contexto nacional, sus necesidades sociales, su situación política, sus estrategias económicas y sus vínculos internacionales; y *organizar* sus estrategias de tal manera de ser instrumentos más efectivos para el logro del bien común.

Es decir, *influencia, ética y destrezas* interconectadas en la enseñanza, programadas en el diseño curricular y coherente con la concepción del derecho como práctica social racional con fines. Tres aspectos imprescindibles para poder comprender y desenvolverse en el nuevo contexto local y global.

Breve reflexión:

Cada período de la historia produce su propia cultura de los derechos, poniendo el acento en determinados aspectos respecto de otros. Hace cuarenta años, con la democracia constitucional recuperada, nuestro país decidió privilegiar una cultura de derechos de los ciudadanos y de los poderes públicos, de tal manera de hacer operativas la norma directiva fundamental como garantía de las libertades y de los derechos humanos. Ante este escenario, surge la siguiente interpelación ¿Cuál es el rol que le incumbe a la enseñanza en la actual cultura de los derechos? A lo largo de este trabajo hemos abordado tres ideas centrales que pretenden dar respuesta a dicho interrogante: re-configurar, re-significar y contextualizar.

La reconfiguración del derecho. En el año 1983 la República Argentina recuperó la democracia como sistema político, lo que significó un punto de inflexión para el inicio de una nueva etapa señalada por el Estado Constitucional de Derecho. En este sentido, destacamos dos características que produjo la mencionada restauración democrática. El primero es la alteración, es decir, la inversión de la relación entre política y derecho. En el anterior Estado de Derecho Legal, también llamado Estado Legislativo de Derecho, el derecho fue concebido como un producto de la legislación y, por lo tanto, de la política. Es decir, un derecho positivo, puesto y producido por el poder político. Su legitimación, fue la potestad legislativa como expresión, en democracia, de la soberanía popular. La política como poder supremo y el derecho como instrumento suyo de actuación. Con la llegada del Estado Constitucional de Derecho, el poder político no es más ilimitado, sino que encuentra límites en los principios plasmados en la Constitución Nacional. El derecho dejó de estar subordinado a la política, sino que la política se volvió instrumento de actuación del derecho a través de sus principios. La *ley de la razón* ahora en forma de principios y derechos fundamentales pone límite a la *ley de la voluntad*. La segunda, es la concepción de la democracia como categoría política. Esta ya no será concebida como la supremacía de la mayoría legitimada por la voluntad popular. No más aquello de *«para la mayoría todo, para las minorías nada»*. Ahora en la dimensión sustancial de la democracia constitucional que establecen sus principios y los derechos fundamentales, se traduce en *qué* cosa ninguna mayoría puede decidir en garantía de los derechos de libertad de la minoría; y en *qué* cosa toda mayoría debe decidir, en garantía de los derechos sociales sin exclusión alguna. El derecho se reconfiguró, es decir, se puso en escena de nuestras vidas y en las instituciones. Así lo supo comprender la CSJN, los partidos políticos al reformar la Constitución Nacional, la opinión doctrinaria y las leyes que se han dictado, especialmente el nuevo Código Civil y Comercial de la Nación. Pero nada cambió en la manera en que formamos a los futuros profesionales del derecho. La enseñanza del derecho vive su crisis como *«momento Gramsciano»* en el sentido que lo viejo se está muriendo y lo nuevo no logra nacer. Luego de haber transcurrido cuatro décadas, nuestras democracias constitucionales aparecen asediadas por el fantasma del hastío de la ciudadanía, que parece fastidiada de sus representantes y descreída de sus instituciones. Una paulatina degradación de la democracia cuyos responsables son los que han llegado a apropiarse del poder bajo el ropaje de «progresistas y defensores de los derechos humanos» actuando como si las reglas no existieran, o como si los controles no fueran aplicables a ellos. Ante este panorama desalentador, de desacople entre instituciones y demandas ciudadanas, proponemos esta tesis procurando una necesaria reflexión crítica por parte de las Facultades de Derecho capacitada para intervenir de manera decisiva a través de la formación jurídica de hombres y mujeres de la democracia constitucional quienes participarán en la toma de decisiones en asuntos públicos que le conciernen al sistema institucional como el cumplimiento de promesas de inclusión, respeto de los derechos de las minorías postergadas, redistribución de las riquezas, representación plena, discusiones colectivas, honestidad en la administración pública, austeridad en el manejo de los fondos públicos y cultura democrática en diálogo ciudadano.

La re-significación del aula como espacio constitucional para la enseñanza

Desde hace tiempo, nuestro país vive una crisis —*institucional, económica, social*— que la pandemia global provocada por el covid-19 agudizó. No obstante, suele suceder que también las crisis permiten hacerle lugar al pensamiento, en nuestro caso, dentro del aula. Generar una cultura del pensamiento crítico y creativo en un aula de derecho no se da de la noche a la mañana. Pero para que en el transcurso del tiempo esto suceda, debemos realizar ejercicios rutinarios de pensamiento dentro de esos metros cuadrados áulicos, que se traduzcan en actividades sobre aquello que los estudiantes de derecho entienden, creen y piensan. Esta gimnasia permitirá conectar con mayor fluidez a través del *debate socrático* las nociones de ciudadanía, igualdad, género, diversidad, libertad, derechos fundamentales, Constitución y la humanidad de otros. Para ello el docente debe producir (investigar) y transmitir información. La clase no debería terminar cuando se acaba la hora, sino que debería cerrar siempre con reflexiones —individual y colectiva— entre ciudadanos de una democracia constitucional sobre los nuevos aprendizajes de derecho y sus fines políticos-morales. Fomentar un pensamiento crítico, cuestionar lo dado, buscar los mejores argumentos, enseñar destrezas orales, escritas, individuales y grupales, conjugar permanentemente teoría y práctica. Debemos propiciar una enseñanza más integrada y menos especializada a la actual. Una enseñanza preocupada por desentrañar los valores y principios que subyacen al texto legal y que le dan sentido. Una cultura de intercambio —diálogo— de ideas entre profesores y estudiantes cuya calidad dependerá de lo que cada uno de los participantes tiene para decir en el aula. No basta con realizar algunos retoques en los planes de estudios o incorporar tecnología de moda en la clase o recambiar un profesor por otro. Tampoco hay soluciones mágicas que soluciones todos los problemas, sino el resultado de combinación de decenas de reformas y propuestas concretas, pero orientadas hacia un norte. En esta oportunidad nos interesa concentrar la atención en aspectos sustanciales, cruciales vinculados a la concepción del derecho que necesariamente impactará en una enseñanza más práctica, es decir, más metodológica que proporcione una mayor capacidad técnica, argumentativa —habilidades y aptitud sobre la información de contenidos normativos— y así despojarse de una visión formalista del Derecho. No hay nada más práctico que una buena teoría, siempre que esta no quede aislada de la formación práctica sino inmersa en ella para contribuir a una formación profesional capaz de un manejo activo del Derecho y con un sentido transformador conforme los valores de nuestra democracia constitucional.

La contextualización para entender el mundo que viene

Bajo el capítulo titulado *Entender y gobernar el mundo que viene* del libro «La sociedad del desconocimiento», el catedrático de Filosofía Política en la Universidad del País Vasco, Daniel Innerarity propone el análisis de diez valores o conceptos que caracterizan al mundo que viene, no como una nómina cerrada, sino como un intento de comprender y gobernar el siglo XXI. Cualquier pretensión de cambio en la educación jurídica no debería dejar de considerar el posible escenario para la profesión jurídica. 1. *Aceleración:* es una realidad para la que no hay demasiadas explicaciones que agregar para entender el momento que estamos viviendo. Las tensiones a considerar en este aspecto se manifiestan entre ritmo de las cosas vs capacidad para comprenderlas; y marcha atrás vs desesperada adaptación. 2. *Incertidumbre:* debemos aprender a gestionar esa incertidumbre, ya sea en la consideración del saber de otros, ya sea en la toma de decisiones aún ante la falta de información completa. 3. *Conocimiento:* invertir en la producción de conocimiento necesario para afrontar los grandes desafíos de la humanidad como el cambio climático, la robotización del trabajo, la globalización financiera, las guerras bacteriológicas. 4. *Sostenibilidad:* quiere decir que no basta con hacer las cosas bien, sino que, en tiempos de aceleración, es necesario considerar el impacto de nuestro accionar en el futuro tanto para las generaciones que vendrán como para el medio ambiente. 5. *Pluralidad:* nuestras sociedades se caracterizan por la diversidad, que lejos de ser un inconveniente, es un valor necesario para la integración de los ciudadanos y de los estados. 6. *Complejidad:* el mundo que debemos gobernar ya no se puede explicar desde una mirada binaria o simplificadora con fuerte sesgo ideológico. Las grandes transformaciones del actual mundo globalizado necesitan de diagnósticos compartidos, estrategias conjuntas, miradas multidisciplinares. 7. *Inclusión*: si anhelamos vivir en sociedades más democráticas, entonces debemos incluir a nuestros vecinos, a las generaciones futuras en la toma de nuestras decisiones, a las mujeres en todos los órdenes de la vida y a la naturaleza como sujeto político. 8. *Interdependencia:* debemos superar la lógica de la competición propia de los estados soberanos por la lógica de la cooperación propio de un mundo cada vez más interdependiente, movilizado y comunicado. La emergencia de los bienes comunes es un claro ejemplo que nos impone el deber de gestionar aun cuando no tengamos los conceptos ni las instituciones apropiadas. 9. *Apertura:* otra vez la tensión a resolver, en este caso entre lo cerrado y lo abierto. Los que propugnan lo primero rechazan al otro, descreen en el intercambio y se resisten a la solidaridad. Los que se enrolan en la segunda actitud, son los que sostienen una posición positiva de la globalización bien gestionada. 10. *Protección*: necesitamos una sociedad que cuide y proteja para que la globalización no se perciba en términos de amenaza. Solo así, los globalistas podrán dejar a un lado sus viejas recetas de libre cambio y los proteccionistas sus cerradas actitudes confundiendo intereses propios con intereses inmediatos.

La enseñanza de las Metáforas

Para finalizar, acudimos a las siguientes metáforas que suelen ser muy significativas para el derecho, la enseñanza, la constitución y la democracia, ya que nos permiten intercambiar conceptos, hechos y actores, evidenciando entre ellos una semejanza. 1. *El derecho como práctica o acción colectiva*: Carlos Nino acude al ejemplo de la participación de un músico en un conjunto de orquesta, para proponer la necesidad de concebir la acción de los constituyentes, legisladores, jueces y administradores como partícipes de una obra colectiva para el desarrollo del derecho vigente, con sus prácticas, instituciones, costumbres, actitudes culturales y creencias básicas que definen a una sociedad: «un buen músico que actúa en un conjunto de orquesta seguramente tendrá sus criterios estéticos sobre cómo interpretar, por ejemplo, un cuarteto o una sinfonía. Sobre la base de esa valoración, el músico juzgará los méritos de la ejecución conjunta y, si su valoración difiere de la de los demás integrantes del conjunto, tratará de convencerlos para que ajusten la contribución de cada uno de ellos a la obra colectiva a los criterios que él defiende. Puede ser que, si no les convence, nuestro músico entienda que la obra conjunta no tiene valor y no vale la pena seguir ejecutándola con ese conjunto. Sin embargo, si el músico juzga que, según su criterio, la ejecución tiene algún valor, aunque sus compañeros no concuerden con su concepción musical, entonces podrá decidir continuar ejecutándola con el conjunto. Al decir esto, sería absurdo que el músico de nuestro ejemplo realizara su contribución según sus particulares valoraciones si ello produjera una falta de sintonía con la contribución de los otros músicos. Deberá ajustar su contribución a las concepciones de los demás si le interesa que la ejecución sea un producto eficaz. Es necesario que tenga en cuenta el estilo que los otros músicos imprimen a su ejecución y que seguirán imprimiendo en el transcurso de la misma. Es posible que la obra le dé algún margen que le permita expresar, en su contribución, su propia concepción estética y aproximar así la ejecución conjunta a su ideal musical. Sin embargo, la expresión de su propia concepción se verá limitada por la necesidad de una ejecución armoniosa, en la medida en que juzgue que esa ejecución tiene algún valor, y que no tiene posibilidades reales de participar en una ejecución colectiva que se aproxime aún más a su propia concepción estética». 2. *El derecho como técnica para la resolución de problemas prácticos*: Manuel Atienza propone el ejemplo del arquitecto señalando que «La perspectiva del arquitecto que no sólo proyecta el edificio, sino que se ocupa también de —y que proyecta teniendo en cuenta— los problemas que plantea su ejecución, la funcionalidad del edificio, su valor estético, su integración en el medio, etc.; en definitiva, se trata de la perspectiva de quien no se limita a contemplar el edificio desde afuera, sino que participa activamente en su construcción y se siente comprometido con la tarea». 3. *La enseñanza del derecho fraccionada:* el profesor en Filosofía del Derecho de la Universidad de Alicante (España) Juan Antonio Pérez Lledó acudió a la imagen del árbol para significar esta situación en su país. Los profesores *«dominan su árbol, pero desatienden otros árboles, y desatienden también el bosque»*. También en Argentina nuestros profesores poseen un conocimiento jurídico muy profundo de la asignatura del derecho que cultivan y enseñan, pero descuidan las otras áreas y todo el derecho. Necesitamos profesores especializados en sus ramas, pero que sean a la vez juristas cultos, es decir, conocedores de los fundamentos de otras áreas del derecho, aunque no los domine en profundidad. Para ello, debemos generar una comunidad de profesores que lean y debatan genuina y honestamente lo que sus colegas piensan y escriben. Solo así tendremos una enseñanza más integrada y menos especializada/fraccionada que la actual. 4. *El significado de una Constitución:* En el año 1988 Jon Elster publicó un libro titulado Ulises y las sirenas. En él utilizó una metáfora con el objetivo de reflexionar sobre las tensiones entre Constitución y democracia, como la que señala que en una democracia donde rige la regla mayoritaria ¿cómo es posible que las principales cuestiones aparezcan resueltas de antemano por un documento (Constitución) que tal vez se haya escrito cientos de años atrás? La alegoría dice: «Ulises se ataba al mástil de su barca para no sucumbir al canto de las sirenas, y asegurar la llegada a destino». La idea es que cuando Ulises decide atarse al mástil para llegar al destino evitando caer en tentaciones que desviarían su propósito, no lo hace para perder libertad, sino que pide ser atado justamente para no perderla a causa un impulso irracional. Ulises se ata las manos como un acto puramente racional y meditado destinado a afirmar la libertad futura y no perderse en el camino (objetivos) ante tentaciones como el abuso del poder, la persecución a opositores, el respeto a las minorías, la censura a la prensa. 5. *La construcción de la democracia:* También atribuida a Carlos Nino la metáfora que refiere a la construcción de las antiguas catedrales del Medievo. Ignoramos los nombres de los ingenieros, arquitectos o diseñadores, obreros, que proyectaron y levantaron esas extraordinarias construcciones de piedras durante varios siglos y que perdurarán por mucho tiempo más. Lo mismo se podría pensar que la democracia como categoría política de largo plazo, necesita ser construida por generaciones y generaciones de ciudadanos y ciudadanas convencidos del desafío de instalar lo nuevo sin destruir lo viejo, de consolidar nuevas instituciones que trasciendan y perduren en el tiempo en pos de una cultura de paz y calidad de vida. Este es el rol de una universidad pública, reformista y moderna, el de educar en valores que le den solidez a nuestra joven democracia constitucional: igualdad, inclusión, educación de calidad, reglas claras, consenso, disenso, diálogo, participación en las decisiones, diversidad, alternancia, justicia social y libertad.

BIBLIOGRAFÍA

21 lecciones para el siglo XXI de **Yuval Noah Harari**, 2.° edición, CABA: Debate 2018.

Amalia (Tomo I y II) de **José Mármol**, Centro Editor de América Latina, año 1979, Buenos Aires, Argentina.

Breve historia de la Facultad de Ciencias Jurídicas y Sociales, autor Profesor **Ricardo Miguel Fessia**, Cátedra de Historia del Derecho, FCJS-UNL.

Cartas a un joven abogado de **Miguel Carbonell**, Editorial Porrúa, primera edición 2018, Ciudad de México.

Cartas de un estudiante de derecho de **Miguel Carbonell**, Editorial Porrúa, UNAM, primera edición 2001, Ciudad de México.

Cartas de un profesor de derecho de **Miguel Carbonell**, Editorial Porrúa, UNAM, primera edición 2015, Ciudad de México.

Constitucionalismo más allá del Estado (traducción de Perfecto **Andrés Ibáñez**) de **Luigi Ferrajoli**, editorial Trotta, año 2018, Madrid, España.

Contra - pedagogías de la crueldad de **Rita Segato**, Prometeo, año 2018, Buenos Aires, Argentina.

«Cultura Jurídica y Memoria de los Juristas» de **Miguel Pasquau Liaño**, título del discurso de ingreso a la *Real Academia de Jurisprudencia y Legislación de Granada*, año 2018, España.

Del moro al oro Apuntes históricos y etnográficos de la conquista del Perú. de **Gustavo José Vittori**, Ediciones UNL, Julio año 2022.

Derecho Constitucional y Derecho Privado, de **Konrad Hesse**, Editorial Civitas, S.A., año 1995, España.

Derecho y Razón Práctica de **Robert Alexy**, Fontamara editorial, año 2006, D.F. México.

Derecho, moral y política de **Carlos Nino**, siglo veintiuno editores, año 2014, Buenos Aires, Argentina.

Derecho, Moral y Política I **Carlos Nino**, gedisa editorial, abril 2007, Buenos Aires, Argentina.

Derecho, Moral y Política II **Carlos Nino**, gedisa editorial, abril 2007, Buenos Aires, Argentina.

Discurso pronunciado por **Agustín Pestalardo** con motivo de la celebración del *Centenario de la Facultad de Derecho y Ciencias Sociales de la Universidad de Buenos Aires*. Buenos Aires, 1921, ubicado en X-1984, Biblioteca «Pablo Vrillaud» de la Facultad de Ciencias Jurídicas y Sociales - UNL, Santa Fe, Argentina.

Echeverría, de **Martín Caparrós**, editorial ANAGRAMA, 1.° edición, Barcelona.

El aprendizaje del aprendizaje de **Juan Ramón Capella**, Editorial Trotta, 3ra. edición 2001, Madrid, España.

El arte de hacer justicia de **Ricardo Lorenzetti**, editorial Sudamericana, Año 2014, Buenos Aires, Argentina.

El concepto y la validez del derecho de **Robert Alexy**, gedisa editorial, año 1994, Barcelona, España.

El derecho como una conversación entre iguales de **Roberto Gargarella**, siglo XXI editores, 1ra. edición, año 2021, Buenos Aires, Argentina.

El Derecho Global de **Rafael Domingo**, editado por la Pontificia Universidad Javeriana, Año 2009, Bogotá, Colombia.

El infinito en un junco de **Irene Vallejo**, Ediciones Siruela, septiembre de 2019, Madrid, España.

«El Orden Constitucional de Santa Fe» - En el *bicentenario de la Nación de su Primer Estatuto (1819-2019)*. Editado por la **Cámara de Diputados de la Provincia de Santa Fe y la Junta Provincial de Estudios Históricos**, 2019, Santa Fe, Argentina.

El sentido del Derecho de **Manuel Atienza**, Editorial Ariel derecho, año 2012, Barcelona, España.

Enseñar Distinto de **Melina Furman**. Siglo XXI editores. Año 2021. Buenos Aires. Argentina.

Facundo de **Domingo F. Sarmiento**, editorial Gradifco, 1ra. edición, 1ra. reimpresión, año 2007, Buenos Aires, Argentina.

Fundamentos para una Declaratoria de Monumento Histórico Nacional, editado por la UNL, año 2016.

Globalización y Enseñanza del Derecho de **Carlos Peña**, Cátedra Ernesto Garzón Valdés, Editorial Fontamara, 1ra. edición, junio 2017, México.

Hacer Derecho reconstrucciones acerca de la relación derecho/ciencias sociales en la FCJS-UNL, **Gonzalo Sozzo**, director, ediciones UNL, año 2016, Santa Fe, Argentina.

Historia del sistema universitario argentino de **Juan Carlos del Bello** y **Osvaldo Barsky**, editado por la Universidad Nacional de Río Negro, noviembre de 2021, Río Negro, Argentina.

IDEAS (Jurídicas) Para tener en cuenta de **Manuel Atienza**, editorial B de F Montevideo - Buenos Aires. Colección Filosofía, Política y Argumentación. Impreso en mayo de 2023, Madrid, España.

Iniciativas de **José lo Valvo**, año 1936, Santa Fe, Rep. Argentina.

Intercambios y buenas prácticas en la Enseñanza del Derecho. Nuevos métodos docentes. Obra colectiva dirigida por **Francisco Javier Garrido Carrillo**. Editorial Comares, año 2012. Granada. España.

Justicia Colectiva de **Ricardo Lorenzetti**, Rubinzal-Culzoni Editores, 1ra. edición, 2010, Buenos Aires, Argentina.

La Biblioteca Pablo Vrillaud - Un acervo bibliográfico para la investigación, Colección Centenario de **Fabiana Alonso** y **Eliana Bertero**, ediciones UNL, año 2019, Santa Fe, Argentina.

La Cautiva y El Matadero de **Esteban Echeverría**, Editorial Universitaria Villa María Eduvim, 1ra. edición, año 2009, Villa María, Córdoba, Argentina.

La Constitución en 2020. 48 Propuestas para una sociedad igualitaria. **Roberto Gargarella**, coordinador, siglo XXI editores.

La cultura occidental. Del mundo romano al siglo XX de **José Luis Romero**, 2da edición, Siglo Veintiuno Editores, año 2013, Argentina.

La democracia constitucional. Una radiografía teórica de **Pedro Salazar** Ugarte, FCE, IIJ-UNAM, México, 2006.

La docencia y el aprendizaje del Derecho en España de **Lluís Peñuelas i Reixach**, tercera edición Marcial Pons, año 2009, Madrid, España.

La enseñanza del derecho de **Miguel Carbonell**, Editorial Porrúa, UNAM, primera edición 2004, Ciudad de México.

La enseñanza del derecho en Argentina de **Osvaldo A. Gozaíni**. Ediar Editores. Año 2001. Buenos Aires. Argentina.

La enseñanza del Derecho en Europa y América de **Max Turull Rubinat** y **Enoch Albertí Rovira** (Eds.) ediciones Octaedro - ICE-UB. Marzo 2014. Barcelona. España

La enseñanza del Derecho en la encrucijada de **Gonzalo Quintero Olivares**, Cuadernos Civitas, Thomson Reuters, primera edición 2010. Navarra. España

La enseñanza del Derecho en las Facultades de Derecho de los Estados Unidos A propósito de la enseñanza en ellas del Derecho del Trabajo y del derecho de la Seguridad Social de **Jesús Martínez Girón** y **Alberto Arufe Varela**. Atelier Libros Jurídicos. Año 2015. Barcelona, España.

La enseñanza del derecho y el ejercicio de la abogacía. **Martín F. Böhmer** compilador, Gedisa editorial 1999.

La era de la revolución 1789-1848 de **Eric Hobsbawm**, 1ra. edición, 1ra. reimpresión Ciudad Autónoma de Buenos Aires: Crítica, 2020.

La función Social de las Escuelas de Abogacía, **Carlos Cossio**, tercera edición, Facultad de Derecho y Ciencias Sociales - Universidad de Buenos Aires, 1947.

La Globalización del Derecho de **Boaventura de Sousa Santos**, editado por la Facultad de Derecho, Ciencias Políticas y Sociales de la Universidad Nacional de Colombia, Segunda reimpresión, año 2002, Bogotá, Colombia.

La Globalización: ¿otra caja de pandora? de **Paolo Bifani**, editado por la Universidad de Granada, año 2002, España.

La Manzana Histórica de la Universidad Nacional del Litoral. Colección Centenaria. **Adriana Collado**, directora, ediciones UNL, año 2019, Santa Fe, Argentina.

La sala de máquinas de la Constitución de **Roberto Gargarella**, Katz Editores, 2da. reimpresión, año 2016, Buenos Aires, Argentina.

La sociedad del desconocimiento de **Daniel Innerarity**, publicado por Galaxia Gutenber, primera edición en Argentina abril 2022.

Las ideas en la piedra. Una memoria del edificio de la Facultad de Ciencias Jurídicas y Sociales de la UNL. Coordinación María **Martina Acosta**. Ediciones UNL, 2004.

Las limitaciones del conocimiento jurídico de **Alejandro Nieto** y **Agustín Gordillo**, editorial Trotta, año 2003, Madrid, España.

Los abogados y la Revolución de Mayo dirigido por **Dardo Pérez Guilhou**, Ediciones de Ex Libris, 1ra. edición, año 2009, Mendoza, Argentina.

Los mitos griegos de **Robert Graves**, Ariel, 1ra. edición, 2018, Buenos Aires, Argentina.

Los perfiles del jurista en el siglo XXI **María Pilar Canedo Arrillaga** y **Luis Gordillo Pérez** (Directores) Civitas - Thomson Reuters. Año 2016. Navarra. España

Lux Indeficiens, crónica para una historia de la Universidad Nacional del Litoral, de **Jorge Conti**, publicado por ediciones UNL, Santa Fe, 2009.

Martín Fierro de **José Hernández**, editorial Gárgola, 1ra. edición, año 2014, Buenos Aires, Argentina.

Misión de la Universidad de **José Ortega y Gasset**, edición de Jacobo **Muñoz**, Biblioteca Nueva, Madrid 2007.

Mujeres tenían que ser de **Felipe Pigna**, editorial Planeta publicado bajo el sello Booket, marzo de 2021, Buenos Aires, Argentina.

Nueva Mitología Ilustrada, Tomo Primero, pág. 80, Publicada bajo la dirección de **M. Juan Richepin**, Montaner y Simón Editores, Barcelona, España, 1927.

Para entender y Pensar la Laicidad de **Pauline Capdevielle** y **Pedro Salazar Ugarte**. Colección Jorge Carpizo. Serie El Derecho. Universidad Nacional Autónoma de Méjico, 1.º edición, agosto de 2013.

Principios de Derecho Ambiental y Ecología Jurídica de **José Luis Serrano**, editorial Trotta, año 2007, Madrid, España.

Revista de la Facultad de Ciencias Jurídicas y Sociales - Nueva Época, año 1, número 1- Santa Fe, Argentina, 2001.

Santa Fe - Nombre de Mujer. Texto de Agustín **Zapata Gollán**, ediciones UNL, septiembre de 2018, Santa Fe, Argentina.

Santa Fe ciudad de dos mundos de **Javier Francisco Aga**, ediciones UNL, 1ra. Edición, septiembre de 2023, Santa Fe, Argentina.

Santa Fe, ciudad de agua en un cruce de caminos, editado por la **Bolsa de Comercio de Santa Fe**, en julio de 2017, en la ciudad de Santa Fe, Argentina.

Sistemas Jurídicos Línea básica para una teoría general, de **José Luis Serrano**, editor Leandro D. Ríos, Universidad Nacional del Litoral y Universidad de Granada, junio 2022, Santa Fe, Argentina.

«Supremacía constitucional y derecho privado» de **Roberto Saba**, en María Isabel **Benavente** y Félix Alberto **Trigo Represas** (eds.), *Tratado de Daños Personales*, Editorial La Ley, año 2014, Buenos Aires, Argentina.

Un largo Termidor. La ofensiva del constitucionalismo antidemocrático. **Gerardo Pisarello**, Editorial Trotta, Madrid, 2011.

Una Excursión a los Indios Ranqueles de **Lucio V. Mansilla**, Tomo I, biblioteca de la FCJS-UNL, Clásicos Argentinos, Ediciones Estrada, año 1959, Buenos Aires.

Virtudes de un Cuerpo Emblemático. El Sello Mayor de la Universidad Nacional del Litoral, editado por la **Secretaría de Cultura - Museo y Archivo Histórico «Marta Samatán»** con motivo de los 90 años de la UNL.

Made in the USA
Coppell, TX
05 November 2026

11289011R00173